El Examen de GED®

para **dummies**®

publicado por **Wiley**

El Examen de GED®

por Tim Collins, PhD

publicado por **Wiley**

El Examen de GED® Para Dummies®

Publicado por: **John Wiley & Sons, Inc.**, 111 River Street, Hoboken, NJ 07030-5774, www.wiley.com

Para información general sobre nuestros otros productos y servicios, por favor contacte a nuestro Departamento de Atención al Cliente dentro de los EE.UU. al 877-762-2974, fuera de los EE.UU. al 317-572-3993, o por fax al 317-572-4002. Para soporte técnico, por favor visite https://hub.wiley.com/community/support/dummies.

Wiley publica en una variedad de formatos impresos y electrónicos y por impresión bajo demanda. Algunos materiales incluidos en las versiones estándar impresas de este libro pueden no estar incluidos en libros electrónicos o en impresión bajo demanda. Si este libro se refiere a medios que no están incluidos en la versión que compró, puede descargar este material en http://booksupport.wiley.com. Para más información sobre los productos Wiley, visite www.wiley.com.

El número de control de la Biblioteca del Congreso está disponible en el editor.

ISBN 978-1-394-36445-9 (pbk); ISBN 978-1-394-36447-3 (ebk); ISBN 978-1-394-36446-6 (ebk)

Contenido de un vistazo

Tabla de contenido

Introducción

Quizás has solicitado un empleo y te han rechazado porque no tienes un diploma de escuela secundaria o un GED. O tal vez estabas a punto de recibir un ascenso en el trabajo, pero cuando tu jefe descubrió que no terminaste la escuela secundaria, te dijeron que no eras elegible para el nuevo puesto. Quizás siempre has querido ir a la universidad, pero no pudiste ni siquiera postularte porque la universidad de tu elección requiere un diploma de escuela secundaria o un GED para la admisión. Tal vez querías tomar el GED en inglés, pero te daba miedo que tu inglés no fuera lo suficientemente bueno. O quizás tus hijos están a punto de graduarse de la escuela secundaria y eso te motiva a terminar también. O simplemente quieres darles un buen ejemplo.

Cualesquiera que sean tus razones para querer obtener un diploma de escuela secundaria — ya sea que las haya mencionado aquí o no — este libro es para ti. Te ayuda a prepararte para el examen del GED en español, que, si apruebas, te ofrece el equivalente a un diploma de escuela secundaria sin tener que asistir a todas las clases.

Sobre Este Libro

Si quieres obtener un diploma de secundaria, siempre puedes volver y terminar la secundaria a la manera tradicional. Por supuesto, puede que te lleve unos años, y quizás tengas que dejar tu trabajo para hacerlo. Además, tendrías que sentarte en una clase con adolescentes durante seis horas al día (y probablemente te tratarán como uno de ellos también). También podrías intentar con la escuela nocturna, pero con uno o dos cursos al año, eso podría tomar una eternidad.

Para la mayoría de las personas, esa situación no suena muy atractiva. *El Examen de GED Para Dummies* ofrece una solución diferente: Obtener un diploma de secundaria y hacerlo en el menor tiempo posible, sin tener que compartir un aula con otras personas. Si no te importa prepararte para una serie de secciones desafiantes del examen que determinarán si has dominado habilidades clave, puedes obtener un diploma GED que es equivalente a una educación secundaria — y puedes hacerlo en mucho menos de cuatro años.

Si tomar el examen GED en español para obtener tu diploma te parece una gran idea, este libro es una herramienta de estudio necesaria. Es un manual de instrucciones simpático y lleno de diversión para triunfar en el examen GED totalmente computarizado. Usa este libro como tu primer recurso. No es un libro de preparación por materias — es decir, no te lleva a través de los conceptos básicos de matemáticas y luego progresa hacia álgebra, geometría, etc. Sin embargo, mi libro te prepara para el examen GED al proporcionarte información detallada sobre cada sección, un examen de práctica completo para cada sección, y muchas respuestas y explicaciones fáciles de entender para las preguntas del examen.

Igualmente importante, te guío sobre cómo tomar y aprobar el examen usando una computadora. Aunque las personas que necesiten adaptaciones especiales aún pueden tener acceso al formato antiguo de examen en papel y lápiz, para la mayoría de las personas, ahora solo se ofrece en computadora. Tener conocimientos básicos de computación es muy importante. Algunos de los formatos de preguntas han cambiado también, por lo que saber cómo usar el ratón y el teclado de la computadora para responderlas es igualmente importante.

Algunas Suposiciones

Cuando escribí este libro, hice algunas suposiciones sobre ti, querido lector. Aquí está quién creo que:

>> Estás decidido a obtener tu GED lo más rápido posible.

>> Has hecho obtener un GED una prioridad en tu vida porque quieres avanzar en el trabajo, ser un buen modelo para tu familia o continuar tus estudios en la uñiversidad.

>> Estás dispuesto a renunciar a algunas actividades para tener tiempo de prepararte, siempre teniendo en cuenta tus otras responsabilidades también.

>> Cumples con los requisitos de tu estado en cuanto a edad, residencia y el tiempo transcurrido desde que dejaste la escuela, lo que te hace elegible para tomar el examen GED. (Puedes encontrar esta información en el sitio web del Servicio de Exámenes GED, ged . com.)

>> Tienes suficientes habilidades de lectura y escritura en español para manejar el examen.

>> Quieres una guía divertida y simpática que te ayude a lograr tu objetivo.

Si alguna de estas descripciones te suena familiar, bienvenido. He preparado un recorrido agradable por el examen GED.

Iconos Utilizados en Este Libro

Los iconos — pequeñas imágenes que ves en los márgenes de este libro — destacan información que merece la pena prestar atención. Aquí está lo que significa cada icono:

Siempre que quiera contarte un truco o técnica especial que pueda ayudarte a tener éxito en el examen GED, lo marco con este icono. Mantén los ojos abiertos para este amigo.

CONSEJO

Este icono señala información que quieres grabar en tu cerebro. Piensa en el texto con este icono como el tipo de cosas que arrancarías y pondrías en un tablón de anuncios o en tu refrigerador.

RECUERDA

Este icono marca información de naturaleza técnica que normalmente puedes pasar por alto.

ADVERTENCIA

¡Toma este icono en serio! Aunque el mundo no se acabará si no prestas atención al consejo junto a este icono, las advertencias son importantes para tu éxito en la preparación para el examen GED.

EJEMPLO

Utilizo este icono para señalar preguntas de ejemplo que son muy similares a los que vas a encontrar en el examen GED real. Así que si solo quieres familiarizarte con los tipos de preguntas del examen o si buscas un ejemplo del concepto que estoy explicando, este icono es tu guía.

Más Allá del Libro

Para obtener algunos consejos útiles para prepararte y tener éxito en el GED, consulta la Hoja de Ayuda en línea. Solo ve a www.dummies.com y escribe "El Examen de GED Para Dummies Cheat Sheet" en el cuadro de búsqueda.

Dónde Ir Desde Aquí

Estás listo para sumergirte, pero ¿por dónde empezar? Recomiendo que todos comiencen con los Capítulos 1 al 4. Estos capítulos te darán una visión completa de la tarea que tienes por delante. Luego, en el Capítulo 4, proporciono gráficos que te ayudarán a encontrar la manera más rápida y eficaz de usar este libro para prepararte para cada examen. El primer gráfico te ayuda a evaluar tu nivel de confianza para cada sección del GED y a determinar el mejor orden para realizar los exámenes. El segundo gráfico te ayuda a identificar las secciones exactas del libro que debes estudiar para cada examen. Para algunas secciones del GED, es posible que solo necesitas hacer un examen de práctica para saber que estás listo. Para otras, puede que necesites todos los recursos de este libro.

Los capítulos en las Partes 2, 3, 4 y 5 entran en detalle sobre cada una de las secciones del examen, comenzando con Razonamiento a través de Artes del Lenguaje, luego Estudios Sociales, Ciencia y finalmente Razonamiento Matemático. En cada una de estas partes, puedes encontrar una introducción a la sección específica del examen, junto con tipos de preguntas y estrategias de resolución, y algunas preguntas de práctica.

Cuando estés listo para profundizar en los exámenes de prácticas que imitan el examen real del GED, revisa la Parte 6 y luego verifica tus respuestas con las explicaciones detalladas que proporciono para cada sección del examen. (¡Solo asegúrate de esperar hasta *después* de hacer el examen de práctica para leer las respuestas!)

Finalmente, en la Parte 7 doy un resumen de cómo prepararte para el examen y algunas sugerencias para tener un día de examen exitoso. Aprenderás a organizar tus estudios, inscribirte para el examen, saber qué tipo de identificación necesitarás llevar al examen (incluida una matrícula consular de un consulado mexicano en EE. UU.) y configurar tu área de trabajo para comodidad y eficiencia. ¡Con toda esta ayuda y consejos, tu preparación seguramente dará sus frutos!

1

Comenzando con el Examen GED

Descubre cómo está organizado el examen GED y sus diversas secciones, y qué esperar del examen.

Familiarízate con el enfoque específico de cada sección del examen y la manera de abordar el contenido.

Explora el formato del examen GED en línea, incluyendo cómo aparecen las preguntas en la pantalla y cómo se espera que las respondas.

Descubre tus fortalezas personales y estilo de aprendizaje.

Elabora tu plan personal de preparación para el GED.

Prepárate para el día del examen, y averigua qué deberías y no deberías hacer el día(s) antes, el día del examen y durante el mismo.

Capítulo 1

Un Vistazo Rápido al Examen GED

E l examen GED ofrece a las personas sin un diploma de escuela secundaria la oportunidad de obtener el equivalente de un diploma de escuela secundaria estadounidense sin la necesidad de asistir a tiempo completo a clases diurnas o nocturnas. El examen GED es un estándar reconocido que facilita conseguir un trabajo o comenzar la universidad.

El examen GED cumple con los estándares actuales del grado 12 en los Estados Unidos y con los Estándares de Preparación para la Universidad y la Carrera para la Educación de Adultos.

El examen GED mide si entiendes lo que los alumnos de secundaria en todo el país aprenden antes de graduarse. Los empleadores buscan empleados mejor educados. Las universidades quieren asegurarse de que los estudiantes estén calificados. Cuando apruebas el examen GED, obtienes un diploma de equivalencia de escuela secundaria que puede abrir muchas puertas para ti, ¡quizás puertas que ni siquiera sabes que existen en este momento!

Te puedes preguntar por qué deberías molestarte en hacer el examen GED y obtener tu diploma GED. Una razón es que las personas con diplomas de escuela secundaria ganan más y pasan menos tiempo en paro que las personas sin diplomas. En un año reciente, el desempleo para personas sin un diploma de escuela secundaria fue del 5.6 por ciento. Esto se redujo al 3.9 por ciento para individuos con un diploma o un certificado GED. Los ingresos fueron casi un 25 por ciento más altos para los graduados de escuela secundaria o GED que para las personas sin diplomas. En promedio, los graduados de GED ganan $9,000 más por año que las personas sin esta credencial. Además, tu GED puede calificarte para incluso más educación. ¡No te subestimes! La universidad puede parecer un sueño lejano, pero más del 45 por ciento de mis graduados de GED continúan en la universidad dentro de los tres años de obtener su credencial. Los ingresos aumentan y el desempleo disminuye en cada nivel educativo desde el título de asociado en adelante. Incluso con solo unos cursos de universidad, puedes ganar más, en promedio.

Quizás también te preguntes si el examen está orientado a hispanoparlantes. Pues, ¡cálmate! Cada año, más de 26,000 candidatos toman el examen GED en español. Todo el examen se administra completamente en línea en español, y puedes tomarlo en casa o en un centro de exámenes. El Servicio de Exámenes GED tiene un sitio web completo y una aplicación móvil, GED & Me, en español. Ambos tienen muchas herramientas de aprendizaje para ayudarte a dar lo mejor de ti. En puntos clave, te dirigiré a los recursos más relevantes. Finalmente, ¡me tienes a mí! En este libro, te guiaré a través de todos los pasos que debes seguir, desde prepararte para el examen hasta registrarte, pasando por el día del examen y aprobándolo.

¿Listo para comenzar? Este capítulo te ofrece lo básico del examen GED: Cómo se administra el examen, cómo son las secciones del examen, cómo programar el examen (y si eres elegible), y qué constituye una calificación aprobatoria (para que sepas qué necesitas para aprobar).

Qué Esperar: El Formato del Examen

Hay dos opciones para realizar el GED. Puedes tomar el GED en un centro de exámenes o en línea en casa (o en otro lugar). De cualquier manera, un ordenador administra el examen del GED. Eso significa que todas las preguntas aparecen en una pantalla de ordenador, y tú ingresas todas tus respuestas en una computadora. Lees, calculas, evalúas, analizas y escribes todo en el ordenador, incluyendo hacer cálculos matemáticos preliminares o elaborar el esquema de tu ensayo. En lugar de papel, los centros de examen te proporcionan una tableta borrable, o puedes usar una pizarra digital.

Si sabes cómo usar un ordenador y te sientes cómodo con un teclado y un ratón, llevas ventaja. Si no, practica tu mecanografía. Además, practica la lectura en una pantalla de ordenador porque leer en una pantalla es muy diferente a leer materiales impresos. Al menos, necesitas sentirte más cómodo con las computadoras, incluso si eso significa tomar un curso corto en un centro de aprendizaje local. En el caso del GED, cuanto más familiarizado estés con las computadoras, más cómodo te sentirás al hacer el examen.

Si tienes una necesidad especial, no has de preocuparte. El GED ofrece adaptaciones para que todos los candidatos tengan una oportunidad justa. Puedes indicar que necesitas adaptaciones cuando abres tu cuenta en ged.com, o más tarde actualizando tu perfil. Consúltate con la sección, "¿Están Disponibles las Adaptaciones Especiales?" más adelante en este capítulo.

CONSEJO

A lo largo de este libro, verás referencias al sitio web del Servicio de Exámenes del GED, ged.com. Es un gran repositorio de información, ayudas de aprendizaje y exámenes de práctica en línea. También es donde te inscribes para tomar el examen. Si no tienes una cuenta allí, ahora es un buen momento para abrir una. Simplemente ve a ged.com, selecciona Registrarse y sigue las instrucciones. Todo este contenido es disponible asimismo en la aplicación oficial del Servicio de Exámenes del GED, GED & Me. Este app también ofrece otras ayudas de estudio que solo están disponibles en la aplicación.

El examen del GED proporciona comentarios y sugerencias rápidos y detallados sobre tu rendimiento. Cuando apruebas (sí, dije *cuando* y no *si*, porque creo en ti), el Servicio de Exámenes del GED proporciona tanto un diploma como un certificado detallado de tus calificaciones. Estos ahora están disponibles en tu cuenta en línea en ged.com o en la aplicación móvil GED & Me, generalmente dentro de un día después de completar el examen. Luego puedes enviar tu certificado y diploma a un empleador o universidad. Hacerlo permite a empleadores y universidades acceder a un resumen detallado de tus calificaciones, logros y habilidades demostradas. Este resumen también es una herramienta útil para que revises tu progreso. Destaca aquellas áreas donde te fue bien y áreas donde necesitas más preparación. Si tienes que retomar el examen, tu informe de calificaciones proporcionará una guía detallada sobre lo que debes trabajar para mejorar tus calificaciones. Las solicitudes de copias adicionales de certificados se manejan en línea y también están disponibles dentro de un día.

Revisando las Secciones del Examen

El examen GED incluye las siguientes cuatro secciones (también conocidas como exámenes), cada una de las cuales puedes tomar por separado:

>> Razonamiento a través de Artes del Lenguaje (RLA)

>> Estudios Sociales

>> Ciencia

>> Razonamiento Matemático

RECUERDA

Puedes tomar cada una de las cuatro secciones del examen por separado, en diferentes momentos y en el orden que prefieras. También puedes realizar algunas de ellas en línea en casa y otras en un centro de exámenes. Esta flexibilidad es una de las ventajas de hacer el examen por computadora. Como todos trabajan individualmente en las diversas secciones del examen en lugar de hacerlo en grupo, el examen computarizado elimina la necesidad de que todo el grupo de examinados trabaje junto al mismo tiempo. Por ejemplo, puedes estar trabajando en el examen de Razonamiento Matemático, mientras que tu vecino trabaja en el examen de Estudios Sociales. Solo no mires a tus vecinos para verificar esto porque los supervisores pueden pensar que estás haciendo algo más que satisfacer tu curiosidad.

En la mayoría de los estados, puedes tomar todos los exámenes en español o algunos de ellos en inglés. Esto puede ser útil, por ejemplo, para las materias que estudiaste en inglés en la escuela secundaria. Puedes encontrar información completa sobre los exámenes en cada estado en `https://www.ged.com/es/about_test/price-and-rules/`. Elige tu estado y luego selecciona "Otro" para averiguarlo. Si las reglas de tu estado no te sirven, puedes usar esta herramienta para averiguar si puedes tomar el examen en un estado vecino como no residente.

Las siguientes secciones ofrecen una mirada más cercana a lo que cubren las secciones del examen y qué puedes esperar.

Debido a que los exámenes GED siempre están evolucionando, asegúrate de consultar lo último y lo mejor sobre el programa GED en `ged.com`.

Examen de Razonamiento a través del Lenguaje

El examen de Razonamiento a través del Lenguaje (RLA) es un examen largo que abarca todos los componentes de lengua, escritura, y lectura del examen GED. Tienes 150 minutos en total. El examen está dividido en secciones: primero, tienes 95 minutos de preguntas de comprensión lectora, un descanso de 10 minutos y luego 45 minutos para la Respuesta Extendida (ensayo). Recuerda que el tiempo para la Respuesta Extendida no puede usarse para trabajar en las otras preguntas del examen, ni puedes usar el tiempo sobrante de la primera sección en la Respuesta Extendida.

Esto es lo que puedes esperar en el examen RLA:

>> El componente de lectura te pide demostrar una comprensión crítica de varios pasajes.

>> El componente de Respuesta Extendida, también conocido como "el ensayo", examina tus habilidades para organizar tus pensamientos y escribir con claridad. Tu respuesta se basará en una o dos selecciones de textos fuente, extrayendo elementos clave de ese material para preparar tu ensayo.

El ensayo se evalúa tanto en tu interpretación de los textos fuente como en la calidad de tu escritura. Escribes en la computadora, usando una herramienta que se parece a un procesador de textos. No tiene corrector ortográfico ni gramatical. Qué tan bien usas la ortografía y la gramática al escribir también es parte de tu evaluación. Tendrás una tableta borrable y un marcador de borrado en seco y/o una pizarra digital en la que podrás escribir notas o un esquema antes de escribir tu ensayo en la computadora.

>> Las puntuaciones de ambos componentes se combinarán en una sola puntuación para el examen RLA.

La parte de preguntas y respuestas de este examen consiste principalmente en varios tipos de preguntas de opción múltiple. También verás preguntas de arrastrar y soltar, menús desplegables y llenar los espacios en blanco. Para más detalles sobre los diferentes tipos de preguntas, consulta los Capítulos 2 y 3.

Las preguntas se basan en textos fuente, que son materiales presentados para tu respuesta. Parte de este material fuente es no ficción, proveniente de contenido de ciencias y estudios sociales, así como del lugar de trabajo. Solo el 25 por ciento se basa en la literatura. Aquí tienes un desglose de los materiales:

>> **Materiales del lugar de trabajo y la comunidad:** Estos incluyen cartas relacionadas con el trabajo, memorandos e instrucciones que puedes ver en el empleo. También incluyen cartas y documentos de empresas y organizaciones comunitarias, como bancos, hospitales, bibliotecas, y gobiernos locales.

>> **Documentos fundacionales de EE. UU. y documentos que presentan parte de la Gran Conversación Americana:** Estos pueden incluir extractos de la Carta de Derechos, la Constitución y otros documentos históricos. También pueden incluir artículos de opinión sobre temas relevantes en la historia y cívica estadounidense.

>> **Obras informativas:** Estos incluyen documentos que presentan información (a menudo información seca y aburrida), como el manual de instrucciones que te dice cómo poner el reloj en tu televisor. También incluyen materiales que puedes encontrar en libros de historia, estudios sociales o ciencias.

>> **Literatura:** Estos incluyen extractos de novelas y cuentos.

CONSEJO

Consulta el Capítulo 5 para una visión general más detallada del examen RLA. El Capítulo 6 ofrece detalles sobre las preguntas de comprensión lectora. Dedico dos capítulos completos (Capítulos 7 y 8) para ayudarte con el ensayo. Para practicar, consulta el Capítulo 15 para un examen completo de Razonamiento a través del Lenguaje, con respuestas completas y explicaciones en el Capítulo 16.

Examen de Estudios Sociales

El examen de Estudios Sociales está programado para 70 minutos y consta de 50 preguntas. En este examen, encontrarás preguntas de opción múltiple estándar, así como preguntas para completar espacios en blanco, preguntas de arrastrar y soltar, y preguntas con menús desplegables.

Algunas preguntas pueden pedirte que calcules una respuesta. En ese caso, aparecerá un ícono de calculadora en la pantalla de tu examen, o puedes llevar tu calculadora TI-30XS MultiView si tomas el examen en un centro de exámenes. En el Capítulo 3, puedes ver ejemplos de estas preguntas.

Las preguntas se basan en varios tipos de textos fuente. Aproximadamente la mitad de las preguntas se basan en un único texto fuente, como un gráfico o una lectura corta, con una sola pregunta. Otras preguntas tienen un texto fuente único como base para varias preguntas. En cualquier caso, necesitarás analizar y evaluar el contenido presentado como parte de la pregunta. Algunas preguntas pueden pedirte que compares y contrastes información de dos fuentes diferentes. Las preguntas del examen evalúan tu capacidad para usar habilidades de razonamiento y análisis. La información de los materiales fuente proviene de fuentes primarias y secundarias, tanto textuales como visuales. Eso significa que necesitas ser capaz de "leer" e interpretar tablas, mapas y gráficos, además de materiales textuales estándares.

El contenido del examen de Estudios Sociales se extrae de las siguientes cuatro áreas básicas:

» **Cívica y gobierno:** La parte más grande (aproximadamente el 50 por ciento del examen) se centra en cívica y gobierno. Las preguntas de cívica y gobierno examinan el desarrollo de la democracia desde tiempos antiguos hasta el presente. Otros temas incluyen cómo las civilizaciones cambian con el tiempo y responden a crisis.

» **Historia de Estados Unidos:** La historia de Estados Unidos constituye el 20 por ciento del examen. Cubre todos los temas desde los peregrinos y el asentamiento temprano hasta la Revolución, la Guerra Civil, las Guerras Mundiales I y II, la Guerra de Vietnam y la historia actual, todos los cuales involucran a Estados Unidos de una u otra manera.

» **Economía:** La economía representa aproximadamente el 15 por ciento del examen. La parte de economía examina teorías básicas, como la oferta y la demanda, el papel de las políticas gubernamentales en la economía, y las teorías macroeconómicas y microeconómicas.

» **Geografía y el mundo:** Esta área también constituye el 15 por ciento del examen. Las áreas con las que necesitas familiarizarte son muy actuales: sostenibilidad y problemas ambientales, problemas de población, y asentamientos rurales y urbanos. Otros temas incluyen diversidad cultural y migración.

Una buena manera de prepararte para este examen es leer lo máximo posible. Mientras te preparas para el examen, lee artículos sobre cívica, historia, economía y geografía de fuentes confiables en línea. Incluso leer noticias puede ayudarte a desarrollar las fuertes habilidades de lectura que necesitas. Consulta los Capítulos 9 y 10 para obtener una cobertura detallada sobre cómo prepararte para el examen de Estudios Sociales. El Capítulo 17 te ofrece un examen completo de Estudios Sociales, con respuestas completas y explicaciones en el Capítulo 18.

Examen de Ciencia

El examen de Ciencia dura 90 minutos. Mi consejo para el examen de Ciencia es el mismo que para el examen de Razonamiento a través de Artes del Lenguaje: Lee todo lo que puedas, especialmente material de ciencia. Cada vez que no entiendas una palabra o concepto, búscalo en un diccionario o en línea. Las preguntas del examen de Ciencia asumen un nivel de vocabulario científico de secundaria.

No necesitas ser un físico nuclear para contestar las preguntas, pero deberías estar familiarizado con el vocabulario científico que normalmente entiende alguien que termina la secundaria. Si trabajas en mejorar tu vocabulario científico, deberías tener pocos problemas con el examen de Ciencia. (*Nota:* Ese mismo consejo se aplica a todas las secciones del examen GED. Mejora tu vocabulario en cada materia y te desempeñarás mejor).

El examen de Ciencia se concentra en dos temas principales:

>> Salud humana y sistemas vivos

>> Energía y sistemas relacionados

Además, el contenido del examen se enfoca en las siguientes áreas:

>> **Ciencia física:** Aproximadamente el 40 por ciento del examen se centra en física y química, incluyendo temas como conservación, transformación y flujo de energía; trabajo, movimiento y fuerzas; y propiedades químicas y reacciones relacionadas con los sistemas vivos.

>> **Ciencia de la vida:** Otro 40 por ciento del examen de Ciencia trata sobre la ciencia de la vida, incluyendo biología y, más específicamente, el cuerpo humano y la salud, la relación entre las funciones vitales y la ingesta de energía, ecosistemas, estructura y función de la vida, y la base molecular de la herencia.

>> **Ciencia de la Tierra y del espacio:** Esta área constituye el 20 por ciento restante de este examen y cubre la Tierra y sus componentes, interacciones entre los sistemas de la Tierra y los seres vivos, y astronomía (la estructura y organización del cosmos).

Adelante, escribe una de las tres áreas de contenido en tu motor de búsqueda favorito para encontrar material para leer. Encontrarás enlaces a artículos y material de todos los niveles. Filtra tus elecciones por el nivel que deseas y necesitas — por ejemplo, usa palabras clave como "teorías científicas," "descubrimientos científicos," "método científico," "salud humana," "sistemas vivos," "energía," "el universo," "organismos," y "sistemas geoquímicos"— y no te desanimes si no puedes entender material técnico que escribió un científico que solo unos tres otros científicos en el mundo pueden entender.

Las preguntas en el examen de Ciencia están en formatos de opción múltiple, completar el espacio en blanco, arrastrar y soltar, y menú desplegable. Al igual que en el examen de Estudios Sociales, leerás pasajes e interpretarás gráficos, tablas y otros materiales visuales. Algunas preguntas pueden pedirte que calcules una respuesta. Para estas preguntas, aparecerá un ícono de calculadora en la pantalla de tu examen, o puedes usar tu propia calculadora TI-30XS MultiView si te examinas en un centro de exámenes.

Consulta los Capítulos 11 y 12 para una cobertura detallada sobre cómo prepararte para el examen de Ciencia. El Capítulo 19 te ofrece un examen completo de Ciencia, con respuestas completas y explicaciones en el Capítulo 20.

Examen de Razonamiento Matemático

El examen de Razonamiento Matemático (Matemáticas) verifica que tengas el mismo conocimiento y comprensión de matemáticas que un típico graduado de secundaria. Como el GED está diseñado para prepararte tanto para la educación postsecundaria como para el empleo, tiene un énfasis en las matemáticas relacionadas con el trabajo y las matemáticas académicas. Aproximadamente el 45 por ciento del examen se centra en la resolución de problemas cuantitativos, y el resto en álgebra.

El examen de Matemáticas consiste en diferentes formatos de preguntas que deben completarse en 115 minutos. Como el examen GED se administra en la computadora, las preguntas aprovechan el poder de la misma. Algunas preguntas simplemente te plantearán un problema para resolver. Otras preguntas se referirán a varios tipos de materiales de estímulo, incluidos gráficos, tablas, menús, listas de precios y mucho más. Consulta los Capítulos 2 y 3 para obtener más información y un adelanto de cómo se ven las preguntas en pantalla.

Estos son los tipos de preguntas que encontrarás en el examen de Matemáticas:

>> **Opción múltiple:** La mayoría de las preguntas en el examen de Matemáticas son de opción múltiple con cuatro opciones de respuesta.

>> **Desplegable:** Este tipo de pregunta es una forma de opción múltiple en la que obtienes una serie de posibles respuestas, una de las cuales es correcta. La única diferencia es que ves todas las opciones a la vez dentro del texto donde se debe usar. Para ejemplos, consulta los Capítulos 2 y 3.

>> **Arrastrar y colocar:** Este tipo de pregunta te pide que organices la información de cierta manera haciendo clic con el ratón y arrastrándola en tu pantalla. Por ejemplo, se te puede pedir que ordenes una lista de fracciones, decimales y números positivos y negativos de menor a mayor.

>> **Rellenar el espacio en blanco:** En estas preguntas, debes proporcionar una respuesta. Las preguntas de rellenar el espacio en blanco son directas: se te pide una respuesta muy específica, como un número o una o dos palabras, y debes escribir la respuesta en el espacio proporcionado.

Algunas preguntas pueden ser independientes, con solo una pregunta para cada estímulo. Otras pueden tener múltiples preguntas basadas en un solo estímulo. Cada estímulo, sin importar cuántas preguntas se basen en él, puede incluir texto, gráficos, tablas u otra representación de materiales numéricos, geométricos o algebraicos. Practica la lectura de materiales matemáticos y familiarízate con el vocabulario de las matemáticas. Al igual que en los exámenes de Estudios Sociales y Ciencia, tendrás disponible una calculadora en pantalla, o puedes traer tu propia calculadora TI-30XS MultiView. En el examen de Matemáticas, se te permite usar la calculadora en todas las preguntas excepto las primeras cinco. Sin embargo, algunas preguntas se pueden contestar más rápidamente usando cálculos mentales o simplemente utilizando la tableta borrable o la pizarra digital.

Consulta los Capítulos 13 y 14 para una cobertura detallada del examen de Matemáticas. El Capítulo 21 te ofrece un examen completo de Matemáticas, con respuestas completas y explicaciones en el Capítulo 22. Consulta el Capítulo 2 para conocer el formato de las preguntas tal como aparecen en la computadora.

Es una Cita: Programar el Examen

Reservas tu cita a través del sitio web del Servicio de Exámenes GED, ged.com, según las fechas disponibles para el examen. Como el examen se administra por computadora, programarás una cita individual. Tu examen comienza cuando tú comienzas y termina cuando termina el tiempo asignado. Si te inscribes para tomar el examen en línea desde casa, tu computadora y tu hogar (u otro lugar donde realices el examen) deben cumplir con requisitos especiales que se detallan cuando te inscribes. El sitio web ged.com te guiará a través de estos requisitos. Si te inscribes para tomar el examen en un centro de exámenes, lo harás en un laboratorio de computadoras, que a menudo no tiene más de 15 asientos; las instalaciones de examen pueden estar ubicadas en muchas comunidades de tu estado.

En el momento de la publicación de esta última edición de este libro, dos estados — Iowa y Maine — no ofrecen el examen. Y según este escrito, seis estados no permiten el examen en línea en casa: Florida, Hawái, Massachusetts, Nueva York, Virginia Occidental y Wyoming. Puedes tomar el examen en un estado vecino que permita el examen en línea para no residentes. Todos los estados que ofrecen el GED lo ofrecen en español. La mayoría de los estados te permiten tomar el GED en inglés o español, o ambos. Unos pocos estados requieren que tomes todos los exámenes en un solo idioma, español o inglés. Solo un estado requiere que tomes solo el examen de Razonamiento en Artes del Lenguaje en inglés. Las reglas para los exámenes cambian periódicamente, así que te recomiendo que consultes www.ged.com/es/policies/ para la información más reciente. Si las reglas para tu estado no son convenientes para ti, verifica un estado vecino. El sitio web también te dirá si puedes tomar el examen en ese estado como no residente. Una vez que sepas dónde harás el examen, selecciona ese estado cuando configures tu cuenta en línea. Y recuerda: Casi todos los empleadores e instituciones de educación superior a nivel nacional aceptarán tu credencial GED, sin importar dónde lo tomes.

CONSEJO

Si tomas alguno de los exámenes en inglés, considera mi *GED Test Prep for Dummies 2025/2026*.

Las siguientes secciones responden algunas preguntas que puedas tener antes de programar la fecha de tu examen, incluyendo si eres elegible para tomar el examen, cuándo puedes tomarlo y cómo inscribirte para hacerlo.

Determinar si eres elegible

Antes de programar la fecha de tu examen, asegúrate de cumplir con los requisitos para tomar el examen GED. Eres elegible para solicitar el examen GED solo si

» **No estás actualmente inscrito en una escuela secundaria.** Si estás actualmente inscrito en una escuela secundaria, se espera que completes tu diploma allí. El propósito del examen GED es dar a las personas que no están en la escuela secundaria la oportunidad de obtener un diploma equivalente.

» **No eres un graduado de secundaria.** Si ya te has graduado de la secundaria, deberías tener un diploma, lo que significa que no necesitas tomar el examen GED.

» **Cumples con los requisitos estatales respecto a edad, residencia y el tiempo transcurrido desde que dejaste la escuela secundaria.** Cuando abras tu cuenta en línea en ged.com, el software te evaluará para asegurarse de que cumples con los requisitos de tu estado.

Saber cuándo puedes hacer el examen

Puedes hacer el examen GED cuando seas elegible y estés preparado. Luego puedes solicitar tomar el examen GED tan pronto como quieras. Elige un día (o días) que te convenga(n). Si deseas hacer el examen en línea en casa, debes aprobar el examen de práctica GED Ready (disponible en https://www.ged.com/es/study/ged_ready/) antes de poder inscribirte. Incluso si haces el examen en un centro de exámenes, este breve examen en línea puede ayudarte a determinar si es probable que tengas éxito. Esto puede ayudarte a evitar perder tiempo y dinero en exámenes de repetición. Y si no apruebas, los consejos y sugerencias detallados te ayudarán a encontrar tus fortalezas y áreas de mejora.

RECUERDA

Tomar las cuatro secciones del examen GED juntas lleva aproximadamente siete horas. Sin embargo, el examen está diseñado para que puedas tomar cada sección cuando estés listo. De hecho, puedes tomar las secciones del examen una a la vez, por la noche o los fines de semana, dependiendo del centro de exámenes y tu horario. También puedes hacer algunas de los exámenes en un centro de exámenes y otras en casa. Si apruebas una sección del examen, esa parte del GED se considera completada, sin importar cómo te vaya en las otras secciones. Si fallas en una sección, puedes repetir esa parte del examen. En el momento de la publicación de este libro, existen límites sobre la frecuencia con la que puedes repetir el examen en línea en casa. Por eso se requiere el examen de práctica GED Ready: si lo apruebas, es bastante probable que apruebes el examen real.

¿ESTÁN DISPONIBLES ACOMODACIONES ESPECIALES?

El Servicio de Exámenes GED hace todo lo posible para garantizar que todas las personas calificadas tengan acceso a los exámenes. Si tienes una necesidad especial, se puede acomodar. No deberías sentirte mal por solicitar una acomodación. Muchas personas lo hacen, y las acomodaciones más comunes son para problemas relacionados con la visión. Sin embargo, recuerda que si solicitas una acomodación, necesitarás proporcionar documentación aceptable.

Algunos de los problemas más comunes relacionados con la visión pueden resolverse ajustando el tamaño del texto o los colores en la pantalla cuando tomes el examen. Las instrucciones completas están disponibles en la página de Acomodaciones en el sitio web del GED. Si requieres otro tipo de acomodación, necesitas hacer tu solicitud antes de presentarte para el examen. Esto es lo que necesitas hacer:

- Revisa la información e instrucciones en https://www.ged.com/es/faqs/testing-accommodations/.

- Al menos un mes antes de querer tomar el examen, ve a ged.com y abre una cuenta en línea, o ingresa a una cuenta existente.

- Sigue las instrucciones para solicitar una acomodación. El software te guiará en los pasos para solicitar una acomodación y enviar la documentación adecuada.

- Necesitarás documentación de tu necesidad especial de un profesional apropiado. El software proporcionará los requisitos exactos e instrucciones que puedes mostrar al profesional para que puedan proporcionar la documentación correcta.

- Completa todos los formularios adecuados y envíalos con la documentación requerida.

El Servicio de Exámenes GED define discapacidades específicas, como las siguientes, para las cuales puede ofrecer acomodaciones especiales:

- Trastornos de aprendizaje y cognitivos (LCD)
- Trastorno de déficit de atención/hiperactividad (ADHD)
- Trastornos psicológicos y psiquiátricos (EPP)
- Discapacidades físicas y condiciones de salud crónicas (PCH)

OBTENIENDO MÁS INFORMACIÓN SOBRE EL EXAMEN GED

Hay muchos recursos disponibles para obtener más información sobre el GED. El primer lugar para comenzar es el sitio web del Servicio de Exámenes GED, ged.com. La página de preguntas frecuentes del Servicio de Exámenes GED proporciona respuestas completas a las preguntas más comunes: https://www.ged.com/es/faqs/top-faqs/. Si no encuentras la información que necesitas allí, puedes chatear o enviar un correo electrónico a help@ged.com. Y si necesitas hablar con una persona real, puedes llamar a su número gratuito en español, 1-877-450-3276.

Porque el examen comienza cuando estás listo y termina cuando hayas agotado el tiempo asignado, puedes hacerlo solo y no depender de otras personas. Esto ofrece una gran flexibilidad para programar el examen, especialmente al hacerlo en línea en casa. Cuando te inscribes para el examen, puedes buscar horarios y ubicaciones que se adapten a ti.

Si necesitas arreglos especiales para adaptarte a tu situación, el Servicio de Exámenes GED te ayudará a organizar el examen en un momento y lugar convenientes.

Saber lo que Necesitas para Aprobar el Examen GED

¡Más del 85% de las personas que toman las 4 secciones del GED aprueban! ¡El éxito está al alcance! Para aprobar, necesitas obtener un mínimo de 145 en cada sección del examen, y debes aprobar cada sección para obtener tu diploma GED. Si logras una puntuación aprobatoria, ¡felicidades! Has obtenido una puntuación mejor que al menos el 40 por ciento de los graduados de secundaria actuales. Y si tus puntuaciones están entre 165 y 174, has alcanzado el nivel GED Listo para la Universidad. Esto significa que puedes comenzar tus estudios universitarios de inmediato sin necesidad de clases adicionales de preparación universitaria. Esto puede ahorrarte tiempo y dinero. Si tus puntuaciones son aún más altas, entre 175 y 200, has alcanzado el nivel elevado de GED Listo para la Universidad + Crédito. Dependiendo de las políticas de tu institución, puedes calificar para obtener créditos universitarios en cada una de las áreas temáticas del GED.

CONSEJO

Si obtienes puntuaciones en el nivel Listo para la Universidad o Listo para la Universidad + Crédito, compara diferentes universidades. Algunas instituciones pueden estar más dispuestas que otras a renunciar a ciertos requisitos o a otorgar créditos. Por ejemplo, puedes comenzar en un colegio comunitario que otorgue créditos. Luego, esos créditos estarán en tu expediente si más adelante decides continuar en una universidad de cuatro años.

Hay más buenas noticias. Las puntuaciones de los exámenes en computadora y en línea no caducan, así que si aprobaste algunas secciones hace años, no necesitas volver a tomarlas. Y si tomaste un examen entre 2014 y 2016 y obtuviste entre 145 y 150, ahora se te contará como aprobado en esa sección. (La puntuación mínima de aprobación se redujo de 150 a 145 en ese momento.) Tu expediente debería haber sido ajustado automáticamente, así que revisa tu expediente en ged.com; puede que haya buenas noticias esperándote.

Si descubres que tu puntuación es menor de 145 en alguna sección del examen, comienza a planificar para volver a tomar el examen(s) — y asegúrate de dejarte mucho tiempo para estudiar y prepararte más.

CONSEJO

Tan pronto como veas tus resultados, revisa las reglas para volver a tomar esa sección del examen en ged.com. Recuerda, solo necesitas volver a tomar aquellas secciones del examen que no aprobaste. Cualquier sección que apruebes ya está completada y cuenta para tu diploma. Además, la retroalimentación detallada que recibes sobre tus resultados te ayudará a descubrir áreas que necesitan más trabajo antes de volver a tomar una sección del examen. Esa información puede ayudarte a determinar las secciones de este libro que debes revisar o si deseas inscribirte en una clase. Puedes encontrar centros de educación para adultos cercanos en ged.com.

No importa qué puntuación obtengas en tu primer intento en la sección, no tengas miedo de volver a tomar cualquier sección que no hayas aprobado. Después de haberla tomado una vez, sabes en qué necesitas trabajar y sabes exactamente qué esperar el día del examen. Solo respira profundo y prepárate un poco más antes de tomar tu próximo examen.

Capítulo **2**

Conocer con Detalle el Examen GED Computarizado

El examen GED se ofrece solo en computadora, ya sea en un centro de exámenes o en línea desde casa. De cualquier forma, el formato del examen se ve bastante diferente de los viejos exámenes en papel que quizás hayas tomado. Ya no tienes que llenar pequeños círculos ni usar un lápiz o un bloc de notas. Ahora todo es digital; incluso el bloc de notas de años anteriores se ha actualizado a una tableta borrable o una pizarra digital. Ahora ingresas todas tus respuestas en la computadora. Usas el teclado para escribir tu ensayo o el ratón para seleccionar tus opciones de respuesta.

Este capítulo te proporciona lo que necesitas saber para usar la computadora al tomar el examen GED y explica los diferentes formatos de preguntas en el examen GED. Incluso incluyo algunas preguntas de muestra para asegurarme de que comprendas esta información importante. Demostrar cómo hacer un examen en computadora con un libro impreso no es fácil, pero este capítulo incluye varias capturas de pantalla de formatos de preguntas y otras imágenes que necesitas entender para tener éxito. Todo lo que tienes que hacer es leerlo y asimilarlo. No puedo prometerte un banquete de información, pero al menos este capítulo es una comida satisfactoria para ayudarte a prepararte para el próximo gran paso en tu camino hacia el futuro.

Familiarizarte con la Computadora

Al presentar el examen GED computarizado, tienes dos herramientas importantes para contestar preguntas: el teclado y el ratón. Las siguientes secciones analizan cada una de ellas con mayor detalle y explican exactamente cómo utilizarlas para completar el examen GED. Asegúrate de entender el funcionamiento y uso del teclado y el ratón de antemano para no terminar perdiendo tiempo valioso tratando de descifrar todo esto el día del examen.

Como incluir una computadora con el libro lo haría muy caro, desarrollé una forma diferente para que interactúes con las preguntas del examen GED en este libro. Presento preguntas en un formato lo más cercano posible a la pantalla de la computadora para ese tipo de formato de pregunta, y marcas tu elección directamente en el libro o en una hoja de respuestas. Luego, puedes verificar tu respuesta y leer la explicación de la respuesta.

Escribir en el teclado

Necesitas tener al menos algo de familiaridad con un teclado de computadora. Si constantemente cometes errores al escribir o no estás familiarizado con el teclado, podrías tener problemas. La buena noticia es que no necesitas ser un experto en mecanografía. De hecho, las personas detrás del GED han demostrado a través de su investigación que incluso las personas con habilidades mínimas de mecanografía aún tienen tiempo suficiente para completar el examen.

En el examen GED, usarás el teclado para escribir tus respuestas en el segmento de ensayo (Respuesta Extendida) en el examen de Razonamiento a través de Artes del Lenguaje y en las preguntas de completar espacios en blanco en las otras tres exámenes. Estas respuestas pueden incluir palabras, frases y números. Aunque puedas estar familiarizado con escribir usando uno o dos dedos en tu teléfono inteligente o tableta, con la pantalla a menudo prediciendo y sugiriendo (correctamente) las palabras que necesitas, el procesador de texto en el examen GED para la Respuesta Extendida tiene un mínimo de funciones. Acepta entradas desde el teclado, corta, pega y copia, y te permite rehacer y deshacer cambios, pero nada más. No tiene un corrector gramatical ni un corrector ortográfico, así que ten cuidado con tu mecanografía porque los errores ortográficos y gramaticales son simplemente eso — errores.

El examen GED utiliza el teclado estándar de América del Norte (ver Figura 2-1), así que si no estás familiarizado con él, tómate un tiempo para familiarizarte antes de realizar el examen GED. Si estás acostumbrado a teclados de otros idiomas, encontrarás que este teclado tiene algunas letras y signos de puntuación que aparecen en lugares diferentes. Antes del día del examen, practica usando el teclado de América del Norte para que las diferencias en el teclado no te desconcierten el día del examen. No tendrás tiempo para averiguar cómo funciona el teclado mientras el reloj está corriendo.

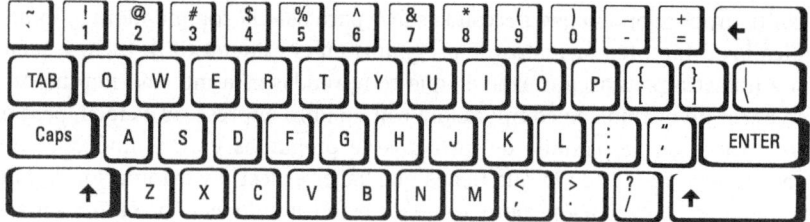

FIGURA 2-1: Un ejemplo de un teclado estándar de América del Norte.

© John Wiley & Sons, Inc.

Para completar el examen en el tiempo requerido, deberías tener

(A) zapatillas cómodas para correr.

(B) habilidades mínimas de mecanografía.

(C) pulgares realmente fuertes.

(D) mucho café en tu escritorio.

La opción (B) es la respuesta correcta. En pruebas preliminares, los creadores del examen GED encontraron que los examinados con habilidades mínimas de mecanografía pudieron completar el examen en el tiempo asignado. Eso no significa que trabajar en tus habilidades de mecanografía sea una pérdida de tiempo. Cuanto mejores sean estas habilidades, más rápido podrás escribir las respuestas y más tiempo tendrás para las preguntas difíciles.

Puede que quieras usar zapatillas cómodas para correr, como sugiere la opción (A), pero eso en sí mismo no te ayudará a terminar el examen en el tiempo asignado, aunque puede hacerte sentir más cómodo al estar sentado durante tantas horas. La opción (C) sería útil si enviaras tus respuestas por mensaje de texto, pero en el examen GED computarizado, tienes que usar un teclado tradicional, lo que requiere el uso de tus dedos y saber dónde están las teclas. La opción (D) podría presentarte un nuevo conjunto de problemas. Las computadoras y los líquidos no se llevan bien, y en la mayoría de los casos, los centros de examen no te permiten llevar líquidos al salón de examen. Si realizas el examen en línea desde casa, solo se te permite tener un vaso de agua en tu escritorio — en un vaso transparente. ¡No se permite té helado!

RECUERDA

No necesitas convertirte en un mecanógrafo perfecto, pero al menos deberías sentirte cómodo escribiendo con un par de dedos. Si deseas mejorar tus habilidades de mecanografía, busca en línea en tu motor de búsqueda favorito con las palabras clave "tutor de mecanografía gratuito". Cualquier cantidad de programas gratuitos puede enseñarte habilidades básicas de mecanografía. (Solo ten en cuenta que algunos programas pueden ser gratuitos para probar por un corto período de tiempo o pueden estar llenos de anuncios).Al observar el teclado, debes recordar que

(A) todos los teclados son iguales.

(B) los teclados de diferentes países tienen algunas letras en diferentes ubicaciones.

(C) siempre debes presionar la barra espaciadora con tu dedo meñique.

(D) los buenos mecanógrafos no tienen que preocuparse por la ubicación de las teclas.

La opción (B) es correcta. Los teclados de diferentes países tienen letras y signos de puntuación en diferentes ubicaciones y podrían presentar problemas a un mecanógrafo familiarizado con un teclado diferente. Las opciones (A), (C) y (D) son incorrectas.

Hacer clic y arrastrar con el ratón

La mayoría de las preguntas en el examen GED requieren nada más que la habilidad de usar el ratón para mover el cursor en tu pantalla, señalar una selección para tu respuesta y luego hacer clic en esa selección, lo cual es muy básico. Si no estás familiarizado con las computadoras, tómate un tiempo para familiarizarte con el ratón, incluyendo los botones clicables y la rueda de desplazamiento. Si el ratón tiene una rueda de desplazamiento, puedes usarla para moverte hacia arriba o abajo a través de texto o imágenes. Cuando mantienes presionado el botón izquierdo del ratón, se resalta el texto a medida que arrastras el cursor por la pantalla, o puedes "arrastrar y colocar" preguntas en la pantalla. Si haces el examen en línea en casa usando una computadora portátil, esa computadora puede tener un ratón de panel táctil (un pequeño panel en la parte inferior del teclado que tocas con uno o más dedos para mover el puntero en la pantalla y hacer clic en la esquina izquierda o derecha). Usa las instrucciones que vienen con tu laptop para familiarizarte con un ratón de panel táctil. Para familiarizarte con un ratón tradicional, puedes comprar uno con cable o inalámbrico por unos pocos dólares en línea. Asegúrate de que sea compatible con tu laptop específica.

En el examen GED, usarás el ratón para contestar los cuatro tipos principales de preguntas: elección múltiple, completar el espacio en blanco, menú desplegable y arrastrar y colocar. Usarás tanto el ratón como el teclado para escribir tu ensayo en la parte de Respuesta Extendida del examen RLA. Consulta el Capítulo 1 para más información básica sobre estos tipos de preguntas. Aquí, simplemente explico cómo usar tu computadora para contestarlas.

EJEMPLO

En los exámenes GED, indicas tu elección de respuesta

(A) usando un lápiz.

(B) tocando la pantalla.

(C) haciendo clic con el ratón.

(D) gritándola.

La respuesta correcta es la opción (C). Para la mayoría de las preguntas, el ratón es tu mejor amigo porque lo usas para indicar la respuesta correcta. Las computadoras del GED no tienen pantallas táctiles. Tocar la pantalla solo dejará huellas dactilares, así que la opción (B) es incorrecta. Si vas a usar un lápiz para indicar tu respuesta (opción A), estás tomando la versión incorrecta del examen GED, o te verás ridículo tratando de marcar en la pantalla de la computadora con un lápiz. Si elegiste la opción (D), como mínimo, serás expulsado del sitio de examen por ser una molestia y un posible tramposo.

Completar el espacio en blanco es otro tipo de pregunta que encontrarás en el examen GED. Son simplemente declaraciones con un cuadro en blanco en el texto en algún lugar. Para contestar la pregunta, necesitas ingresar la(s) palabra(s), nombre o número. La declaración será precedida por instrucciones que configuran el texto, para que sepas lo que se espera. Aquí tienes un ejemplo.

Escribe la palabra adecuada en el cuadro.

EJEMPLO

La pregunta de completar el espacio en blanco simplemente consiste en una declaración y una oración con un ☐ en el cual escribes el texto adecuado.

La respuesta correcta es *cuadro*.

OBTENIENDO MÁS AYUDA CON TUS HABILIDADES INFORMÁTICAS

Algunos sitios web ofrecen capacitación gratuita en habilidades informáticas básicas, pero necesitas una computadora para usarlos. Tu biblioteca local debería tener acceso gratuito a computadoras si no tienes una propia. Muchas bibliotecas y agencias comunitarias ofrecen clases de computación gratuitas que vale la pena revisar. Si tienes un poco de conocimiento en informática, escribe "capacitación en habilidades informáticas básicas + gratis" en un motor de búsqueda y sigue los enlaces hasta encontrar uno que te convenga. Ten en cuenta que el software gratuito o de prueba por tiempo limitado puede estar lleno de publicidad.

Tómate tu tiempo en casa o en la biblioteca para desarrollar tus habilidades informáticas y trabajar en los exámenes de práctica. El día del examen no es el momento para descubrir cómo usar la computadora. (Para más información sobre habilidades informáticas, consulta el Apéndice).

Prueba esta pregunta: Un buen lugar para obtener ayuda usando una computadora es

(A) tu escuela local.

(B) internet.

(C) bibliotecas.

(D) todas las anteriores.

La respuesta correcta es la opción (D). Cualquier lugar que ofrezca instrucción en el uso de una computadora es un buen lugar para obtener ayuda.

RECUERDA

Debes escribir la palabra o número preciso requerido. Los errores de ortografía, los puntos decimales mal colocados e incluso la capitalización incorrecta cuentan como errores.

Reconocer Cómo Se Ven las Preguntas en la Pantalla de la Computadora

Al realizar el examen GED computarizado, te encontrarás con cuatro tipos principales de preguntas para contestar: opción múltiple, completar el espacio en blanco, menú desplegable y arrastrar y colocar.

Las siguientes secciones te muestran cómo se ven las diferentes preguntas en la pantalla en las distintas secciones del examen y te explican cómo contestar estas preguntas.

Examen de Razonamiento a través de las Artes del Lenguaje

El examen de Razonamiento a través de las Artes del Lenguaje (RLA) pone en práctica varias habilidades, incluyendo la lectura y comprensión y habilidades de escritura. La mayor parte del contenido para contestar las preguntas de comprensión lectora está en el texto fuente mismo. Las preguntas son todas en formato de opción múltiple o variaciones. Para la Respuesta Extendida (el ensayo), necesitas saber cómo escribir un buen ensayo de tres a cinco párrafos.

Preguntas de opción múltiple

Como en todas las secciones del examen, la pregunta de opción múltiple es la más común en el componente de Comprensión de Lectura. La pregunta básica de opción múltiple, mostrada en la Figura 2-2, se ve muy similar a lo que podrías esperar. Se presenta en formato de pantalla dividida, con el texto fuente a la izquierda y la pregunta y las opciones de respuesta a la derecha. Si el texto fuente se extiende más allá de una pantalla, debes usar la barra de desplazamiento en el lado derecho de la pantalla izquierda. Cuando estés listo para responder, usa el ratón para hacer clic en la respuesta adecuada y luego haz clic en Siguiente para continuar.

Si una barra de desplazamiento acompaña al texto fuente en el lado izquierdo de la pantalla, parte del texto no será visible a menos que te desplaces hacia abajo. Si esa barra de desplazamiento está en el lado de las respuestas, algunas de las opciones de respuesta pueden no ser visibles sin desplazar. Esto es importante recordar porque podrías perderte alguna información importante al intentar contestar la pregunta. Para usar la barra de desplazamiento, haz clic en ella con tu cursor y luego mueve el ratón hacia arriba o hacia abajo. Cuando el texto que deseas esté visible, suelta el botón.

EJEMPLO

La barra de desplazamiento en algunas preguntas te ayudará a

(A) encontrar pergaminos.

(B) ver la pizarra en pantalla.

(C) pasar a la siguiente pregunta.

(D) ver más texto arriba o abajo de lo que está actualmente en la pantalla.

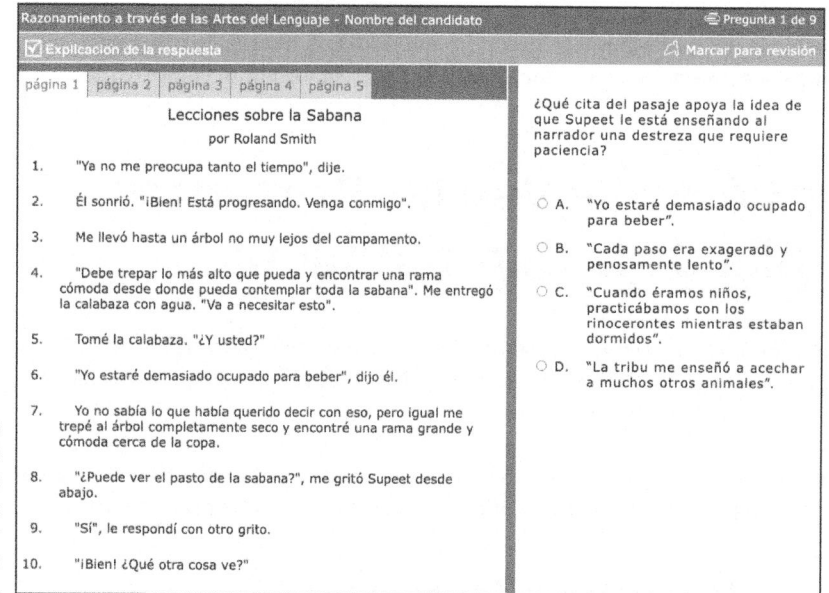

☑ Explicación de la respuesta ⬏ Marcar para revisión

página 1 | página 2 | página 3 | página 4 | página 5

Lecciones sobre la Sabana
por Roland Smith

1. "Ya no me preocupa tanto el tiempo", dije.

2. Él sonrió. "¡Bien! Está progresando. Venga conmigo".

3. Me llevó hasta un árbol no muy lejos del campamento.

4. "Debe trepar lo más alto que pueda y encontrar una rama cómoda desde donde pueda contemplar toda la sabana". Me entregó la calabaza con agua. "Va a necesitar esto".

5. Tomé la calabaza. "¿Y usted?"

6. "Yo estaré demasiado ocupado para beber", dijo él.

7. Yo no sabía lo que había querido decir con eso, pero igual me trepé al árbol completamente seco y encontré una rama grande y cómoda cerca de la copa.

8. "¿Puede ver el pasto de la sabana?", me gritó Supeet desde abajo.

9. "Sí", le respondí con otro grito.

10. "¡Bien! ¿Qué otra cosa ve?"

¿Qué cita del pasaje apoya la idea de que Supeet le está enseñando al narrador una destreza que requiere paciencia?

○ A. "Yo estaré demasiado ocupado para beber".

○ B. "Cada paso era exagerado y penosamente lento".

○ C. "Cuando éramos niños, practicábamos con los rinocerontes mientras estaban dormidos".

○ D. "La tribu me enseñó a acechar a muchos otros animales".

FIGURA 2-2: Un ejemplo de una pregunta estándar de opción múltiple.

© 2014 GED Testing Service LLC

La opción (D) es correcta. La barra de desplazamiento te indica que hay más texto disponible y te ayuda a verlo. No te ayuda a hacer nada más — no a ver la pizarra en pantalla, pasar a la siguiente pregunta, ni a encontrar pergaminos.

A veces, el texto fuente consta de varias páginas de pantalla (mira de nuevo la Figura 2-2). Las pestañas en la parte superior de la página son tu pista. De hecho, parecen pestañas de carpetas de archivo y están marcadas con números de página. Cada una abre una página diferente en el texto fuente cuando haces clic en la pestaña. Recuerda que debes leer todo el texto para poder contestar la pregunta. Observa también que el lado de la pregunta en la pantalla no cambia a medida que avanzas por las pestañas. De lo contrario, funciona de la misma manera: lee, decide una respuesta, haz clic en la opción correspondiente y luego haz clic en Siguiente para continuar.

EJEMPLO

Las pestañas son una parte muy importante de los pasajes en el examen porque

(A) te dan algo que hacer mientras piensas en tu respuesta.

(B) te permiten avanzar a la siguiente página de texto.

(C) te permiten desplazarte hacia abajo en la página de texto.

(D) pueden darte una pista para ayudarte a encontrar la respuesta.

La opción (B) es la respuesta correcta. Si tienes que avanzar a través de un pasaje, las pestañas te proporcionan el mecanismo para hacerlo. Si decides no usar las pestañas, solo podrás leer una página del pasaje. Dado que la respuesta a la pregunta depende de todo el material, esto te pone en una gran desventaja.

La mayoría de las preguntas en el examen serán alguna forma de opción múltiple, presentadas de la misma manera que los dos ejemplos anteriores.

Preguntas de arrastrar y colocar

El examen RLA también utiliza otros formatos de preguntas adecuados para exámenes en computadora. La pregunta de arrastrar y colocar (ver Figura 2-3) es una variedad. El texto fuente, un extracto de *Ana de las Tejas Verdes*, está en el lado izquierdo de la pantalla.

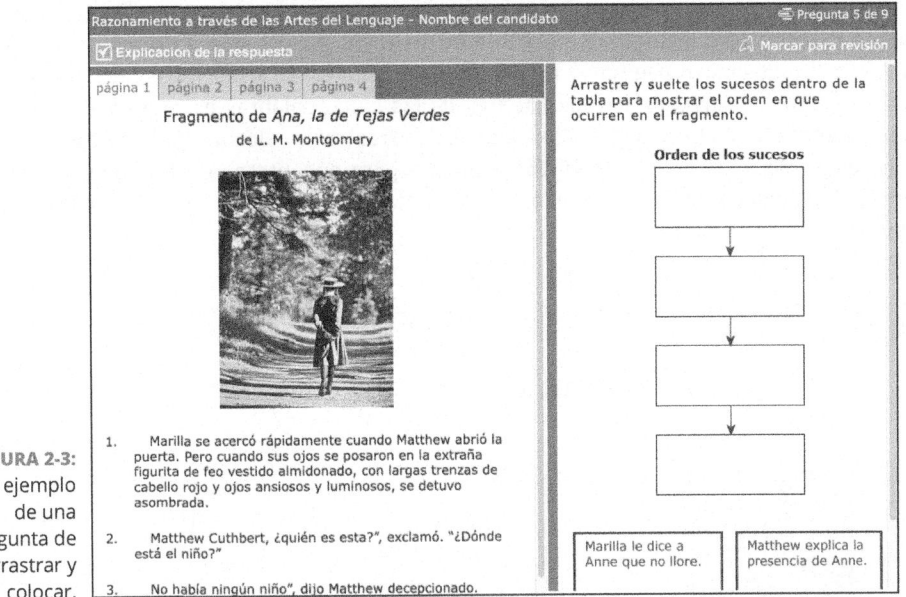

FIGURA 2-3: Un ejemplo de una pregunta de arrastrar y colocar.

Este texto fuente abarca más de una página, accesible a través de las pestañas en la parte superior de la pantalla. En el lado de la respuesta, la barra de desplazamiento indica que el contenido continúa, y debes mover la barra hacia abajo para verlo todo (ver Figura 2-4).

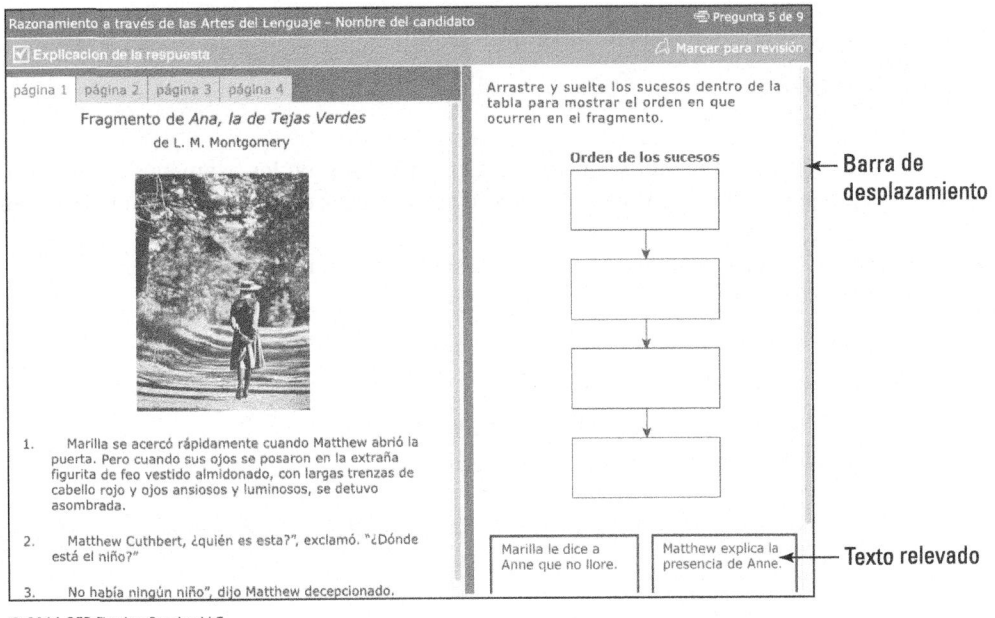

FIGURA 2-4: Usa la barra de desplazamiento para desplazarte hacia abajo.

Después de terminar de leer el contenido bajo las pestañas, arrastra las opciones de la derecha a los cuadros. Haz clic en la opción de respuesta y, sin soltar el botón del ratón, arrastra la opción al cuadro correcto. Suelta el botón del ratón y la opción caerá en el cuadro. Si lo has movido correctamente, se quedará donde lo dejaste.

La Figura 2-5 muestra otro ejemplo de pregunta de arrastrar y colocar. Esta pregunta utiliza el mismo texto fuente de cuatro páginas y te pide que selecciones características que se aplican a Ana. La clave es que solo puedes seleccionar tres de las cinco palabras enumeradas. Eso no se indica en la pregunta pero es obvio por los objetivos de arrastrar y colocar, que incluyen solo tres espacios ovalados. Debes leer el texto cuidadosamente para encontrar las elecciones correctas. Cuando decidas qué palabras se aplican, arrastra cada palabra a uno de los óvalos y déjala allí. Haz clic en Siguiente para continuar.

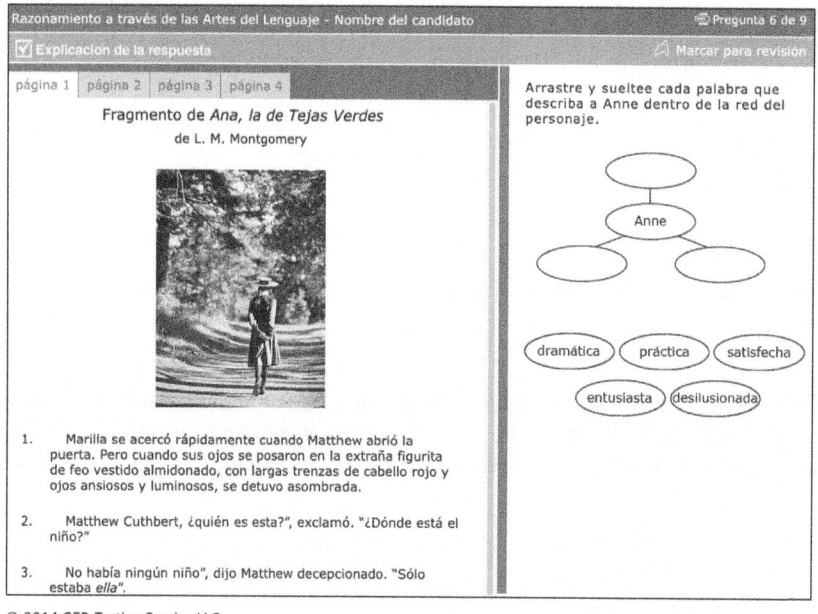

FIGURA 2-5: Otro ejemplo de arrastrar y colocar.

© 2014 GED Testing Service LLC

En este libro, claramente no puedes arrastrar y colocar en los exámenes de práctica, por lo que para preguntas en este formato, indicas tu respuesta escribiendo letras. Aquí tienes un ejemplo.

EJEMPLO

Responder a una pregunta de arrastrar y colocar en la computadora requiere que [   ] (elige tres letras)

(A) uses el ratón.

(B) escribas directamente en un cuadro.

(C) hagas clic y muevas una opción de respuesta.

(D) selecciones más de una opción de respuesta.

Las opciones (A), (C) y (D) son correctas. La opción (B) es incorrecta porque escribes una respuesta en un cuadro en una pregunta de llenar el espacio en blanco.

Preguntas de menú desplegable

Estas preguntas son muy similares a las de opción múltiple. Te piden que elijas la respuesta para completar una oración correctamente. En una línea del texto, verás un espacio en blanco y la palabra *Seleccionar* con una flecha al lado. Cuando haces clic en esa línea, aparece una serie de opciones de respuesta. Eliges la mejor opción como tu respuesta.

CONSEJO

En este libro, las preguntas de menú desplegable se parecen mucho a las de opción múltiple. Incluyo una lista de opciones de respuesta para que elijas, etiquetadas con A, B, C y D. Solo ten en cuenta que en el examen GED, tendrás que hacer clic en Seleccionar para ver las opciones de respuesta. Ocasionalmente, puedes encontrarte con una pregunta de completar el espacio en blanco, aunque estas son más comunes en otras secciones del examen, especialmente en Matemáticas. Para obtener información sobre este tipo de pregunta, consulta la Figura 2-8.

La Respuesta Extendida

En la Respuesta Extendida del examen de RLA, tienes 45 minutos para escribir un ensayo. La Figura 2-6 muestra un ejemplo. Ten en cuenta que el material fuente es más largo que una pantalla. Las pestañas en la parte superior del lado izquierdo indican que este texto está distribuido en cuatro páginas. Asegúrate de leer las cuatro páginas. Si haces el examen en casa o en un centro de exámenes, tendrás una pizarra digital para tomar notas y organizar tus ideas. Si haces el examen en un centro de exámenes, también tendrás una tableta borrable y un marcador de borrado en seco para tomar notas y organizar tus ideas. De cualquier manera, nada de lo que escribas en la pizarra o la tableta será visto por nadie más que tú. Solo cuenta la respuesta que escribas en la ventana de respuesta.

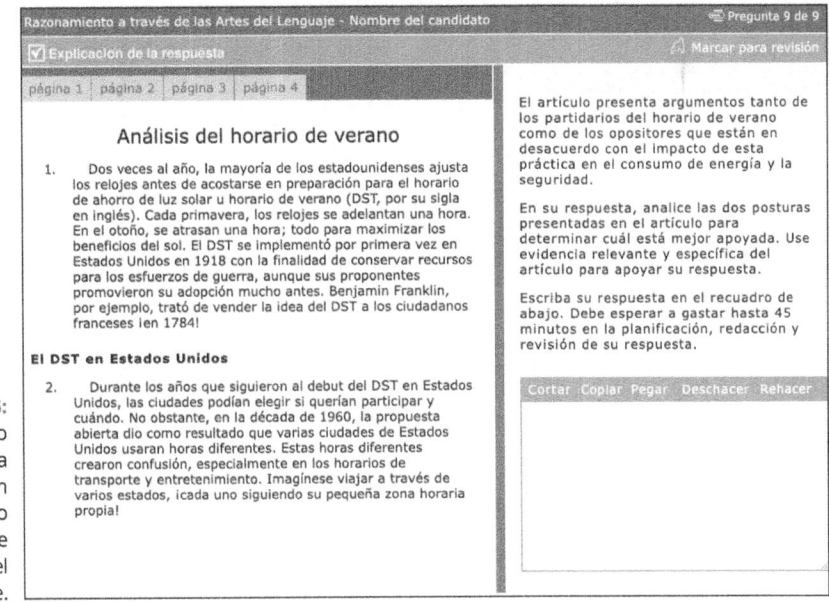

FIGURA 2-6:
Un ejemplo de Respuesta Extendida en Razonamiento a través de Artes del Lenguaje.

© 2014 GED Testing Service LLC

La ventana de respuesta es un mini procesador de texto muy limitado. En la Figura 2-8, puedes ver que solo te permite cortar, pegar, copiar, rehacer y deshacer. Dado que esta es un examen de escritura, no tiene ni corrector gramatical ni corrector ortográfico. Tu cerebro, con su experiencia y conocimiento, suple esos. Para copiar, cortar, pegar o guardar, mueves el cursor del ratón al área de la pantalla con los símbolos para realizar estas tareas, y luego haces clic en un botón del ratón para activar la función (o puedes usar los atajos estándares del teclado para copiar, cortar y pegar). Usas estas funciones si deseas citar algo en tu ensayo, eliminar palabras o frases no deseadas, o mover algo a otra parte de tu ensayo.

CONSEJO

¡Intenta escribir un ensayo completo en el Capítulo 8 y en el examen de práctica en el Capítulo 15! ¿Quieres que la experiencia sea más realista? Desactiva el corrector ortográfico y el corrector gramatical en la configuración de tu computadora. ¡Pronto serás un experto en escribir un buen ensayo en 45 minutos!

Examen de Estudios Sociales

En el examen de Estudios Sociales, encontrarás tipos de preguntas de opción múltiple similares a las del examen de Razonamiento a través de Artes del Lenguaje. Las siguientes secciones te ofrecen una breve guía sobre los tipos de preguntas que puedes esperar.

Preguntas de opción múltiple

La mayoría de las preguntas en el examen de Estudios Sociales son una variación de preguntas de opción múltiple (ver Figura 2-7). Estas preguntas pueden tener una barra de desplazamiento o pestañas para el material de fuente.

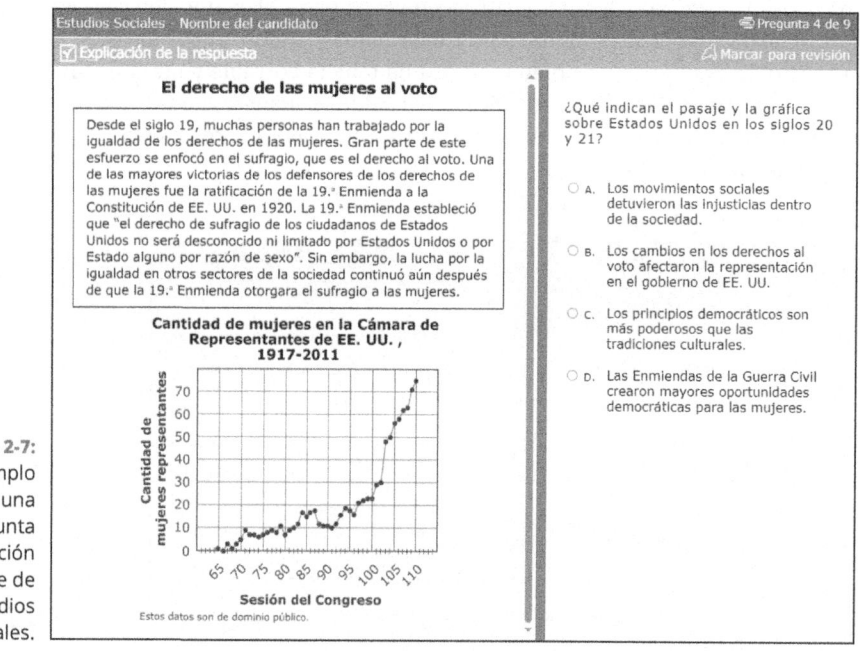

FIGURA 2-7:
Un ejemplo de una pregunta de opción múltiple de Estudios Sociales.

© 2014 GED Testing Service LLC

Si no hay material de fuente, la pregunta de opción múltiple aparecerá sola en la parte superior de tu pantalla.

Otros tipos de preguntas de Estudios Sociales

Las otras preguntas en el examen de Estudios Sociales incluyen completar espacios en blanco, arrastrar y colocar, y preguntas de menú desplegable.

Al igual que en otras áreas temáticas, en un ejercicio de completar espacios en blanco (como en la Figura 2-8), necesitas una palabra o número específico para el espacio. Debes ser preciso; los errores ortográficos se consideran un error. En este libro, escribes la respuesta en la hoja de respuestas.

El examen de Estudios Sociales también incluye preguntas de menú desplegable y de arrastrar y colocar. Respondes a estas preguntas de la misma manera que en el examen de Razonamiento a través del Lenguaje (consulta las secciones anteriores, "Preguntas de arrastrar y colocar" y "Preguntas de menú desplegable," para más información). La Figura 2-9 es un ejemplo de una pregunta de arrastrar y colocar de Estudios Sociales.

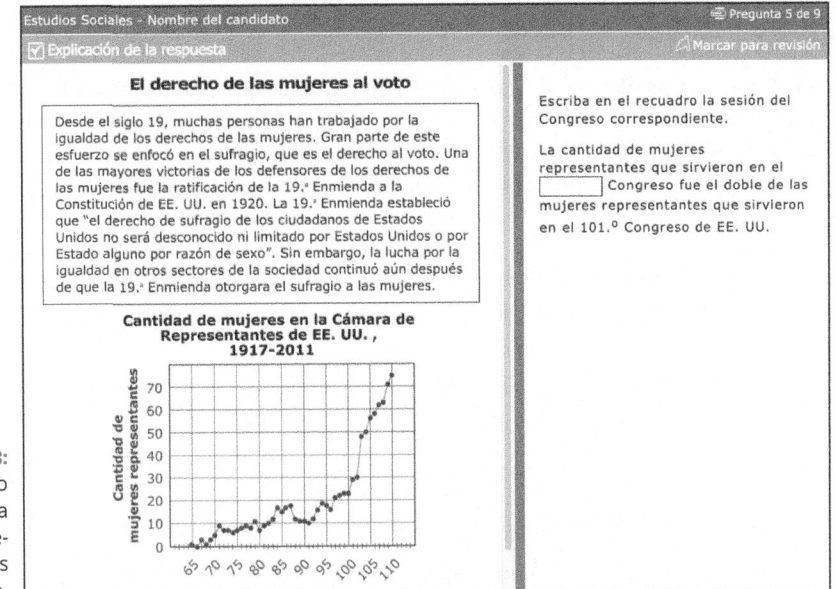

FIGURA 2-8:
Un ejemplo
de pregunta
de comple-
tar espacios
en blanco.

© 2014 GED Testing Service LLC

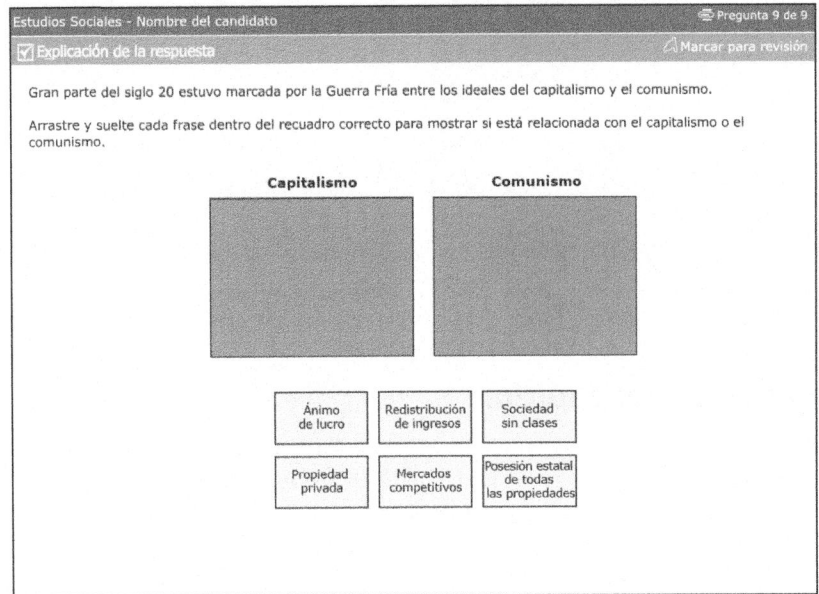

FIGURA 2-9:
Un ejemplo
de pregunta
de arrastrar
y colocar
de Estudios
Sociales.

© 2014 GED Testing Service LLC

Examen de Ciencia

Los tipos de preguntas en el examen de Ciencia incluyen las mismas preguntas de opción múltiple, preguntas de menú desplegable, preguntas para completar espacios en blanco y preguntas de arrastrar y colocar que en los otros exámenes. Estas preguntas funcionan exactamente igual que en las otras secciones del examen. ¡Eso realmente facilita las cosas!

Examen de Razonamiento Matemático

Aquí tienes algunos de los formatos específicos encontrarás en el examen de Razonamiento Matemático (Matemáticas).

Calculadora

El examen de Matemáticas ofrece una calculadora en pantalla que puedes usar en todas las preguntas excepto en las primeras cinco. (Si no ves la pestaña de la calculadora en la pantalla, entonces tendrás que hacer los cálculos mentalmente, en la tableta borrable o en la pizarra digital). Cuando necesites la calculadora, simplemente haz clic en el enlace de Calculadora y la calculadora aparecerá (ver Figura 2-10). Si realizas el examen en un centro de exámenes, puedes llevar tu propia calculadora TI-30XS MultiView. El sitio web del Servicio de Exámenes GED, ged.com, ofrece varios recursos, incluyendo una hoja de referencia que te muestra todas las funciones que necesitas conocer y una calculadora en pantalla real con la que puedes practicar.

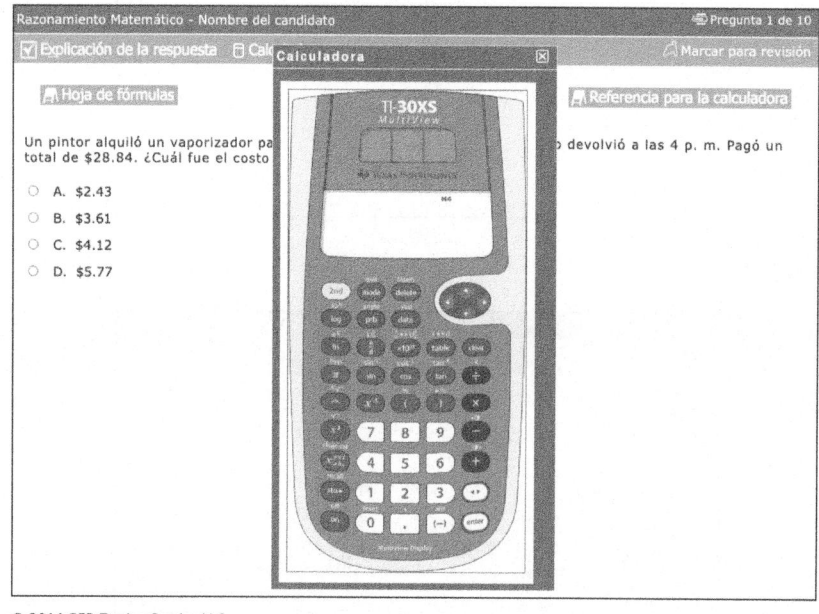

FIGURA 2-10: El examen de Matemáticas del GED tiene una calculadora que puedes usar en pantalla.

© 2014 GED Testing Service LLC

Preguntas de opción múltiple

La mayoría de las preguntas en el examen de Matemáticas son de opción múltiple. La pregunta te presenta cuatro posibles respuestas, de las cuales solo una es correcta, aunque las otras opciones pueden ser similares o incluir errores comunes. Lee cuidadosamente la pregunta y las opciones de respuesta. Contesta usando la información proporcionada. La única excepción es la lista de fórmulas que se te da cuando haces clic en el botón de Fórmulas. Puedes usar cualquiera de estas fórmulas cuando sea apropiado. La Figura 2-11 muestra un ejemplo básico de una pregunta de opción múltiple.

En la computadora, usas el ratón para seleccionar la respuesta. (En los exámenes de práctica de este libro, marcas tu respuesta en una hoja de respuestas. Siempre verifica tu respuesta con la explicación).

A veces, las preguntas de opción múltiple aparecen en una pantalla dividida con la pregunta en el lado izquierdo y las posibles respuestas en el lado derecho (ver Figura 2-12). En cualquier caso, después de decidir cuál es la respuesta correcta, haces clic en la opción adecuada con el ratón.

Las pantallas de preguntas de matemáticas pueden tener varios botones integrados en el formato: un botón para llamar a la calculadora, uno para abrir la hoja de fórmulas y otro para la hoja de referencia de la calculadora. La calculadora está disponible para todas las preguntas de matemáticas excepto las primeras cinco, que están diseñadas para probar tus habilidades de cálculo. La calculadora y la hoja de referencia de la calculadora también están disponibles en los exámenes de Estudios Sociales y Ciencias.

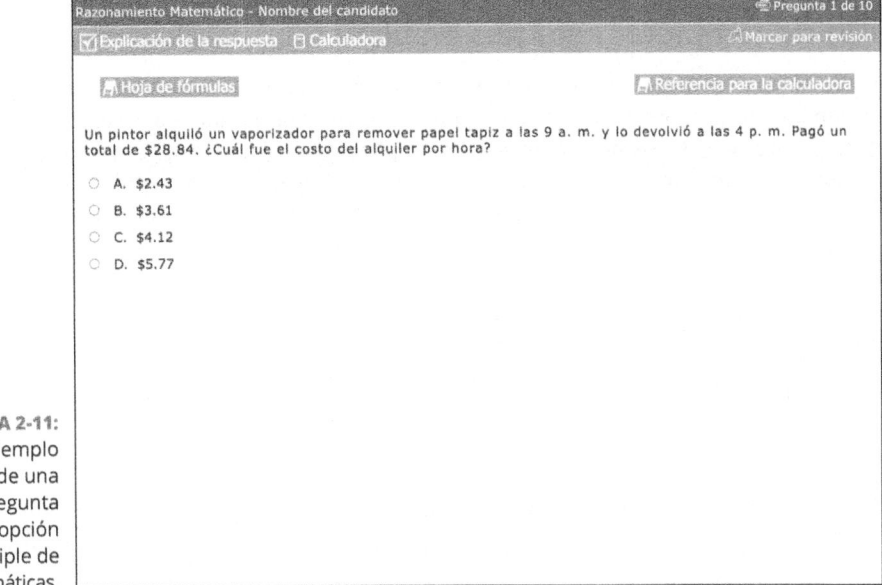

☑ Explicación de la respuesta 🗇 Calculadora ⬜ Marcar para revisión

🔲 Hoja de fórmulas 🔲 Referencia para la calculadora

Un pintor alquiló un vaporizador para remover papel tapiz a las 9 a. m. y lo devolvió a las 4 p. m. Pagó un total de $28.84. ¿Cuál fue el costo del alquiler por hora?

○ A. $2.43

○ B. $3.61

○ C. $4.12

○ D. $5.77

FIGURA 2-11:
Un ejemplo
de una
pregunta
de opción
múltiple de
Matemáticas.

© 2014 GED Testing Service LLC

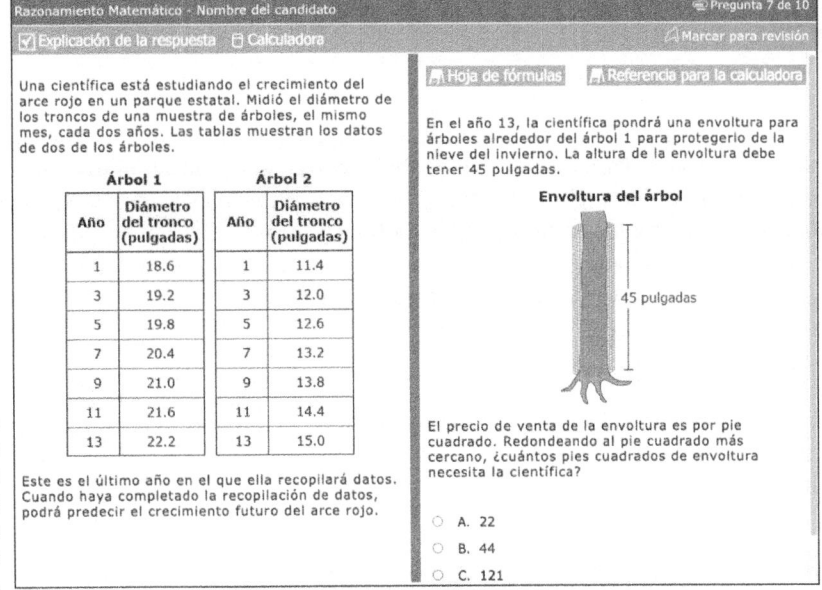

☑ Explicación de la respuesta 🗇 Calculadora ⬜ Marcar para revisión

Una científica está estudiando el crecimiento del arce rojo en un parque estatal. Midió el diámetro de los troncos de una muestra de árboles, el mismo mes, cada dos años. Las tablas muestran los datos de dos de los árboles.

🔲 Hoja de fórmulas 🔲 Referencia para la calculadora

En el año 13, la científica pondrá una envoltura para árboles alrededor del árbol 1 para protegerlo de la nieve del invierno. La altura de la envoltura debe tener 45 pulgadas.

Árbol 1

Año	Diámetro del tronco (pulgadas)
1	18.6
3	19.2
5	19.8
7	20.4
9	21.0
11	21.6
13	22.2

Árbol 2

Año	Diámetro del tronco (pulgadas)
1	11.4
3	12.0
5	12.6
7	13.2
9	13.8
11	14.4
13	15.0

Envoltura del árbol

45 pulgadas

El precio de venta de la envoltura es por pie cuadrado. Redondeando al pie cuadrado más cercano, ¿cuántos pies cuadrados de envoltura necesita la científica?

○ A. 22

○ B. 44

○ C. 121

Este es el último año en el que ella recopilará datos. Cuando haya completado la recopilación de datos, podrá predecir el crecimiento futuro del arce rojo.

FIGURA 2-12:
Una
pregunta
de opción
múltiple
en pantalla
dividida.

© 2014 GED Testing Service LLC

CONSEJO

Algunas personas encuentran difícil usar la calculadora en pantalla. Si tienes sentimientos similares, podrías tomar el examen en un centro de exámenes, donde puedes llevar tu propia calculadora TI-30XS MultiView.

RECUERDA

Familiarizarte con la hoja de referencia de la calculadora antes del examen puede ahorrarte tiempo durante el examen. Pero si olvidas algo, puedes usar la hoja de referencia de la calculadora en línea para refrescar tu memoria. ¡Es bueno saberlo si te pones nervioso y empiezas a tener problemas con la calculadora!

Preguntas de completar espacios en blanco

En el examen de matemáticas, normalmente contestarás esas preguntas con una respuesta numérica en un cuadro proporcionado, usando el teclado, en lugar de una palabra o frase, como en las otras tres exámenes. La respuesta puede ser simplemente un número, pero también puede requerir símbolos matemáticos especiales que no están en tu teclado. En ese caso, debes usar el cuadro de Símbolos. Echa un vistazo a la Figura 2-13 para ver el cuadro de Símbolos. Para acceder al cuadro de Símbolos, haz clic en la pestaña Æ Símbolo en tu pantalla.

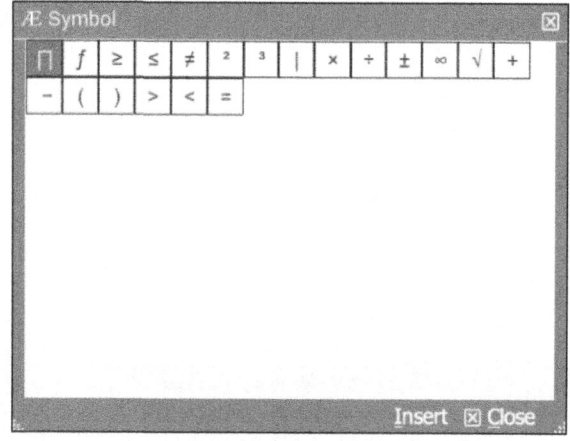

FIGURA 2-13: Un ejemplo del cuadro de Símbolos.

Después de leer la pregunta con atención, utiliza el teclado y el cuadro de Símbolos para escribir tu respuesta en el cuadro. Para insertar un símbolo, coloca el cursor en el cuadro de respuesta. Luego haz clic en la pestaña Æ. El cuadro de Símbolos se abrirá. En el cuadro de Símbolos, haz clic en el símbolo que deseas y luego haz clic en el botón Insertar en la esquina inferior derecha del cuadro de Símbolos. El símbolo aparecerá junto a tu cursor. Para hacer desaparecer el cuadro de Símbolos, presiona el botón Cerrar en la esquina inferior derecha.

Otros tipos de preguntas

El examen de Razonamiento Matemático también tiene preguntas de menú desplegable y de arrastrar y colocar, al igual que las otras tres secciones de del examen, aunque este tipo de pregunta no aparece con frecuencia.

Botón de Marcar para Revisión

El botón de Marcar para Revisión es algo muy útil en todos los exámenes. Este botón te permite marcar preguntas para repasarlas más tarde. Puedes seleccionar una respuesta y luego presionar Marcar para Revisión, o simplemente presionar Marcar para Revisión sin seleccionar una respuesta. Al final del examen, o en cualquier momento, puedes ir a la pantalla de Revisión, que muestra todas las preguntas que has marcado. De esta manera, puedes volver a estas preguntas rápidamente en cualquier momento. Cuando completes el examen, también serás llevado a esta pantalla (siempre que quede tiempo). Puedes continuar revisando tus respuestas o completando preguntas sin responder hasta que se acabe el tiempo.

CONSEJO

No hay penalización adicional por adivinar en el GED, así que no dejes ninguna pregunta sin responder. A lo largo de este libro, aprenderás varias estrategias para mejorar tus probabilidades al adivinar. Pero si simplemente no sabes la respuesta o te estás quedando sin tiempo, no pierdes nada al seleccionar una respuesta al azar para cada pregunta sin responder. Usa la pantalla de Revisión para ayudarte a encontrar y contestar todas las preguntas sin contestar en los últimos minutos del examen.

Capítulo **3**

Las Cuatro Secciones del Examen GED y Tú

E s hora de comenzar tu preparación para el examen GED echando un vistazo a lo que puedes esperar en las cuatro secciones que componen el examen GED: Razonamiento a través de Artes del Lenguaje, Estudios Sociales, Ciencia y Razonamiento Matemático. Puedes tomarlas todas de una vez en un día realmente largo y desafiante o individualmente cuando te sientas suficientemente preparado. *Recuerda:* No tienes que hacer todas las secciones del examen en el mismo día. Y no tienes que hacerlas todas en el mismo idioma; en la mayoría de los estados, puedes elegir entre inglés y español para cualquiera de los exámenes. Y después de aprobar una sección del examen, habrás terminado con esa sección para siempre. Obtendrás tu diploma GED cuando hayas completado y aprobado las cuatro secciones del examen.

En este capítulo, explico lo que puedes esperar en cada sección y te ayudo a prepararte para responder a los diferentes tipos de preguntas. Consulta el Capítulo 2 para ver ejemplos de todos los diferentes tipos de preguntas y cómo aparecen tanto en el examen GED real como en los exámenes de práctica de este libro.

Entender el Examen de Razonamiento a través de las Artes del Lenguaje

El examen de Razonamiento a través de las Artes del Lenguaje (RLA) consta de un examen de comprensión de lectura, un descanso y la sección de Respuesta Extendida (el ensayo).

En esta sección, te ofrezco algunos ejemplos de preguntas para ambas partes del examen de RLA, que te muestran cómo funcionan las preguntas y qué se espera de ti para responderlas. Primero responderás a una serie de preguntas de comprensión de lectura, principalmente de opción múltiple. También verás preguntas en forma de arrastrar y colocar, completar espacios en blanco y menús desplegables. En cada caso, necesitarás buscar la respuesta en el texto que se te presenta. Para encontrar la respuesta, es posible que simplemente debas referirte al texto, o que necesites sacar conclusiones de lo que has leído y elegir la mejor respuesta de las opciones presentadas o de tu comprensión del pasaje. Después de eso, tendrás un breve descanso y luego dispondrás de 45 minutos para completar la Respuesta Extendida.

La sección de lectura

En esta parte del examen RLA, se te dará un texto para leer, seguido de un conjunto de preguntas sobre ese texto, diseñadas para evaluar tu capacidad de leer y comprender. Algunas preguntas simplemente preguntarán sobre el contenido; otras requerirán análisis. La información que necesitas para responder estará directamente en el texto que lees. Algunas preguntas te pedirán que saques conclusiones basadas en la información del texto, que son las preguntas de "por qué" o "cómo lo sabes".

CONSEJO

Aquí tienes dos consejos de sabiduría colectiva: Primero, antes de hacer el examen RLA, lee, lee y lee un poco más. Y, en segundo lugar, cuando hagas el examen RLA, lee con atención; la respuesta está en el texto. La mejor garantía de que te irá bien en esta sección es convertirte en un lector fluido y analítico. Lee editoriales, analiza cómo los escritores presentan sus argumentos y proporcionan evidencia de apoyo. Lee noticias para extraer los puntos clave esenciales que forman la historia. Lee y piensa en cómo el escritor crea un ambiente, una imagen o un punto de vista. Aunque no necesitas dominar ningún contenido específico antes de tomar la parte de lectura del examen RLA, cuanto más leas, mejor preparado estarás para enfrentarte a esto.

Entro en detalle sobre los tipos de preguntas que puedes esperar en el examen RLA y cómo responderlas en las siguientes secciones.

Preguntas de opción múltiple

La mayoría de las preguntas en el examen RLA son una forma de preguntas de opción múltiple, donde eliges entre cuatro respuestas. (Consulta el Capítulo 2 para ver cómo aparecen las preguntas de opción múltiple en esta sección del examen en la pantalla de la computadora cuando estás tomando el examen GED real.)

Las preguntas de opción múltiple te dan la respuesta correcta pero lo complican al agregar tres opciones de respuesta incorrectas. Por esta razón, es útil leer primero las preguntas y las opciones de respuesta y luego el texto, buscando material relacionado. Regresa a las opciones de respuesta y elimina las que obviamente están equivocadas. Eventualmente, te quedarás con una o dos opciones de las cuales elegir tu respuesta.

RECUERDA

Elige la respuesta más correcta y más completa de las opciones ofrecidas. Puede que encuentres, basándote en tu conocimiento previo, que ninguna de las opciones es completa. Sin embargo, necesitas basarte en los materiales del texto, así que utiliza la opción de respuesta más cercana a lo que está en el texto.

El mejor consejo para completar la parte de lectura del examen RLA es

(A) leer, leer y leer un poco más.

(B) memorizar todos los poemas escritos por Shakespeare.

(C) leer las versiones cortas de cualquier libro famoso que puedas encontrar.

(D) relajarte, porque leer es fácil.

La respuesta correcta es la Opción (A). No necesitas saber ningún contenido específico para este examen, pero necesitas poder leer rápida y precisamente y entender lo que has leído. La única manera de lograr eso es practicar y practicar y practicar un poco más.

Aquí hay un par de ejemplos de preguntas de opción múltiple como las que verás en el examen RLA del GED.

> Las personas tienen un "punto de ajuste" metabólico natural que está predeterminado al nacer e influye en cuán delgadas o pesadas serán. Por eso es difícil para las personas obesas perder peso más allá de un cierto punto y para las personas delgadas ganar y mantener peso por mucho tiempo. Algunos estudios ahora sugieren que los químicos en retardantes de llama en ropa y tapicería interfieren con ese punto de ajuste cuando son absorbidos por el cuerpo. Esto puede afectar a un niño en el útero e incluso después del nacimiento, lo cual es una razón por la que algunas jurisdicciones están prohibiendo los retardantes de llama en la ropa infantil. California incluso está considerando prohibirlos en la tapicería, otra aplicación común.

EJEMPLO

¿Por qué son potencialmente dañinos los químicos en la tapicería?

(A) Pueden causar una discapacidad.

(B) Interfieren con el punto de ajuste metabólico natural.

(C) California está considerando prohibirlos.

(D) Son ineficaces para prevenir incendios.

La respuesta correcta es la Opción (B), que está claramente indicada en el texto. La Opción (A) puede ser cierta, pero no está respaldada por el texto. La Opción (C) es irrelevante para la pregunta, y la Opción (D) es incorrecta. Se deben considerar otras razones para prohibir los retardantes de llama, pero no se te pregunta sobre ellas, así que céntrate en las opciones ofrecidas.

EJEMPLO

¿Por qué preocupa a alguien el punto de ajuste metabólico?

(A) El punto de ajuste determina cuánto pesarán las personas. Cualquier cosa que interfiera con eso es peligrosa.

(B) La mayoría de las personas quieren ser delgadas.

(C) Las personas no quieren químicos en sus cuerpos.

(D) Las personas están en contra del mal uso de los químicos en el medio ambiente.

La respuesta correcta es la Opción (A). El texto indica que estos químicos interfieren con el punto de ajuste, y eso es peligroso, causando obesidad o delgadez extrema. Las opciones (B), (C) y (D) pueden ser verdaderas, pero no están respaldadas por el texto.

Preguntas de arrastrar y colocar

El examen RLA también utiliza el tipo de pregunta de arrastrar y colocar. Este tipo de pregunta requiere que arrastres y coloques información de un lugar en la pantalla a otro. Por lo general, el propósito es que reordenes algo desde lo menos importante a lo más, que pongas eventos en una secuencia, o simplemente que selecciones una serie de opciones de respuesta que respondan a la pregunta. Por ejemplo, se te puede pedir que elijas dos o tres palabras que describan a una persona o evento en el texto de entre cuatro o cinco opciones. Hacerlo es relativamente sencillo: simplemente haces clic en la opción de respuesta que deseas mover con el ratón y luego, mientras mantienes presionado el botón del ratón, arrastras la opción de respuesta al nuevo lugar. Cuando llegues al nuevo lugar, suelta el botón del ratón y deja caer la opción de respuesta. Si la has movido correctamente, se quedará donde la soltaste. Revisa el Capítulo 2 para ver cómo se ve una pregunta de arrastrar y colocar en el examen GED real. Responder a una pregunta de arrastrar y colocar requiere que

(A) hagas un trabajo pesado.

(B) escribas una respuesta en un cuadro.

(C) hagas clic y muevas una opción de respuesta.

(D) juegues muchos videojuegos.

La opción (C) es correcta. La opción (A) se refiere más a un trabajo en el mundo real y no a tomar un examen. La opción (B) se aplica a preguntas de completar espacios en blanco o de Respuesta Extendida. La opción (D) es una manera de perder tiempo que se podría utilizar mejor preparando para el examen. Aunque jugar videojuegos en tu computadora es una buena manera de practicar el uso del ratón, esta opción de respuesta no responde a la pregunta específica basada en el material de esta sección.

Aquí hay un par de tipos de preguntas de arrastrar y colocar que podrías encontrar en el examen GED.

Bradley estaba decidido a conseguir el trabajo. Aunque quería ir al cine con Keesha, también necesitaba trabajar, y la entrevista de trabajo parecía prometedora. Le encantaba su trabajo en el molino, pero no era suficiente para proporcionarle el ingreso que necesitaba. Por supuesto, el horario era estupendo, pero el pago por hora no lo era. Podría haber salido temprano, tomado algo de almuerzo, ido a la entrevista y aún tener su cita con Keesha, pero eso habría creado problemas con su jefe en el molino. Bradley tomó la única decisión que pudo. Terminó su día en el molino y luego fue a la entrevista de trabajo. Keesha esperó junto al teléfono pero nunca supo de él.

EJEMPLO

Coloca los nombres y frases en orden de su importancia para Bradley en las cajas, con lo más importante arriba y lo menos importante abajo.

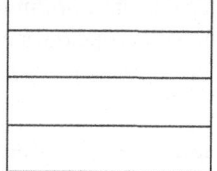

(A) Keesha

(B) trabajo en el molino

(C) entrevista de trabajo

(D) almuerzo

Basado en el texto, el mejor orden es la Opción (B), *trabajo en el molino*; la Opción (C), *entrevista de trabajo*; la Opción (A), *Keesha*; y luego la Opción (D), *almuerzo*.

EJEMPLO

¿Cuáles dos de estos términos aplican mejor a Bradley? Indica tus respuestas en la caja.

(A) simpático

(B) un buen novio

(C) trabajador

(D) decidido

Sabes que necesitas elegir dos respuestas porque las instrucciones lo indican y porque hay dos cajas para llenar. Las respuestas correctas son *trabajador* y *decidido*. El texto dice que "Bradley estaba decidido a conseguir el trabajo." También es trabajador. No dejó su trabajo actual temprano para ir a la entrevista. Dejó a su novia en el aire, ni siquiera llamándola sobre el cambio de planes, así que ciertamente no es el mejor de los novios. Puede ser simpático, pero esa idea no se desarrolla en el texto, por lo que no es la respuesta.

En el examen de práctica completo de RLA en el Capítulo 15, cuando veas una pregunta en este formato, verás el contenido de las cajas como palabras o frases precedidas por letras mayúsculas. Luego puedes ingresar las letras en las cajas de la hoja de respuestas para indicar tus elecciones.

Preguntas de completar espacios

Probablemente ya estés familiarizado con el tipo de pregunta de completar espacios. Te pide encontrar una palabra, frase o número en el texto fuente que responda a una pregunta y luego escribir ese texto o número en un espacio. En el examen GED, el espacio que necesitas llenar se ve como una caja vacía. Solo haz clic en esa caja y escribe tu respuesta. Para las preguntas de completar espacios en este libro, puedes escribir tu respuesta directamente en la caja o en la hoja de respuestas para los exámenes de práctica. Consulta el texto fuente en la sección anterior para responder a esta pregunta.

La novia de Bradley se llama ⬚.

No hay nada complicado sobre las preguntas de completar espacios; simplemente requieren buenas habilidades de lectura. Por si te lo preguntabas, la respuesta aquí es *Keesha.*

Preguntas de menú desplegable

Estas preguntas no son muy comunes en la sección de Comprensión de Lectura, pero pueden aparecer. Las preguntas de menú desplegable son muy similares a las preguntas de completar espacios en blanco y a las de opción múltiple. Al igual que en una pregunta de completar, se completa una oración con información del material fuente. Sin embargo, en lugar de un cuadro vacío, verás la palabra Select... ▾. Haz clic en ella y aparecerá un menú desplegable con 4 opciones de respuesta. Haz clic en tu elección para seleccionarla, y tu respuesta aparecerá en la oración. Consulta el texto fuente en la sección anterior para responder a esta pregunta.

A Bradley le gustaba su trabajo en la fábrica porque Select... ▾.

(A) el sueldo era bueno

(B) las horas eran buenas

(C) su jefe era genial

(D) el trayecto era corto

La opción (B) es correcta. La opción (A) se contradice con la información. Las opciones (C) y (D) no están respaldadas por la información.

La Respuesta Extendida

Después de terminar la sección de Comprensión de Lectura, tienes un breve descanso y luego comienzas con la Respuesta Extendida, donde escribes un ensayo analizando argumentos presentados en dos textos de muestra.

Para la sección de Respuesta Extendida, debes escribir un ensayo con una clara declaración de tesis, un párrafo introductorio, dos o tres párrafos de argumentos de apoyo y un párrafo de conclusión. Tendrás una tableta borrable o una pizarra digital para tomar notas y organizar tus ideas. No usarás ni tendrás acceso a papel, lápices o diccionarios. Cuando estés listo para escribir, puedes teclear tu ensayo en una ventana en la computadora que funciona como un procesador de texto básico. El procesador de texto no tiene corrector gramatical ni ortográfico. Se espera que sepas cómo escribir correctamente.

El tema que se te da para escribir se basa en material fuente proporcionado: dos documentos con opiniones diferentes u opuestas. Se espera que analices el material fuente y escribas una respuesta analítica adecuada. Debes demostrar que puedes leer y entender el material fuente, realizar un análisis crítico y preparar una respuesta razonada basada en el contenido extraído de los textos fuente.

En tu ensayo, analizas ambas posiciones y luego das tu opinión o explicas tu punto de vista sobre cuál posición está mejor respaldada por la evidencia. Recuerda respaldar tus puntos con hechos específicos del material fuente. Cuando escribas este ensayo, asegúrate de que sea una serie de párrafos interconectados sobre un solo tema. No solo debe comenzar todo el ensayo con una introducción y terminar con una conclusión, sino que cada párrafo también debe tener una oración introductoria y una oración de conclusión.

ADVERTENCIA

Escribe solo sobre el tema asignado. Para asegurarte de entender de qué trata el tema, léelo varias veces. Los ensayos que están fuera de tema no reciben puntuaciones. Si no obtienes suficientes puntos en la Respuesta Extendida, probablemente no acumularás suficientes puntos en la primera parte del examen RLA para aprobar.

Tu ensayo se evalúa según los siguientes criterios:

>> Tu argumento está basado específicamente en el material fuente.

>> Usas la evidencia del material fuente para respaldar tu argumento.

>> Utilizas argumentos válidos y separas las afirmaciones respaldadas en el material de las afirmaciones no respaldadas o falsas.

>> Tu flujo de ideas es lógico y está bien organizado.

>> Usas correcta y apropiadamente el estilo, vocabulario y gramática.

Echa un vistazo a estos ejemplos de posibles materiales fuente de Respuesta Extendida:

"Renunciaré a mi auto deportivo cuando el mundo se quede sin petróleo, no antes."

"Necesitamos encontrar alternativas a los vehículos que funcionan con gasolina. El cambio climático es una amenaza real, y quemar combustibles fósiles contribuye a ese problema."

Estas dos opiniones son el comienzo de dos argumentos, adoptando posiciones obviamente diferentes.

Comienzas determinando cuál argumento ves como más fuerte. Luego, haces una lista de la información que podría incluirse en tu ensayo para respaldar tu argumento. Elimina cualquier información que no se relacione con el tema. Si un lado u otro utiliza opiniones no fundamentadas como evidencia, puedes usar eso como evidencia que es el argumento más débil.

Cuando comiences a escribir tu ensayo, empieza con una buena y fuerte oración introductoria que capte la atención del lector. Cuando estés satisfecho con tu oración introductoria, revisa tu lista de información. Sigue esa oración introductoria con un par de oraciones que esbocen, sin explicación, tus puntos claves. Ahora convierte cada punto clave en un párrafo, prestando atención al flujo entre los párrafos para mostrar que uno se relaciona con el anterior. Cuando tengas todos estos párrafos, es hora de una conclusión. La forma más fácil de escribir una buena conclusión es reiterar brevemente tu evidencia y afirmar que esto realmente prueba tu punto. No solo reescribas tu información; resúmela de manera memorable. Esto puede ser difícil la primera vez, pero con la práctica, te resultará más fácil.

Los criterios principales utilizados para evaluar tu ensayo son las ideas y la organización, pero la ortografía, gramática y puntuación también cuentan. Aun así, no te obsesiones con estos detalles mientras escribes. Concéntrate en ideas fuertes y lógica clara al escribir. Luego, cuando hayas terminado de escribir, revisa tu ensayo para detectar errores de ortografía, gramática y puntuación.

Si tienes tiempo, puedes probar si funciona bien tu ensayo y se mantiene en el tema. Lee la introducción, la primera y última oración de cada párrafo, y luego la conclusión. Todos deben tener los mismos puntos básicos y fluir bien juntos. Si algo parece fuera de lugar, necesitas volver y revisar.

Manejar el Examen de Estudios Sociales

Para el examen de Estudios Sociales, tienes 70 minutos para responder a 50 preguntas. Las preguntas utilizan los mismos formatos que las del examen de Razonamiento a través de Lenguaje y Artes: de opción múltiple, completar el espacio en blanco, arrastrar y colocar, y preguntas de menú desplegable (consulta las secciones anteriores sobre Razonamiento a través de Lenguaje y Artes para más detalles). También puedes tener algunas preguntas que requieran el uso de la calculadora. (Para estas preguntas, el icono de la calculadora aparece en la parte superior de la pantalla de la computadora.) Las preguntas en el examen de Estudios Sociales se tratan de las siguientes áreas temáticas:

>> Cívica y gobierno (50 por ciento)

>> Historia americana (20 por ciento)

>> Economía (15 por ciento)

>> Geografía y el mundo (15 por ciento)

Las preguntas de este examen se basan en textos escritos (textos fuente) y materiales visuales —imágenes, tablas, gráficos, fotografías, caricaturas políticas, diagramas y mapas. Estos materiales textuales y visuales provienen de una variedad de fuentes, como documentos gubernamentales, textos académicos, documentos relacionados con el trabajo y atlas.

La información para responder a cada pregunta está en el texto o gráfico que acompaña a la pregunta. Necesitas analizar el material y sacar conclusiones basadas en lo que se presenta. Asi que puedes estudiar solo una cantidad limitada para este examen, ya que todas las respuestas se pueden encontrar en los textos fuente. Puedes prepararte leyendo libros que te ofrezcan un esquema básico de la historia americana y aprendiendo sobre cómo funciona el gobierno, desde el nivel federal hasta el local. También, puedes leer los periódicos para seguir los eventos actuales y la sección de negocios para economía, pero no necesitas profundizar demasiado ni memorizar páginas de fechas y nombres, pero deberías tener una idea del flujo general de la historia.

Una segunda habilidad que necesitas dominar para este examen es leer y extraer información de mapas, gráficos y tablas. En el examen de Estudios Sociales, podrías ver un mapa con diferentes sombreados, y debes determinar qué significan los sombreados y cuál es la diferencia entre un área de gris claro y una de gris oscuro en el mapa. No son solo decoración. Si miras cuidadosamente todo el texto y las cajas con información en el mapa o gráfico, verás que todo tiene un significado. En el Capítulo 10, te guiaré a través de todos los diversos tipos de gráficos que aparecen en el examen de Estudios Sociales del GED.

Podrías ver los siguientes tipos de preguntas en el examen de Estudios Sociales.

La siguiente pregunta se basa en esta tabla.

Los Cinco Ríos Más Largos del Mundo

Río	Ubicación	Longitud en Millas
Nilo	África	4,160
Amazonas	América del Sur	4,083
Yangtsé	China	3,915
Mississippi/Missouri/Red Rock	Estados Unidos	3,741
Huang	China	3,395

EJEMPLO

Según la tabla, la longitud del cuarto río más largo del mundo es de [   ] millas.

(A) 4,160

(B) 4,083

(C) 3,741

(D) 3,395

La respuesta correcta es la opción (C). La tabla muestra que el río Mississippi/Missouri/Red Rock tiene 3,741 millas de largo.

La siguiente pregunta se basa en este extracto del diario de Cristóbal Colón.

> Lunes, 6 de agosto. El timón de la carabela *Pinta* se soltó, estando roto o desenganchado. Se creía que esto ocurrió por la maquinación de Gómez Rascon y Cristóbal Quintero, quienes estaban a bordo de la carabela, porque no les gustaba el viaje. El Almirante dice que los había encontrado en una disposición desfavorable antes de partir. Estaba muy ansioso por no poder prestar ayuda en este caso, pero dice que lo calmó un poco saber que Martín Alonso Pinzón, Capitán de la *Pinta*, era un hombre de coraje y capacidad. Avanzaron, día y noche, veintinueve leguas.

EJEMPLO

¿Por qué habrían aflojado el timón Rascon y Quintero?

(A) Estaban tratando de reparar el timón.

(B) El Almirante los encontró en una disposición desfavorable.

(C) El capitán era muy competente.

(D) No querían estar en el viaje.

La respuesta correcta es la opción (D). Esta respuesta es la única respaldada por el texto. Las otras pueden estar relacionadas con declaraciones en el pasaje, pero no responden a la pregunta.

EJEMPLO

La expedición viajó [   ] leguas ese día.

La respuesta correcta es 29. Este número se menciona directamente en la última oración del extracto.

Triunfar en el Examen de Ciencia

¿Sabías que, de todos los exámenes del GED, el de Ciencia tiene la tasa de aprobación inicial más alta? ¡Eso es una noticia muy buena! Cuando tomas el examen de Ciencia, debes responder a la misma variedad de formatos de preguntas, incluyendo selección múltiple, completar espacios en blanco, menú desplegable y preguntas de arrastrar y colocar, en 90 minutos. Las preguntas tratan sobre los siguientes temas:

>> Ciencia de la vida (40 por ciento)

>> Ciencias físicas, incluyendo química y física (40 por ciento)

>> Ciencias de la Tierra y el espacio (20 por ciento)

RECUERDA

Toda la información que necesitas para contestar las preguntas del examen de Ciencia se te proporciona en los pasajes y el mismo tipo de material gráfico que en el examen de Estudios Sociales, como tablas, gráficos, ilustraciones, diagramas y fotos. Consulta el Capítulo 10, donde doy una visión completa de todos estos diferentes tipos de material gráfico. Sin embargo, para obtener una puntuación alta, se espera que hayas adquirido un conocimiento básico de ciencia. Aunque, incluso sin mucho conocimiento previo, deberías obtener una puntuación suficientemente alta para aprobar. Al igual que en el examen de Estudios Sociales, algunas preguntas pueden pedirte calcular una respuesta numérica. Para estas preguntas, aparecerá el ícono de la calculadora.

Aunque no se espera que seas un experto en los diversos temas del examen de Ciencia, se espera que entiendas el vocabulario. Para lograrlo, lee todo lo que puedas en libros de ciencias. Si encuentras palabras que no entiendes, anótalas con una definición o explicación. Hacer esto te proporcionará una lista de vocabulario para repasar antes del examen.

Debes leer y entender el material fuente en el examen de Ciencia para poder seleccionar la mejor opción de respuesta. Practica leer rápidamente y con precisión. Debido a que tienes un límite de tiempo, practica escanear los pasajes en busca de palabras clave. Cuanto menos tiempo pases en los pasajes, más tiempo tendrás para responder a las preguntas, y más tiempo tendrás al final del examen para revisar tus respuestas e intentar las preguntas que encontraste difíciles la primera vez que las leíste. Intenta responder a cada pregunta. Puedes obtener un punto por tu respuesta si lo intentas, pero no puedes obtener un punto por una pregunta que hayas omitido. Si te quedas completamente sin tiempo, responde las preguntas restantes con conjeturas aleatorias.

Aquí tienes algunas preguntas de ejemplo similares a las que podrían estar en el examen de Ciencia.

Las siguientes preguntas se basan en este extracto de un comunicado de prensa.

Una característica clave de la operación del Delta 4 es el uso de un núcleo de propulsor común, o NPC, una etapa de cohete que mide unos 150 pies de largo y 16 pies de ancho. Al combinar uno o más NPC con varias etapas superiores o propulsores de cohetes sólidos acoplados, el Delta 4 puede manejar una amplia gama de aplicaciones satelitales para clientes militares, civiles y comerciales.

EJEMPLO

En este contexto, el NPC es

(A) una etapa superior de propulsión de cohetes.

(B) un núcleo de propulsor común.

(C) un cuerpo cooperativo de propulsores.

(D) un cojete balístico común.

La respuesta correcta es la opción (B). Después de todo, es la única opción de respuesta mencionada en el pasaje. Escanear el pasaje en busca de NPC te daría una idea de dónde buscar una explicación completa de la abreviatura.

EJEMPLO

¿Cómo puede el Delta 4 manejar una amplia gama de aplicaciones?

(A) desarrollando un Delta 5

(B) continuando la investigación

(C) usando el NPC como base de una nave cohete

(D) creando un núcleo de propulsor común

La respuesta correcta es la opción (C). El pasaje dice que "Al combinar uno o más NPC con varias etapas superiores o propulsores de cohetes sólidos acoplados" por lo que la opción (C) se acerca más a responder a la pregunta.

Conquistar el Examen de Razonamiento Matemático

El examen de Razonamiento Matemático cubre las siguientes cuatro áreas principales:

» Álgebra, ecuaciones y patrones

» Análisis de datos, estadística y probabilidad

» Medición y geometría

» Operaciones numéricas

Más específicamente, alrededor del 45 por ciento de las preguntas se centran en la resolución de problemas cuantitativos y el otro aproximadamente 55 por ciento se enfoca en la resolución de problemas algebraicos. Tienes 115 minutos para contestar 50 preguntas.

El examen de Razonamiento Matemático (Matemáticas) tiene muchos de los mismos tipos de preguntas que las otras secciones (opciones múltiples, completar el espacio en blanco, etc.). Consulta el Capítulo 2 para ver cómo se ven estas preguntas en la pantalla de la computadora cuando tomas el GED.

La matemática es la matemática. Eso puede sonar simple, pero no lo es. Para tener éxito en el examen de Matemáticas, debes tener un buen dominio de las operaciones básicas: suma, resta, multiplicación y división. Debes poder realizar estas operaciones de manera rápida y precisa y, en el caso de números simples, hacerlas mentalmente. Cuanto más automáticas y precisas sean tus respuestas, menos tiempo necesitarás para cada pregunta, y mayores serán tus posibilidades de terminar el examen a tiempo con algunos minutos de sobra para revisar cualquier pregunta que hayas omitido o respuestas que desees verificar nuevamente.

Otra habilidad que debes intentar dominar es leer y resolver "problemas de cuento". Estas preguntas te piden que leas una situación breve y luego descubras cómo responder a la pregunta. La pregunta puede ser sobre cuánta tela se necesita para hacer un mantel, qué comida puedes pedir en un restaurante de comida rápida por menos de $7, o cuántas tazas de un cierto ingrediente se necesitan si triplicas la receta. Necesitas comprender la situación tal como se describe y usar la información que tienes para responder a la pregunta. Estas preguntas también contienen información adicional, y parte de tu trabajo es averiguar qué información es importante y cuál puedes ignorar de manera segura al encontrar tu respuesta.

Puedes usar una calculadora en todas las preguntas del examen de Matemáticas del GED, excepto en las primeras cinco. Si tomas el examen en línea en casa, puedes acceder a la calculadora en pantalla haciendo clic en el icono de la calculadora en la barra de herramientas. Si realizas el examen en un centro de exámenes, puedes usar la calculadora en pantalla o usar tu propia calculadora TI-30XS MultiView. También tendrás acceso a una hoja de fórmulas con fórmulas comunes utilizadas en el examen. De esta manera, si olvidas una fórmula común, puedes consultarla haciendo clic en el icono de la hoja de fórmulas en la pantalla del examen.

Considera las siguientes preguntas (una pregunta tradicional de opción múltiple y dos preguntas que utilizan diferentes formatos que encontrarás en la computadora) que son similares a lo que puedes ver en el examen de Matemáticas.

EJEMPLO

Un triángulo rectángulo tiene una hipotenusa de 5 pies y un lado que mide 36 pulgadas. ¿Cuál es la longitud del otro lado en pies?

(A) 3 pies

(B) 48 pies

(C) 6 pies

(D) 4 pies

La respuesta correcta es la opción (D). La parte complicada de esta pregunta es que necesitas saber que debes aplicar el Teorema de Pitágoras para responderla. Usando el Teorema de Pitágoras (una fórmula que se te proporciona en la hoja de fórmulas que está disponible durante el examen), sabes que $a^2 + b^2 = c^2$, donde c es la hipotenusa y a y b son los otros dos lados. Debido a que conoces la hipotenusa y un lado, reorganiza la ecuación para que diga $a^2 = c^2 - b^2$.

CONSEJO

Puedes abrir la hoja de fórmulas en la computadora cuando sea necesario. Pero recuerda que cuanto menos necesites abrirla, más tiempo tendrás para responder a las preguntas. Así que podría valer la pena memorizar las fórmulas más comúnmente evaluadas. Estas suelen ser las fórmulas para el área de un cuadrado, círculo y rectángulo, así como el Teorema de Pitágoras.

Para obtener c^2, elevas al cuadrado la hipotenusa: $(5)(5) = 25$.

El lado se da en pulgadas; para convertir pulgadas a pies, divide por 12: $36/12 = 3$. Para obtener b^2, eleva al cuadrado este lado: $(3)(3) = 9$.

Ahora resuelve la ecuación para a: $a^2 = 25 - 9$ o $a^2 = 16$. Toma la raíz cuadrada de ambos lados, y obtienes $a = 4$.

CONSEJO

El examen de Matemáticas presenta situaciones de la vida real en las preguntas. Así que si te encuentras respondiendo 37 pies a una pregunta sobre la altura de una habitación o $3.00 para un salario anual, revisa tu respuesta porque probablemente estás equivocado.

La siguiente pregunta te pide que completes el espacio en blanco.

EJEMPLO

Bárbara está contando el número de cajas en un almacén. En el primer área de almacenamiento, encuentra 24 cajas. El segundo área contiene 30 cajas. El tercer área contiene 28 cajas. Si el almacén tiene 6 áreas de almacenamiento donde guarda cajas y las áreas tienen un promedio de 28 cajas, el número total de cajas en las últimas 3 áreas es [   ].

La respuesta correcta es 86. Si el almacén tiene 6 áreas de almacenamiento y tiene un promedio de 28 cajas en cada una, tiene $(6)(28) = 168$ cajas en el almacén. Las primeras 3 áreas tienen $24 + 30 + 28 = 82$ cajas en ellas. Las últimas 3 áreas deben tener $168 - 82 = 86$ cajas en ellas.

EJEMPLO

Un rectángulo tiene una esquina en el origen. La base va desde el origen hasta el punto (3,0). El lado derecho va desde (3,0) hasta (3,4). ¿Dónde va el punto faltante en el gráfico? [ ]

© *John Wiley & Sons, Inc.*

La respuesta correcta es (0,4). Si dibujas los tres puntos dados en el gráfico, verás que un cuarto punto en (0,4) crea el rectángulo. Escribe esa respuesta en el cuadro.

EN ESTE CAPÍTULO

» Elaborar tu plan personal de preparación para el GED

» Alinear tu preparación con tus fortalezas personales y estilo de aprendizaje

» Utilizar los exámenes de práctica

» Saber qué esperar el día del examen

» Dominar estrategias importantes para tomar exámenes

» Mantener la calma y relajarte mientras realizas el examen

Capítulo **4**

Prepararte para Aprobar el Examen GED

Te enfrentas a un examen que evalúa si tienes los mismos conocimientos que un graduado tradicional de secundaria. Dependiendo de tu aprendizaje previo, es posible que te preguntes cómo abordar este examen sin sentirte abrumado. Para aprobar, también necesitas saber cómo desempeñarte bien en un examen estandarizado, que consiste principalmente en preguntas de opción múltiple.

La buena noticia es que has llegado al lugar indicado para encontrar la información que necesitas. En este capítulo ofrezco algunos consejos importantes sobre cómo planificar y prepararte para cada sección del examen, así como qué hacer durante el examen para tener éxito. También descubrirás algunas estrategias importantes para tomar exámenes que te ayudarán a sentirte seguro.

Crear tu Plan de Preparación

Un famoso autor una vez escribió: "Una meta sin un plan es solo un deseo". Por suerte, tengo la planificación cubierta. En esta sección, descubrirás un poco sobre tu estilo de aprendizaje, evaluarás tu preparación previa, aprenderás sobre pruebas de práctica y otras herramientas de aprendizaje, y desarrollarás un plan personal para aprobar el GED.

Adaptar tu preparación a tu estilo de aprendizaje

Estás listo para comenzar una preparación seria para el examen. Puedes sentirte emocionado o nervioso. Pero antes de lanzarte de lleno, tómate un momento para reflexionar sobre cuándo y dónde estudias de manera más efectiva. Entender eso puede ayudarte a adaptar tu preparación para satisfacer tus necesidades. Para algunas personas, tener un lugar tranquilo para estudiar es importante. Para otras, escuchar música o deportes les ayuda a concentrarse. A algunos les gusta sentarse en una mesa o escritorio. Otros prefieren un sillón cómodo, sofá o cama. Descubre qué es lo que mejor te acomoda. También averigua la hora del día que es mejor para ti. ¡Algunos de nosotros somos alondras matutinas y otros son búhos nocturnos!

CONSEJO

Si deseas saber más sobre tu estilo de aprendizaje, hay muchos sitios web gratuitos que ofrecen más información y evaluaciones útiles. Intenta escribir términos como *evaluación de estilo de aprendizaje* en tu motor de búsqueda favorito y encuentra un recurso que te ayude.

No importa dónde o cuándo estudies, es más fácil si mantienes todos tus materiales de preparación juntos. Si trabajas en un escritorio, mantén todo allí. Si estudias en la mesa de la cocina después de que todos se han ido a dormir, entonces guarda tus materiales en una caja o bolsa. Si vas a la biblioteca o a un café a estudiar, podrías invertir en una mochila o bolsa pequeña y económica para tus materiales.

Elegir tus batallas

Para tener éxito en el examen, no puedes abordar todos los temas a la vez. Y si intentas tomar todos los exámenes en un solo día, estarás examinándote por más de siete horas, con solo algunos descansos de diez minutos. ¡Muy pocos de nosotros podemos dar lo mejor de nosotros mismos de esa manera!

Si eres como la mayoría de nosotros, querrás encontrar una forma estratégica de organizar tu preparación y la toma de exámenes. Una buena manera de empezar es con el examen que te resulte más fácil. Este podría ser el examen de tu materia favorita en la escuela. Si usas matemáticas en tu trabajo, las matemáticas podrían ser el lugar para comenzar. Para la mayoría de las personas, el examen más fácil suele ser ciencia: ¡más del 90% de los que toman el examen aprueban este examen en su primer intento! Así que podría valer la pena comenzar por ahí. Considera tus fortalezas y estudios previos. Considera también tus fortalezas relativas en español e inglés. Si fuiste a la escuela secundaria en los Estados Unidos, por ejemplo, podrías querer tomar el examen de tu materia favorita de la secundaria en inglés. Luego, verifica los requisitos del examen para tu estado. Al menos un estado requiere que los candidatos tomen el Razonamiento a través de las Artes del Lenguaje en inglés. Y aunque algunos estados te permiten mezclar y combinar idiomas, otros requieren que tomes todos los exámenes en un solo idioma. Verifica los requisitos para tu estado en https://www.ged.com/es/policies/. Si las políticas de tu estado no te son convenientes, usa la herramienta para ver si puedes examinarte como no residente en un estado cercano.

Una vez que hayas considerado tus fortalezas, aprendizaje previo y requisitos estatales, usa este cuadro para determinar el mejor orden para examinarte. Primero, marca las casillas para determinar tus fortalezas y preocupaciones. Luego usa esa información para decidir el orden en el que deseas examinarte, desde el más fácil hasta el más desafiante. Escribe números del 1 al 4 en las casillas. Si deseas tomar alguno de los exámenes en inglés, márcalo también escribiendo una I mayúscula junto al tema.

Voy a hacer el examen en _____ *(nombre del estado)*.
En este estado, *(marca una opción)*:

❏ Puedo hacer le examen en español o inglés o ambos.
❏ Tengo que tomar todas los exámenes en español.
❏ Tengo que tomar el examen de Razonamiento a través de las Artes del Lenguaje en inglés.

Orden	Examen	Razón o Razones para este Orden
	Razonamiento a través de las Artes del Lenguaje (RLA)	❏ Me gustaba esta materia en la escuela y recuerdo mucho. ❏ Me gusta leer y escribir. ❏ Escribo muchos correos electrónicos u otros documentos en el trabajo. ❏ Esta materia siempre ha sido difícil para mí. ❏ Necesito práctica para aprender a escribir una buena respuesta extendida. ❏ Otro:
	Estudios Sociales	❏ Me gustaba esta materia en la escuela y recuerdo mucho. ❏ Me gusta leer sobre historia, política, gobierno y cultura. ❏ Esta materia siempre ha sido difícil para mí. ❏ Otro:
	Ciencia	❏ Me gustaba esta materia en la escuela y recuerdo mucho. ❏ Me gusta leer sobre ciencia. ❏ Sé mucho sobre la naturaleza. ❏ Ciencia parece ser un examen fácil, así que lo intentaré primero. ❏ Disfruto de la ciencia ficción. ❏ Esta materia siempre ha sido difícil para mí. ❏ Otro:
	Razonamiento Matemático	❏ Me gustaba esta materia en la escuela y recuerdo mucho. ❏ Me gusta hacer cálculos. ❏ Uso matemáticas simples al hacer compras. ❏ Utilizo números y cálculos en el trabajo. ❏ Esta materia siempre ha sido difícil para mí. ❏ Otro:

Usar exámenes de práctica a tu favor

Hacer pruebas y exámenes de práctica para el GED es importante por varias razones, entre ellas las siguientes:

>> **Te indican qué tan bien conoces el material.** Desempeñarte bien en una o dos pruebas o un examen completo es una fuerte indicación de que estás listo para examinarte en esa materia. Las Respuestas y Explicaciones pueden darte una idea de tus fortalezas y áreas de mejora.

>> **Confirman si sabes cómo usar una computadora para contestar las preguntas en el tiempo asignado.** Hasta que lo intentes, no lo sabrás con certeza.

>> **Te familiarizan con el formato del examen.** Puedes leer sobre las preguntas del examen, pero no puedes entenderlas realmente hasta que hayas trabajado con varias.

>> **Pueden reducir tu estrés.** Un recorrido exitoso en un examen de práctica te permite sentirte más cómodo y seguro de tus propias habilidades para tomar el examen GED con éxito y aliviar tu ansiedad general.

CONSEJO

Puedes encontrar un examen completo de práctica para el GED en la Parte 6. Para ayudarte, proporciono respuestas completas y explicaciones para cada respuesta correcta e incorrecta, así como consejos y recomendaciones. Se trata de la información, consejos e ideas que en una clase obtendrías de un maestro, o bien de un tutor en un centro de educación para adultos. Siempre que revises tus respuestas después del examen de práctica y leas todas las explicaciones de las respuestas, te beneficiarás de hacer el examen de práctica. Puedes encontrar un examen de práctica gratuito, de un cuarto de longitud, en `https://www.ged.com/es/study/test_previews/`. El Servicio de Exámenes GED también ofrece la prueba de práctica GED Ready a un costo bajo. Esta prueba de práctica es tu mejor indicador de si estás listo para tomar el examen (y es obligatoria antes de inscribirte para examinarte en casa). Además de decirte qué tan probable es que apruebes, te da consejos sobre tus áreas de fortaleza y sugerencias para repasar y practicar. Puedes encontrar el GED Ready en `https://www.ged.com/es/study/ged_ready/`.

Usar los recursos del Servicio de Exámenes GED

El sitio web del Servicio de Exámenes GED, `ged.com`, tiene una gran cantidad de materiales gratuitos, incluyendo descripciones de las pruebas, ejemplos de preguntas, pruebas de práctica y videos de demostración que muestran cómo usar herramientas y características clave del examen (como la calculadora en pantalla y la pizarra, y la hoja de fórmulas matemáticas) en español. Para acceder al sitio en español, elige desde el menú en la parte superior de la pantalla. La incorporación más reciente es la aplicación móvil GED & Me, también disponible en español, que contiene preguntas de práctica y otros recursos de aprendizaje. En lugares clave de este libro, te remito al sitio web y a la aplicación. Vale la pena abrir una cuenta en `ged.com` tan pronto como puedas. Eso te dará acceso a más recursos mientras te preparas. También es donde programas y pagas tus exámenes, ya sea que los tomes en línea o en un centro de exámenes.

Enfocarte en habilidades clave

No necesitas responder a todas las preguntas del GED para aprobar. En promedio, solo necesitas contestar alrededor del 60 por ciento de las preguntas en cada examen para obtener un puntaje de 145 — ¡que es suficiente para pasar! Para mejorar tus posibilidades, te recomiendo una técnica sencilla. A lo largo de los capítulos en este libro, doy consejos sobre lo que llamo habilidades de "alto rendimiento" — habilidades que se evalúan con frecuencia y que aparecen en más de un examen. Al enfocarte en estas habilidades, puedes hacer mejoras significativas en tu preparación.

Por ejemplo, en el examen de Matemáticas, el Teorema de Pitágoras aparece con frecuencia, al igual que las preguntas sobre cómo determinar el área de varias formas geométricas. (Si nunca has oído hablar del Teorema de Pitágoras, no te preocupes — lo explicaré más adelante.) Así que vale la pena concentrarse en estas habilidades. Lo mismo ocurre con ciencia, estudios sociales y lectura. Muchos de estos exámenes evalúan las mismas o similares habilidades, como encontrar la idea principal, identificar detalles de apoyo, y así sucesivamente. Mis consejos te darán una ventaja para encontrar las habilidades más importantes a desarrollar.

Usar este libro eficazmente

Cada persona que toma el examen GED tiene un trasfondo, habilidades y experiencia diferentes. ¡Hay tantas formas de usar este libro como lectores usándolo! He diseñado este libro para que haya múltiples caminos a través de él, dependiendo de tu nivel de confianza y preparación previa para cada examen. No importa cuál sea tu nivel de preparación, para tu primer examen GED, probablemente necesites algo de información básica sobre cómo funciona el examen en línea. Después de eso, para las materias más fáciles, quizás solo quieras hacer un examen de práctica. Para otros exámenes, podrías querer más práctica y preparación. Los siguientes gráficos te ayudan a encontrar tu mejor — y más corto — camino a través de este libro mientras abordas cada sección del GED. Para cada materia, elige el gráfico que se aplica a tu situación y sigue los pasos. ¡Pronto estarás haciendo el examen en tiempo récord!

Cuadro 1: Para las materias en las que te sientes más seguro:

❑ 1. Determina si estás listo para el examen tomando el examen de práctica (Parte 6) en esa materia.

❑ 2. Si te sientes listo, toma la prueba GED Ready en ged.com. Si dice que pasarás, ¡estás listo! Lee el Capítulo 24 y luego toma el examen.

3. Si necesitas más preparación, usa los consejos que recibes de la prueba GED Ready y estudia estos capítulos para el examen que estás preparando:

      ❑ Artes del Lenguaje, Comprensión Lectiva: Capítulo 6
      ❑ Artes del Lenguaje, Respuesta Extendida: Capítulo 8
      ❑ Estudios Sociales: Capítulo 10
      ❑ Ciencia: Capítulo 12
      ❑ Razonamiento Matemático: Capítulo 14

❑ 4. Si te sientes bien, toma la prueba GED Ready de nuevo, y si los resultados son positivos, ¡adelante! Repasa el Capítulo 24 y luego haz el examen. Si tienes preocupaciones, sigue al paso 2 en el Cuadro 2.

Cuadro 2: Para materias que necesitan un poco de preparación:

❑ 1. Toma el examen de práctica (Parte 6) para descubrir áreas de fortaleza y mejora

2. Prepara para el examen: Estudia estos capítulos:
      ❑ Artes del Lenguaje, Comprensión Lectiva: Capítulos 5 y 6
      ❑ Artes del Lenguaje, Respuesta Extendida: Capítulos 7 y 8
      ❑ Estudios Sociales: Capítulos 9 y 10
      ❑ Ciencia: Capítulos 11 y 12
      ❑ Razonamiento Matemático: Capítulos 13 y 14

❑ 3. Toma el examen de práctica (Parte 6) de nuevo para verificar tu progreso.

❑ 4. Una vez que te sientas listo, toma la prueba GED Ready en GED.com. Si dice que estás listo, estás listo. Lee el Capítulo 24 y luego toma el examen. Si no, utiliza los resultados de GED Ready para determinar si necesitas más práctica tomando el GED, más estudio del contenido del examen o más práctica con la computadora. Luego toma la prueba GED Ready de nuevo.

Cuadro 3: Para materias que necesitan mucha preparación

❑ 1. Prepárate para el examen estudiando todos los capítulos para el examen que estás preparando
      ❑ Artes del Lenguaje, Comprensión Lectiva: Capítulos 5 y 6
      ❑ Artes del Lenguaje, Respuesta Extendida: Capítulos 7 y 8
      ❑ Estudios Sociales: Capítulos 9 y 10
      ❑ Ciencia: Capítulos 11 y 12
      ❑ Razonamiento Matemático: Capítulos 13 y 14

❑ 2. Toma el examen de práctica en Capitulo 6.

❑ 3. Usa los resultados para determinar si necesitas más práctica tomando el GED, más estudio del contenido de del examen o más práctica con la computadora.

❑ 4. Si es necesario, lee más sobre la materia (especialmente para ciencias y estudios sociales), busca más material de práctica, o busca una clase de GED. Puedes encontrar una clase cercana en https://www.ged.com/es/policies/.

❑ 5. Toma el examen de práctica GED de nuevo.

❑ 6. Cuando te sientas listo, toma la prueba GED Ready en GED.com. Si dice que estás listo, créelo y regístrate para el examen. Lee el Capítulo 24 y luego toma el examen. Si no, utiliza los consejos que recibes para estructurar tu preparación.

❑ 7. Sigue revisando y practicando hasta que te sientas listo. Luego toma la prueba GED Ready en GED.com de nuevo. ¡Vas a lograrlo! ¡Con tanta preparación, vas a triunfar!

Obtener apoyo adicional

Para algunos temas, es posible que desees más preparación. Para muchos que toman el examen, esto es especialmente cierto en Artes del Lenguaje y Matemáticas. El Capítulo 23 contiene varias sugerencias para ayudarte a encontrar ese apoyo. Una de las mejores sugerencias es encontrar una clase gratuita de preparación para el GED cercana a ti. El sitio web del GED puede ayudarte a encontrar una clase conveniente, incluyendo clases en español. También puedes formar un grupo de estudio, utilizar las herramientas de aprendizaje en línea en ged.com, y usar la aplicación del Servicio de Exámenes GED, GED & Me, que ofrece una gran cantidad de recursos de aprendizaje gratuitos y económicos. También puede ayudarte a identificar otros materiales para ayudarte a prepararte.

Triunfar en el Día del Examen

Has identificado tus fortalezas, has revisado y te has preparado, y te has familiarizado con el formato del examen. ¿Y ahora qué sigue? Tomar el examen, o incluso la prueba de práctica GED Ready, es una inversión seria de tiempo y dinero. Aquí tienes algunos consejos para que el día del examen (y el día del examen de práctica) sea más efectivo.

Antes de la hora del examen

Hacer bien en el examen GED implica más que simplemente entrar al lugar del examen y contestar las preguntas. Necesitas estar preparado para los desafíos del examen. Para asegurarte de que estás listo para enfrentar el examen de frente, asegúrate de hacer lo siguiente antes del día del examen:

>> **Duerme lo suficiente.** Lo siento si sueno como tus padres, pero es cierto: no deberías tomar exámenes cuando te estás acercando al agotamiento. Planifica tu tiempo para que puedas dormir bien varias noches antes del examen y evita el exceso de cafeína.

>> **Desayuna bien.** Un desayuno saludable alimenta tu mente y cuerpo. Tienes que pasar varias horas haciendo el examen, y definitivamente no querrás fallar durante ese tiempo. Come proteínas y cereales integrales y evita los azúcares (donas, mermelada, fruta) porque pueden hacer que te canses rápidamente. No quieres que tu estómago vacío haga guerra con tu cerebro lleno.

>> **Respira profundamente.** Durante tu viaje al lugar del examen, prepárate mentalmente para el examen. Libera tu mente de todas las distracciones, practica la respiración profunda e imagina que pasas el examen con éxito. No te pongas nervioso.

>> **Piensa en positivo.** Has estudiado y te has preparado. Has leído mucho. Has practicado usando una computadora y un ratón. Sigue recordándote a ti mismo que ¡lo tienes bajo control!

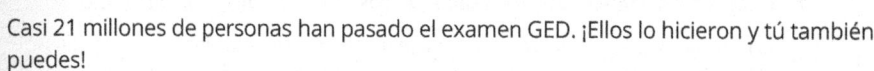

Casi 21 millones de personas han pasado el examen GED. ¡Ellos lo hicieron y tú también puedes!

RECUERDA

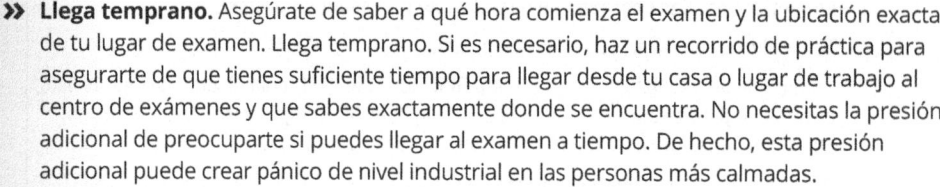

>> **Llega temprano.** Asegúrate de saber a qué hora comienza el examen y la ubicación exacta de tu lugar de examen. Llega temprano. Si es necesario, haz un recorrido de práctica para asegurarte de que tienes suficiente tiempo para llegar desde tu casa o lugar de trabajo al centro de exámenes y que sabes exactamente donde se encuentra. No necesitas la presión adicional de preocuparte si puedes llegar al examen a tiempo. De hecho, esta presión adicional puede crear pánico de nivel industrial en las personas más calmadas.

Si haces el examen en línea en casa, verifica tu computadora, conexión a internet y la disposición de la habitación la noche anterior. Asegúrate de que todos en tu casa sepan que no pueden molestarte durante el examen. Específicamente, no pueden entrar en la habitación durante el examen. Si tienes hijos y estás usando cuidado infantil o una niñera durante el examen, verifica también esos arreglos.

Puedes registrarte para el examen hasta 30 minutos antes de la hora de tu cita si haces el examen en línea en casa, y puedes comenzar tan pronto como un supervisor esté disponible. Registrarte temprano puede ayudarte a terminar a tiempo si tienes otras actividades planeadas después del examen.

Decidir qué llevar al examen GED

Aprobar el GED puede ofrecerte muchos beneficios, por lo que debes tomarlo en serio y llegar preparado. Asegúrate de llevar los siguientes artículos contigo el día del examen:

» **Tú mismo:** Lo más importante que debes llevar al examen GED eres obviamente tú. Si te inscribes para hacer el examen, tienes que presentarte; de lo contrario, recibirás un gran cero y perderás tu tarifa de examen. Si algo desafortunado sucede después de inscribirte, entra a tu cuenta en línea y mira si puedes reprogramar. Puede que necesites llamar al Servicio de Exámenes GED o usar su chat en línea para reprogramar.

» **Identificación correcta:** Antes de que puedas comenzar el examen, los supervisores — en línea y en persona — quieren asegurarse de que realmente eres tú. Lleva identificación con foto emitida por el gobierno — una licencia de conducir, una carnet de identidad estatal, un pasaporte o una matrícula consular de un consulado mexicano en EE.UU. son todas válidas. Y, cuando te pidan que te identifiques, no saques un espejo y digas: "Sí, ese soy yo". Asegúrate que la identificación no ha caducado. Si tienes más de una forma de identificación, llévatelas todas por si acaso.

» **Confirmación de registro:** La confirmación de registro es tu prueba de que te has registrado. Tenla a mano por si hay un problema con tu registro.

» **Otros artículos misceláneos:** En las instrucciones que recibes después de registrarte para el examen, obtienes una lista de lo que necesitas llevar contigo. Además de ti mismo y los artículos que mencioné anteriormente, otros artículos que querrás llevar o usar incluyen los siguientes:

  • **Ropa y zapatos cómodos.** Cuando tomas el examen, quieres estar lo más relajado posible. La ropa y los zapatos incómodos pueden distraerte de dar lo mejor de ti. Estás tomando el examen GED, no modelando las últimas modas.

  • **Una botella de agua y un bocadillo saludable.** Verifica si puedes llevarlos contigo al salón en el centro de exámenes. Si realizas el examen en línea desde casa, solo se te permite tener un poco de agua, en un vaso transparente, sobre el escritorio contigo. Pero puedes comer un bocadillo rápido en el descanso de diez minutos entre exámenes si tomas más de un examen.

  • **Gafas para leer.** Si necesitas gafas para leer la pantalla de una computadora, no olvides llevarlas al examen. No puedes hacer el examen si no puedes leer la pantalla.

Las reglas sobre lo que entra en la sala de exámenes son estrictas. No te arriesgues. Si algo no está en la lista de artículos aceptables y no es ropa normal, déjalo en casa. Laptops, celulares, relojes inteligentes y otros dispositivos electrónicos están prohibidos en la sala de exámenes. Sin embargo, puedes llevar una calculadora de mano Texas Instruments TI-30XS MultiView al centro de exámenes, que puedes usar siempre que el ícono de la calculadora aparezca en la pantalla. Pero no estás obligado a llevar tu propia calculadora. Un ícono de calculadora aparece en la pantalla siempre que sea necesario para responder una pregunta. Todo lo que tienes que hacer es hacer clic en el ícono de la calculadora, y tienes una calculadora completamente funcional en pantalla. Sin embargo, para muchas personas, una calculadora real ahorra tiempo en el examen.

Deja otros dispositivos electrónicos en casa, en tu carro, o en un casillero en el centro de exámenes. El último lugar en la tierra para discutir si puedes llevar algo al sitio del examen es en la puerta el día del examen.

ADVERTENCIA

Hagas lo que hagas, asegúrate de no llevar libros, notas, papel para garabatear, pequeños electrónicos (teléfonos móviles, tabletas, relojes inteligentes) o cualquier otra cosa de valor a la sala de exámenes. Si lo haces, tendrás que dejar esos artículos fuera de la sala. Si estás tomando el examen en casa, asegúrate de que estén fuera de tu alcance (o fuera de la habitación).

Asegúrate de estar cómodo antes de que comience el examen

En un centro de exámenes, generalmente tomas el examen GED en una sala con al menos un oficial (a veces llamado *supervisor* o *examinador*) que está a cargo del examen. En casa, realizas el examen en línea en una habitación que cumple con los requisitos del Servicio de Exámenes GED bajo la vigilancia de un supervisor en línea que usa una cámara web. En cualquier caso, el examen es el mismo.

CONSEJO

Tan pronto como te sientes para tomar el examen GED, tómate unos momentos antes de que comience el examen para relajarte y hacerte cómodo. Vas a estar en esa silla durante bastante tiempo, así que acomódate y ten en cuenta estos consejos antes de comenzar:

>> **Asegúrate de que tu silla sea cómoda y esté en buen estado.** Vas a estar sentado durante mucho tiempo, así que es importante que estés cómodo. Si es necesario, ajusta tu silla a una altura que te convenga.

>> **Ajusta tu computadora, teclado y ratón.** A diferencia de un examen en papel y lápiz, trabajarás con un monitor, teclado y ratón. Aunque puedes mover el teclado y quizás cambiar el ángulo del monitor, generalmente estarás en esa posición durante todo el examen. Si necesitas hacer ajustes, hazlos antes de comenzar. Quieres sentirte lo más cómodo posible físicamente. Asegúrate de que la pantalla esté a una altura y ángulo cómodos. Si eres zurdo, es posible que necesites reorganizar el teclado y el ratón. Después de que comience el examen, también puedes ajustar el tamaño de la letra en la pantalla. Elegir el tamaño adecuado para ti puede facilitar la lectura.

>> **Usa el baño antes de comenzar.** Puede parecer una sugerencia tonta, pero todo se trata de estar cómodo. No necesitas distracciones. Incluso si se permiten descansos para ir al baño durante el examen, no querrás perder tiempo del examen. Recuerda, no puedes salir de la habitación por ningún motivo si tomas el examen en casa.

Usar estrategias importantes para tomar exámenes

Puedes aumentar tu puntuación dominando algunas estrategias para tomar exámenes. Para ayudarte a hacerlo, te doy algunos consejos en esta sección sobre

>> Usar tu tiempo sabiamente

>> Abordar y responder a preguntas

>> Usar conjeturas inteligentes

>> Dejar tiempo para revisar

Observa el reloj: Usa el tiempo sabiamente

Cuando comienzas el examen GED, puede que sientas que el tiempo es escaso y tengas la urgencia de apresurarte con las preguntas. Te aconsejo firmemente que no lo hagas. Tienes tiempo suficiente para completar el examen a un ritmo razonable. Solo tienes una cierta cantidad de tiempo para cada sección del examen GED, por lo que la gestión del tiempo es una parte importante para tener éxito en el examen. Así que, planea con anticipación y usa tu tiempo sabiamente.

RECUERDA

Debes completar cada sección en una sola sesión, excepto en el examen de Razonamiento a través de Artes del Lenguaje. Allí, tienes un descanso de diez minutos antes de la Respuesta Extendida (también conocida como el ensayo).

Durante el examen, la computadora te mantiene constantemente al tanto del tiempo con un reloj en la esquina superior derecha. Presta atención al reloj. Cuando comience el examen, verifica la hora y asegúrate de verificar cuánto tiempo te queda mientras avanzas en el examen. La Tabla 4-1 te muestra cuánto tiempo tienes para cada sección del examen.

TABLA 4-1 ## Tiempo para cada sección del examen GED

Sección del Examen	Límite de Tiempo (en Minutos)
Razonamiento a través de Artes del Lenguaje	60
Razonamiento a través de Artes del Lenguaje, Respuesta Extendida	45
Estudios Sociales	70
Ciencias	90
Razonamiento Matemático	115

CONSEJO

Al comenzar el examen, la pantalla de inicio te indicará la cantidad de preguntas que debes responder. Divide rápidamente el tiempo por el número de preguntas. Hacer esto puede darte una idea aproximada de cuánto tiempo dedicar a cada pregunta. Por ejemplo, en el examen de Razonamiento Matemático, supongamos que tienes 50 preguntas para responder. Tienes 115 minutos para completar el examen. Divide el tiempo por el número de preguntas para saber cuánto tiempo tienes para cada una: 115/50 = 2.3 minutos o 2 minutos y 18 segundos por pregunta. A medida que avanzas, repite el cálculo para ver cómo vas.

Recuerda que puedes responder a las preguntas en cualquier orden, excepto en la Respuesta Extendida de RLA. Contesta primero las preguntas más fáciles. Si encuentras una pregunta que tomará mucho tiempo (como una pregunta matemática complicada), déjala para más tarde. Si te quedas atascado en una pregunta, déjala y regresa a ella más tarde si tienes tiempo. Si no estás seguro de una respuesta, usa el botón Marcar para Revisar para señalarla y poder regresar a ella más tarde si queda tiempo. La pantalla de Revisión te ayudará a encontrar y regresar rápidamente a las preguntas marcadas más adelante en el examen. Mientras tanto, puedes seguir ese horario y responder a tantas preguntas como sea posible.

Cuando el tiempo se acabe, detente inmediatamente y da un suspiro de alivio. Cuando el examen termine, el examinador te dará un procedimiento para cerrar la sesión. Sigue las instrucciones sobre qué hacer o a dónde ir a continuación.

Abordando y respondiendo a preguntas

Cuando comienzas el examen, quieres tener un plan de juego para cómo responder a las preguntas. Ten en cuenta los siguientes consejos para ayudarte a abordar cada pregunta:

>> **Cada vez que leas una pregunta, pregúntate: "¿Qué me están preguntando?"** Hacer esto te ayuda a mantenerte enfocado en lo que necesitas averiguar para responder a la pregunta. Luego intenta responderla.

>> **No pienses demasiado.** Como todas las preguntas son directas, no busques preguntas trampa. Las preguntas piden una respuesta basada en la información proporcionada.

>> **Encuentra la mejor respuesta y verifica rápidamente que responde a la pregunta.** Si lo hace, elige esa opción y sigue adelante. Si no lo hace, déjala y vuelve a ella después de responder todas las demás preguntas, si tienes tiempo. *Recuerda:* Necesitas elegir la respuesta *más* correcta de las opciones ofrecidas. Puede que no sea la respuesta perfecta, pero es lo que se requiere.

Adivina con éxito: Usa la conjetura inteligente

Las preguntas de opción múltiple te ofrecen cuatro posibles respuestas. Obtienes puntos por cada respuesta correcta. No se te resta nada por las respuestas incorrectas. Esto significa que puedes adivinar las preguntas que no sabes con certeza sin miedo de perder puntos. Haz conjeturas educadas eliminando tantas opciones obviamente incorrectas como sea posible y luego eligiendo entre dos o tres opciones restantes.

Cuando la pregunta te da cuatro posibles respuestas y eliges una al azar, tienes el 25 por ciento de probabilidad de escoger la respuesta correcta sin ni siquiera leer la pregunta. Si sabes que una de las respuestas es definitivamente incorrecta, ahora solo tienes tres respuestas para elegir, lo que te da el 33 por ciento (1 de 3) de probabilidad de elegir la respuesta correcta. Si sabes que dos de las respuestas son incorrectas, te quedan solo dos posibles respuestas para elegir, lo que te da el 50 por ciento (1 de 2) de probabilidad de escoger correctamente — ¡mucho mejor que el 25 por ciento!

Intenta identificar las opciones incorrectas siguiendo estos consejos:

>> **Asegúrate de que la opción de respuesta realmente responda a la pregunta.** Las opciones incorrectas generalmente no responden a la pregunta — es decir, pueden sonar bien, pero responden a una pregunta diferente a la que realmente hace el examen.

>> Cuando dos opciones de respuesta son muy parecidas, considérelas cuidadosamente porque ambas no pueden ser correctas — pero ambas sí pueden estar equivocadas. Algunas opciones de respuesta pueden ser muy parecidas y parecer correctas, pero hay una línea fina entre completamente correcto y casi correcto. Ten cuidado. Estas opciones a veces se dan para ver si realmente entiendes el material.

>> **Busca respuestas opuestas con la esperanza de que puedas eliminar una.** Si dos respuestas se contradicen, ambas no pueden ser correctas, pero ambas pueden estar equivocadas.

>> **Confía en tus instintos.** Algunas opciones incorrectas pueden parecerte mal desde el primer momento en que las lees. Si te has preparado para el examen, probablemente sepas más de lo que crees.

Deja tiempo para revisar

Tener unos minutos al final de un examen para revisar tu trabajo es una excelente manera de tranquilizarte. Tan pronto como respondas a la última pregunta, el examen te llevará a la pantalla de Revisión, que te mostrará una lista de todas las preguntas y si te saltaste o marcaste alguna. De esta forma, puedes revisar rápidamente cualquier pregunta que te cause problemas y volver a las que no contestaste antes. Ten en cuenta los siguientes consejos mientras revisas tus respuestas:

>> **Calcula cuánto tiempo tienes por pregunta restante e intenta responder cada pregunta en un poco menos de ese tiempo.** Los segundos extra que no uses la primera vez se acumulan al final del examen para la revisión. Algunas preguntas requieren más reflexión y toma de decisiones que otras. Usa tus segundos extra para responder a esas preguntas.

>> **No cambies muchas respuestas en el último minuto.** Dudar de ti mismo puede llevar a problemas. Estudio tras estudio de personas que toman exámenes ha demostrado que cambiar respuestas generalmente lleva a cambiar respuestas correctas por incorrectas. Si te has preparado bien y has trabajado con numerosas preguntas de muestra, es probable que respondas correctamente la primera vez. Ignorar toda tu preparación y conocimiento para seguir una corazonada no es una buena idea, ya sea en el hipódromo o en un examen.

>> **Si no puedes responder todas las preguntas en el tiempo que queda, respóndelas al azar.** No hay penalización por adivinar en el GED, así que no dejes ninguna pregunta sin responder. Los uno o dos puntos que obtengas por responder a todas las preguntas pueden ser los que necesites para aprobar.

>> **En la sección de Respuesta Extendida, usa cualquier tiempo restante para releer y revisar tu ensayo final.** Puede que hayas escrito un buen ensayo, pero siempre necesitas corregir errores de ortografía y de gramática. El ensayo se evalúa por contenido, organización, estilo y buen uso del español. Eso incluye ortografía y gramática.

Mantén la cabeza en el juego

Para tener éxito en el examen GED, necesitas estar preparado. Además de estudiar el contenido y las habilidades necesarias para las cuatro secciones del examen, también quieres estar mentalmente preparado. Aunque puedas sentirte nervioso, no dejes que los nervios te dominen. Mantén la calma y respira profundamente. Aquí tienes algunos consejos para ayudarte a mantenerte enfocado en la tarea:

>> **Tómate tiempo para relajarte.** Aprobar el examen GED es un hito importante en la vida. Asegúrate de dejar un poco de tiempo para relajarte, tanto mientras te preparas para las secciones del examen como justo antes de tomarlas. Relajarte tiene un lugar en la preparación, siempre y cuando no se convierta en tu actividad principal.

>> **Asegúrate de conocer las reglas del lugar antes de comenzar.** Si tienes dudas, llama a la oficina del GED en tu área antes del día del examen y haz tus preguntas por teléfono. Para preguntas generales sobre el GED, llama al 1-877-450-3276 o visita ged.com. Este sitio tiene muchas páginas, pero la página de preguntas frecuentes siempre es un buen lugar para comenzar.

>> **Mantén tus ojos en tu monitor.** Todos saben que no deben mirar el trabajo de otras personas durante el examen, pero para estar seguro, no te estires, no pongas los ojos en blanco ni hagas nada que pueda confundirse con mirar otro examen. En un centro de exámenes, la mayoría de los exámenes serán diferentes en las varias computadoras, así que

mirar alrededor es inútil y hacerlo puede meterte en problemas. También deberías mantener tus ojos en la pantalla si realizas el examen en línea desde casa. Todo lo que necesitas para el examen está en la pantalla frente a ti. Mirar alrededor de la habitación o apartar la vista de la pantalla repetidamente podría considerarse un comportamiento sospechoso.

» **Mantente tranquilo.** Tus nervios pueden consumir mucha energía necesaria para el examen. Concéntrate en la tarea que tienes delante. Siempre puedes estar nervioso o ansioso en otro momento.

Porque tomar exámenes estandarizados probablemente no sea una situación habitual para ti, puede que te sientas nervioso. Esto es perfectamente normal. Solo intenta concentrarte en responder una pregunta a la vez y deja cualquier otro pensamiento en segundo plano. A veces, tomar algunas respiraciones profundas puede despejar tu mente.

2

Puntos y Comas: El Examen de Razonamiento a través del Lenguaje

Descubre todo lo que siempre quisiste saber sobre el examen de Razonamiento a través del Lenguaje.

Comprende los tipos de materiales que se espera que leas y sobre los que respondas preguntas.

Reconoce cómo están formateados el examen y las preguntas, y cómo es el ítem de Respuesta Extendida.

Descubre algunas estrategias para ayudarte a dar lo mejor de ti en la a veces intimidante Respuesta Extendida.

Capítulo **5**

Preparándote para el Componente de Comprensión de Lectura

El examen de Razonamiento a través de las Artes del Lenguaje (RLA) evalúa tu capacidad para hacer lo siguiente:

» Aplicar habilidades en comprensión de lectura.

» Aplicar habilidades de escritura para crear una respuesta extendida (ensayo) lógica y efectiva en español.

La mayoría de lo que te evalúan en el examen de RLA son cosas que has aprendido a lo largo de los años, ya sea en la escuela o simplemente hablando, leyendo y observando. Sin embargo, para ayudarte a prepararte mejor para este examen, te doy algunos consejos adicionales para desarrollar habilidades en este capítulo.

El examen de RLA en español se divide en dos secciones. Comienzas con la sección de Comprensión de Lectura de preguntas y respuestas. Y después de una breve pausa, pasas 45 minutos escribiendo la Respuesta Extendida (el ensayo). El tiempo total es de 150 minutos para ambos componentes, incluyendo un descanso de 10 minutos.

En este capítulo, te proporciono todo lo que necesitas saber para prepararte para el componente de Comprensión de Lectura. Desde leer todo lo que puedas hasta aumentar tu velocidad lectora y comprensión, este capítulo te equipa con lo que necesitas para que el día del examen puedas sentarte frente a la computadora listo para sobresalir en ese componente. Luego, en el Capítulo 6, te guío a través de los diversos tipos de preguntas que encontrarás en la sección de Comprensión de Lectura y te ofrezco consejos y estrategias sólidas para responder a cada una.

En los Capítulos 7 y 8, me enfoco en una de las partes más temidas del examen, la Respuesta Extendida — a veces llamado "el ensayo". Es un ensayo de cuatro a siete párrafos que escribes en 45 minutos. ¡No te preocupes: te tengo cubierto! En el Capítulo 7, te doy una visión completa de esta parte de del examen de RLA. En el Capítulo 8, te guío a través de los pasos para escribir un ensayo, te muestro cómo evaluar tu ensayo y te doy consejos concretos sobre cómo mejorar tu puntuación. Luego, en el examen de práctica, te ofrezco un ensayo de práctica, incluyendo ideas sobre cómo evaluar y mejorar tu ensayo. Después de todo eso, puede que no seas Miguel de Cervantes u Octavio Paz, ¡pero podrás escribir un ensayo que apruebe!

Dominar el Componente de Comprensión de Lectura

La capacidad de comprender, analizar y aplicar lo que has leído es uno de los mejores indicadores de preparación para la universidad y la carrera, además de ser una habilidad importante para la vida. En las siguientes secciones, explorarás los cuatro aspectos de las buenas habilidades de lectura: comprensión, análisis, dominio de la evidencia y síntesis.

Entender las habilidades que cubre el componente de Lectura

Las preguntas del componente de Lectura del examen se centran en las siguientes habilidades, que se espera que puedas usar al leer tanto pasajes de ficción como de no ficción:

>> **Comprensión:** Las preguntas que evalúan tus habilidades de *comprensión* miden tu capacidad para hacer una lectura cercana, es decir, leer una fuente de información de manera reflexiva para que tengas una comprensión precisa de lo que has leído y puedas restablecer la información con tus propias palabras. También pueden pedirte que demuestres comprensión ordenando eventos en un pasaje o que reformules lo que leíste sin perder el significado del pasaje. Además, pueden pedirte que muestres cómo los detalles apoyan la idea principal. Otras preguntas te piden determinar el significado de palabras específicas en contexto y comprender cómo el uso de una palabra o frase particular por parte del escritor afecta el significado de una oración, un párrafo o todo el pasaje.

>> **Análisis:** Las preguntas que evalúan tus habilidades de *análisis* miden tu capacidad para sacar conclusiones, entender consecuencias e inferir sobre el pasaje. Para responder a estas preguntas, asegúrate de que tus respuestas se basen solo en la información del pasaje y no en conocimientos externos o en el artículo en línea que leíste la semana pasada. Pueden pedirte que expliques cómo las partes del pasaje (como párrafos, oraciones y ejemplos) funcionan juntas para lograr el propósito del escritor. Otras preguntas pueden pedirte que muestres cómo las palabras y frases de transición (como *sin embargo* y *por ejemplo*) señalan relaciones entre ideas en el pasaje. También pueden pedirte que analices los propósitos del escritor al redactar el pasaje — para convencer, compartir conocimientos con el lector, ¡o incluso divertir al lector!

>> **Dominio de la evidencia:** Estas preguntas miden tu capacidad para identificar y evaluar la evidencia. Necesitas entender el punto de vista del autor del pasaje para evaluar la fortaleza y debilidad de su posición. Algunas preguntas te pedirán que identifiques la evidencia que el autor utiliza como apoyo. Otras veces, tendrás que identificar entre las opciones evidencia adicional de apoyo. Otras preguntas te preguntarán si la evidencia del autor ofrece un apoyo válido para una posición, o si es meramente una opinión o creencia no respaldada por razones, ejemplos o hechos.

>> **Síntesis:** Las preguntas que evalúan tus habilidades de *síntesis* miden tu capacidad para tomar información en una forma y en una ubicación y combinarla con información en otro contexto. Aquí, tienes la oportunidad de hacer conexiones entre dos pasajes relacionados y compararlos y contrastarlos. Puede que te pidan que compares y contrastes el tono, el punto de vista, el estilo, la eficacia o los propósitos de los pasajes — ¡y decir que el propósito de un pasaje es confundir y desorientar a los examinados no es la respuesta!

RECUERDA

Algunas preguntas de lectura pueden pedirte que uses información en los pasajes del texto fuente combinada con información presentada en las preguntas. Así que asegúrate de usar toda la información que tienes disponible. Y no olvides usar las pestañas y barras de desplazamiento para revelar el pasaje y la pregunta completos — nunca sabes de dónde puede venir una respuesta. Para información completa sobre las pestañas y barras de desplazamiento, consulta el Capítulo 2.

Entender el formato del componente de Lectura

El componente de Lectura de RLA mide tu habilidad para entender e interpretar pasajes de ficción y no ficción. Es sencillo — no hay trucos. No necesitas hacer cálculos para encontrar las respuestas a las preguntas. Solo tienes que leer, comprender y usar el material presentado para responder.

Los pasajes en este examen son parecidos a los que un estudiante de secundaria se encontraría en sus clases. Para ayudarte a sentirte más cómodo con el componente de Lectura de RLA, estoy aquí para darte una mejor idea de cómo se ve este examen en papel.

Los pasajes de lectura se presentan en el lado izquierdo de una pantalla dividida, con la pregunta en el lado derecho. Cada pasaje tendrá entre 450 y 900 palabras. Los pasajes de este examen pueden provenir de materiales laborales (en el trabajo) o de materiales de lectura académicos. El setenta y cinco por ciento de los textos fuente provendrá de textos informativos — documentos de no ficción. El 25 por ciento restante se extraerá de textos literarios, generalmente cuentos y novelas. Con cada texto fuente, tienes que responder de cuatro a ocho preguntas. Algunos elementos te presentarán dos pasajes. Estos elementos te pedirán que compares y contrastes, integres información y saques conclusiones.

Identificar los tipos de pasajes y cómo prepararte para ellos

Para ayudarte a sentirte cómodo respondiendo las preguntas de la parte de Lectura del examen RLA, necesitas tener una idea de los tipos de pasajes que aparecen en el examen. La buena noticia es que en esta sección me concentro en los dos tipos principales de pasajes que verás: no ficción y literarios. También te doy algunos consejos prácticos que puedes usar mientras te preparas para esta parte del examen.

RECUERDA

La mayoría de los pasajes (el 75 por ciento de ellos) provienen de textos de no ficción o informativos. Esto significa que cuanto más leas textos informativos cada día — periódicos, artículos de revistas, informes laborales, manuales, reseñas, páginas web, instrucciones, recetas — mejor preparado estarás para la parte de Lectura RLA.

Pasajes de no ficción

Los pasajes de no ficción pueden provenir de muchas fuentes diferentes. Aquí tienes una lista de algunos tipos de pasajes que podrías encontrar en el examen.

>> **Prosa de no ficción:** La *prosa de no ficción* es prosa que cubre mucho terreno, ¡y todo el terreno es real! La prosa de no ficción es material que el autor no inventa en su mente; está basada en hechos o en la realidad. De hecho, este libro está clasificado como prosa de no ficción, al igual que los artículos de periódico que lees todos los días. La próxima vez que leas un libro de texto, un periódico o una revista, dite a ti mismo: "Estoy leyendo prosa de no ficción". Solo no lo digas en voz alta en una cafetería o en la sala de descanso del trabajo, ¡o la gente puede empezar a mirarte de manera extraña!

>> **Documentos laborales y comunitarios:** Te encuentras con este tipo de pasajes en áreas relacionadas con el trabajo y la comunidad. Aquí tienes algunos ejemplos:

- **Declaraciones laborales:** Las empresas y organizaciones emiten reglas para el comportamiento de los empleados, metas para la organización e incluso estándares de protección ambiental. Estas declaraciones comunican al mundo los objetivos y las reglas básicas de comportamiento de la empresa. La declaración de objetivos de tu grupo de estudio podría ser la siguiente: "Vamos a aprobar el examen GED en nuestro primer intento".

- **Documentos históricos, documentos legales y cartas:** Los documentos históricos pueden incluir extractos de la Constitución, la Declaración de Independencia u otros documentos gubernamentales. Estos documentos son obviamente materiales más antiguos, con un estilo de escritura algo diferente al que podrías ver en un documento moderno. Los documentos legales y las cartas pueden incluir contratos de arrendamiento, contratos de compra y avisos de tu banco. Si no estás familiarizado con este tipo de documentos, recopila algunos ejemplos de bancos o bibliotecas y revísalos. Si puedes explicar este tipo de documentos a un amigo, entonces los entiendes.

- **Manuales:** Cada vez que realizas una compra importante, recibes un manual de usuario que te dice cómo usar el artículo. Algunos manuales son cortos y directos; otros son largos y complicados. Algunos manuales pueden estar impresos, pero a menudo solo están disponibles en línea.

- **Selecciones de libros de texto:** Los pasajes pueden extraerse de libros de texto de estudios sociales o ciencias, para evaluar tu capacidad de leer y entender contenido académico. Pero no te preocupes, ¡este contenido no es diferente de lo que se cubre en otras partes del examen GED!

CONSEJO

El componente de Lectura puede parecer difícil, pero puede tener un gran beneficio en otras partes del GED. Dado que tanto el examen de Ciencia como el examen de Estudios Sociales implican leer prosa de no ficción, tu preparación para el componente de Lectura puede ayudarte en esos exámenes.

Pasajes literarios

El componente de Lectura del RLA incluye pasajes de varios tipos de ficción en prosa. *Ficción en prosa* se refiere a novelas y cuentos. Como quizás ya sepas, la *ficción* es una escritura que surge directamente de la mente del autor (en otras palabras, es inventada; no trata sobre algo que realmente ocurrió). La única manera de familiarizarse con la ficción en prosa es leer tanta ficción como puedas. Después de leer un libro o una historia, intenta hablar sobre ello con otras personas que también lo hayan leído.

RECUERDA

Independientemente de los tipos de pasajes en los que se basen las preguntas del componente de Lectura, tu desafío es el mismo: la comprensión lectora. Necesitas responder a las preguntas utilizando las habilidades descritas en la sección anterior, "Observando las habilidades que cubre el componente de Lectura": comprensión, análisis, dominio de la evidencia y síntesis.

Prepararte para el Componente de Lectura con Tácticas Eficaces

El componente de Comprensión de Lectura de RLA requiere una serie de habilidades, desde habilidades de comprensión lectora hasta habilidades de pensamiento crítico, además de familiarizarte con el formato del examen. Puedes dominar todas estas habilidades con práctica. Las siguientes secciones te dan algunos consejos prácticos de cómo hacerlo.

Desarrollar habilidades para leer bien

Para tener éxito en el examen de RLA, puedes prepararte de antemano mejorando tus habilidades de lectura. Aquí tienes algunas de las mejores maneras de prepararte:

>> **Lee lo máximo posible.** Esta estrategia es la mejor y la más sencilla, porque leer te expone a la gramática correcta. Lo que lees marca la diferencia. Leer catálogos puede aumentar tu conocimiento de productos y mejorar tus habilidades de investigación, pero es preferible leer literatura porque te introduce a muchas reglas de gramática. Leer ficción te expone a palabras y frases interesantes. Te muestra cómo los párrafos se enlazan entre sí y cómo cada párrafo tiene un tema y generalmente se apega a él. Leer ficción histórica puede darte una idea de lo que llevó hasta hoy y también puede ayudarte con el examen de Estudios Sociales (consulta los Capítulos 9 y 10 para más información sobre el examen de Estudios Sociales).

Leer no ficción, desde instrucciones hasta cartas comerciales, desde comunicados de prensa hasta libros de historia y documentos históricos, también es extremadamente importante. La no ficción generalmente usa un estilo formal, el tipo que se espera de ti cuando escribes un ensayo para la Respuesta Extendida. Los documentos más antiguos pueden ser un problema especial porque el estilo de escritura es muy diferente del que es común hoy en día. Familiarizarte con tales documentos te ayudará a obtener mejores resultados e incluso a mejorar tu resultado en el examen de Estudios Sociales.

Lee todo lo que puedas — incluso cajas de cereal — e identifica qué tipo de lectura estás haciendo. Lee sobre temas que te interesen, que pueden incluir asuntos tan variados como coches nuevos, reportes deportivos, noticias de salud o consejos para ahorrar dinero. Leer en voz alta a tus hijos a la hora de dormir también cuenta, y lo mismo ocurre con leer en tu teléfono mientras vas en el autobús o esperas para ver al doctor. Hazte preguntas sobre tu lectura y fíjate cuánto puedes recordar.

CONSEJO

>> **Aumenta tu velocidad lectora.** Leer es maravilloso, pero leer rápido es aún mejor — te permite pasar el examen con tiempo de sobra. Haz una búsqueda rápida en internet para encontrar mucho material que pueda ayudarte a leer más rápido. Cualquiera que sea el método que uses, intenta mejorar tu velocidad lectora sin perjudicar tu comprensión general.

>> **Lee con atención.** Cuando leas, hazlo con atención y piensa en lo que estás leyendo. Esto se llama *lectura activa:* Tu cerebro está trabajando tanto como tus ojos. Si leer novelas, historias o documentos históricos no te es familiar, lee estos materiales con aún más cuidado y reflexión. Cuanto más cuidadosamente leas cualquier material, más fácil te será obtener las respuestas correctas en el examen.

>> **Haz preguntas.** Hazte preguntas sobre lo que acabas de leer. ¿Podrías tomar un artículo de periódico y reducir el contenido a cuatro puntos con viñetas y aún resumir el artículo con precisión? ¿Entiendes las ideas principales lo suficientemente bien como para explicarlas a un extraño? (Ten en cuenta que no recomiendo acercarte a extraños para explicarles cosas en persona. Pretende que vas a explicarlo a un extraño y haz todo el discurso en tu mente. Si quieres explicar lo que leíste a alguien en persona, pide a tus amigos y familiares que te presten un oído — o dos).

Pide ayuda si no entiendes algo que leíste. Puede que quieras formar un grupo de estudio y trabajar con otras personas. Si estás tomando un curso de preparación para exámenes, pide ayuda al instructor cuando la necesites. Si tienes familiares, amigos o compañeros de trabajo que puedan ayudarte, pídeles ayuda.

>> **Usa un diccionario.** No muchas personas entienden cada palabra que leen, así que usa un diccionario. Hay muchas aplicaciones de diccionario gratuitas o económicas para tu computadora o smartphone. Buscar palabras desconocidas aumenta tu vocabulario, lo que, a su vez, hace que los pasajes en el examen de Razonamiento a través de Artes del Lenguaje sean más fáciles de entender. Cuando encuentres una nueva palabra, primero intenta deducir su significado usando el *contexto* — las otras palabras en su alrededor. Luego verifica tu comprensión buscando la palabra. También puedes llevar un registro de nuevas palabras y sus significados iniciando una sección de vocabulario en tu cuaderno. Después de buscar la palabra, escríbela junto con su significado. Si tienes un tesauro, úsalo también. A menudo, conocer un sinónimo de la palabra que no conoces resulta útil. Además, ¡mejorará tu juego de Scrabble!

>> **Usa nuevas palabras.** Una palabra nueva generalmente no se convierte en parte de tu vocabulario hasta que la usas en tu lenguaje cotidiano. Cuando encuentres una nueva palabra, asegúrate de conocer su significado y trata de usarla en una oración. Luego intenta incorporarla a la conversación durante uno o dos días. Después de un tiempo, este desafío puede hacer que cada día sea más emocionante. Si no te sientes cómodo usando nuevas palabras en una conversación, escribe una oración usando la palabra en tu cuaderno. Haz esto todos los días y te sorprenderás de cuántas palabras nuevas aprendes en solo unas semanas.

RECUERDA

Toda la información que necesitas para contestar las preguntas de lectura se proporciona en los pasajes o en el texto de las preguntas que acompañan a los pasajes. No se espera que reconozcas un pasaje y respondas preguntas sobre lo que viene antes o después en el contexto de toda la obra. Los pasajes son completos por sí mismos, así que solo concéntrate en lo que lees.

Entender el formato y contenido de la sección de lectura

Adquiere tanta experiencia como puedas con el contenido y formato del examen. Aquí tienes algunas formas de hacerlo:

>> **Practica y prepárate.** Además de este capítulo, puedes leer el Capítulo 6 para obtener más información y práctica preliminar de la parte de Comprensión de Lectura. ¡Y no te olvides de la

Respuesta Extendida! La cobertura completa y algo de práctica preliminar están en los Capítulos 7 y 8. Puedes encontrar una visión general del examen y preguntas de práctica económicas en `https://www.ged.com/es/study/practice_questions/`. La aplicación móvil GED & Me también ofrece preguntas de práctica gratuitas.

CONSEJO

>> **Realiza exámenes de práctica.** Cuando te sientas listo, toma el Examen de Práctica de Razonamiento a través de las Artes del Lenguaje en el Capítulo 15. Contesta las preguntas y verifica tus respuestas. Mira las explicaciones detalladas de las respuestas que proporciono en el Capítulo 16. No pases a la siguiente respuesta hasta que entiendas la anterior. Luego toma la prueba de práctica en línea de cuarto de duración gratuita en `https://www.ged.com/practice-test/es/rla/`.

Cuando sientas que estás listo para tomar el examen real, haz la prueba GED Ready RLA (disponible en `https://www.ged.com/es/study/ged_ready/`. Debes obtener una puntuación Verde en GED Ready para poder realizar el examen GED en línea en casa. Una puntuación Verde también significa que estás listo para el examen en persona, pero no se requiere esta puntuación para realizar el examen en un centro de exámenes. Si no obtienes una puntuación lo suficientemente alta, puedes usar los consejos y sugerencias detallados que recibas para enfocar tu revisión.

Al realizar las pruebas y exámenes de práctica, recuerda mantenerlo realista. Respeta los límites de tiempo y adapta la situación de examen tanto como sea posible. Cuando tomes pruebas y exámenes de práctica en línea, organiza tu área de trabajo tal como se describe en el Capítulo 4. Cuando vayas en línea o al centro de exámenes para el examen real, te sentirás más listo porque te preparaste en un entorno realista.

Capítulo **6**

Tipos de Preguntas de Comprensión de Lectura y Estrategias para Resolverlas

El examen de Razonamiento a través de las Artes del Lenguaje (RLA) evalúa tu capacidad para leer, analizar y evaluar con precisión y responder al contenido de pasajes escritos, así como tu habilidad para escribir de manera clara y efectiva en español. Detallo los aspectos específicos del examen de Comprensión de Lectura en el Capítulo 5. En este capítulo, te ayudo a navegar por los diferentes tipos de preguntas de la parte de Comprensión de Lectura y cómo responderlas. Y puedes encontrar un tratamiento completo del componente de Respuesta Extendida (ensayo) en los Capítulos 7 y 8. ¡Realmente tienes todo cubierto!

Elegir Sabiamente en el Componente de Lectura

El componente de Comprensión de Lectura de la prueba RLA consiste en extractos de prosa de ficción y no ficción. Se te presenta un pasaje de lectura (o en algunos casos, dos pasajes de lectura relacionados) seguido de una serie de preguntas de opción múltiple y de arrastrar y soltar. En esta sección, te doy pistas para ayudarte a responder cada una de ellas.

Cuando trabajes en el componente de Lectura del examen real de GED, lee primero las preguntas para que te hagas una idea de lo que necesitas buscar en el pasaje mientras lo lees. Lee las preguntas con cuidado: no son preguntas capciosas, pero sí requieren que seas un buen lector. Luego, lee el pasaje. ¡Recuerda mantenerlo simple! Tu única tarea al leer es encontrar las respuestas a las preguntas que acabas de leer, ¡nada más! Si encuentras una palabra que no reconoces, observa el texto circundante, que a menudo puede darte pistas sobre el significado de la palabra misteriosa. Si puedes entender la idea sin conocer la palabra, puedes omitirla. ¡Eso te ayudará a seguir avanzando y ahorrar tiempo!

Cómo contestar preguntas de opción múltiple en la lectura

La mayoría de las preguntas en el componente de lectura son de opción múltiple. En esta sección, te guiaré a través de algunas preguntas de ejemplo basadas en este breve artículo de periódico:

(1) El mecanismo constitucional que los Estados Unidos utiliza para elegir al presidente y vicepresidente se llama Colegio Electoral. Este grupo de electores presidenciales se forma cada cuatro años para elegir al presidente y vicepresidente. El número de electores en cada estado es igual al número de senadores y representantes en su delegación del congreso. Los titulares de cargos federales tienen prohibido ser electores. Actualmente hay 538 electores, y se requiere una mayoría de 270 o más votos electorales para elegir al presidente y vicepresidente. La Constitución tiene un proceso contingente si ningún candidato recibe la mayoría. En ese caso, la Cámara de Representantes de los Estados Unidos lleva a cabo una elección para elegir al presidente, y el Senado de los Estados Unidos realiza otra elección para seleccionar al vicepresidente.

(2) En el día de las elecciones en noviembre, los estados realizan una votación popular a nivel estatal o distrital para elegir a los electores en función de cómo se han comprometido a votar por presidente y vicepresidente. Todos los estados, excepto dos, utilizan un enfoque de "el ganador se lleva todo" para elegir a los electores. Maine y Nebraska eligen un elector por distrito congresional y dos electores para la lista con el mayor voto a nivel estatal. Los electores se reúnen y votan en las capitales de sus estados en diciembre, y en enero, los votos son contados en una sesión conjunta especial del Congreso. La inauguración tiene lugar en enero.

¿Cuántos electores se necesitan para elegir al presidente y vicepresidente de los Estados Unidos?

(A) 2

(B) 4

(C) 270

(D) 538

Esta pregunta es un ejemplo perfecto de cuando leer las preguntas primero, antes de leer el pasaje, puede realmente beneficiarte. Si sabes que estás buscando un número específico, tienes la respuesta tan pronto como la encuentres en el pasaje. Por otro lado, si lees el pasaje primero y luego tienes que volver a buscar el número, perderás tiempo valioso. La respuesta correcta en este caso es 270, Opción (C), que puedes encontrar en la quinta oración del primer párrafo.

El presidente y vicepresidente suelen ser elegidos por una mayoría de electores

(A) en una votación popular directa y nacional el día de las elecciones.

(B) en una reunión de los electores en Washington, D.C.

(C) en votaciones populares realizadas en cada estado o distrito el día de las elecciones.

(D) en la Cámara de Representantes para el presidente y en el Senado para el vicepresidente.

Si lees el artículo con atención, verás que los estados eligen a los electores a través de una votación popular en cada estado o distrito. Así que la Opción (C) es la respuesta correcta. Por lo tanto, la Opción (A) es incorrecta. La Opción (B) se contradice con la información del pasaje: Los electores se reúnen en las capitales de sus estados. La Opción (D) describe un proceso contingente que solo se utiliza si el Colegio Electoral no logra elegir a un presidente y vicepresidente, por lo que es incorrecta.

Las preguntas de menú desplegable son muy similares a las preguntas de opción múltiple. La única diferencia es que las opciones aparecen en un menú desplegable cuando haces clic en el botón [Select... ▼]. Cuando haces tu elección, tu respuesta aparecerá en la oración.

Las preguntas de completar el espacio en blanco también son muy fáciles. Solo tienes que escribir tu respuesta en el cuadro. La única parte complicada es escribir correctamente. Si tu respuesta está mal escrita, se contará como incorrecta.

Cómo contestar las preguntas de lectura de arrastrar y colocar

Algunas preguntas del componente de lectura se llaman preguntas de arrastrar y colocar. Este tipo de pregunta es básicamente otra pregunta de opción múltiple (porque puedes seleccionar de una lista de posibles respuestas y no tienes que inventar la respuesta por tu cuenta). La diferencia es que tienes que ordenar las opciones en un orden particular, seleccionar qué respuestas aplican y cuáles no, o mostrar cuáles respuestas son detalles que apoyan la idea principal. Aquí tienes un ejemplo de una pregunta de ordenar y arrastrar y colocar.

Lee la siguiente serie de eventos. Según el pasaje, ¿en qué orden ocurrieron? Arrastra las oraciones (o escribe las letras, en este caso) en las casillas en el orden apropiado.

EJEMPLO

(A) Los votos del Colegio Electoral se cuentan en una sesión especial del Congreso.

(B) Los electores se reúnen y toman sus decisiones en cada estado.

(C) Los estados y distritos celebran elecciones populares.

(D) El presidente toma posesión en una ceremonia en el Capitolio.

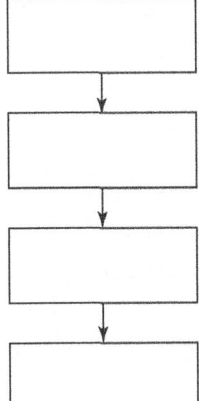

Orden de Eventos

La respuesta a esta pregunta está en el pasaje. Solo tienes que ordenar los eventos en el orden en que ocurren cada cuatro años. El orden correcto es la Opción (C), (B), (A) y luego (D). Primero, se llevan a cabo las votaciones populares el día de las elecciones, Opción (C). Luego, los electores se reúnen en sus estados en diciembre, Opción (B). Después de eso, el Senado y la Cámara se reúnen en una sesión conjunta especial a principios de enero para contar los votos, Opción (A). Finalmente, el presidente toma posesión más tarde en enero, Opción (D).

CONSEJO

Responder a preguntas de arrastrar y colocar el día del examen requiere un uso rápido y preciso del ratón de la computadora. Puedes practicar con estas preguntas en la prueba de práctica en el sitio web de GED.

Cómo contestar preguntas con dos pasajes

A veces, el componente de Lectura del GED te presentará dos pasajes relacionados con el mismo tema. Esto generalmente sucede con pasajes de prosa no ficticia. Tu tarea será integrar la información de los dos pasajes, comparar y contrastar información, o evaluar cuál pasaje es más lógico o tiene evidencia más fuerte que lo respalde. Por ejemplo, el pasaje sobre el Colegio Electoral podría ir acompañado del extracto relevante de la Constitución, como en este ejemplo.

EJEMPLO

Duodécima Enmienda de la Constitución de los Estados Unidos (1804)

(1) Los electores se reunirán en sus respectivos estados y votarán por boleta para Presidente y Vicepresidente, uno de los cuales, al menos, no será habitante del mismo estado que ellos; nombrarán en sus boletas a la persona votada para Presidente, y en boletas distintas a la persona votada para Vicepresidente, y harán listas distintas de todas las personas votadas para Presidente, y todas las personas votadas para Vicepresidente y del número de votos para cada uno, listas que firmarán y certificarán, y enviarán selladas a la sede del gobierno de los Estados Unidos, dirigidas al Presidente del Senado;

(2) El Presidente del Senado abrirá todos los certificados en presencia del Senado y la Cámara de Representantes, y entonces se contarán los votos;

(3) La persona que tenga el mayor número de votos para Presidente, será el Presidente, si tal número es una mayoría del total de electores designados; y si ninguna persona tiene esa mayoría, entonces de las personas con los números más altos, no excediendo tres en la lista de los votados para Presidente, la Cámara de Representantes elegirá inmediatamente, por boleta, al Presidente. Pero al elegir al Presidente, los votos se tomarán por estados, la representación de cada estado teniendo un voto; un quórum para este propósito consistirá en un miembro o miembros de dos tercios de los estados, y será necesaria una mayoría de todos los estados para una elección.

¿Cuál de las siguientes conclusiones se puede sacar comparando el pasaje y el extracto de la Constitución?

(A) El Colegio Electoral da demasiado poder a los estados con pequeñas poblaciones.

(B) El Colegio Electoral debería ser reemplazado por una elección directa y popular.

(C) El proceso para elegir al presidente y vicepresidente cambió temprano en la historia de los Estados Unidos.

(D) Pocos estadounidenses realmente entienden el funcionamiento del Colegio Electoral.

La respuesta a esta pregunta está en el título del extracto. La enmienda entró en vigor en 1804, lo cual es temprano en la historia de la Constitución. Por lo tanto, la opción (C) es correcta. Al leer la pregunta y las opciones de respuesta antes de leer el extracto, podrías haber respondido esta pregunta tan pronto como llegaste al título de la lectura. La opción (A) puede ser verdadera, pero no es una conclusión que puedas sacar al comparar la información en los dos pasajes. La opción (B) es una opinión no discutida en ninguno de los pasajes, por lo que es incorrecta. Espero que la opción (D) no sea cierta, pero eso no se puede concluir con la información en los pasajes.

CONSEJO

Leer dos pasajes puede llevar mucho tiempo. Si sientes que te falta tiempo el día del examen, puedes saltar preguntas basadas en dos pasajes o marcarlas para más tarde presionando el botón de Marcar para Revisión en la esquina superior derecha de tu pantalla. De esa manera, puedes leer y contestar más preguntas. Pero no dejes ninguna pregunta sin responder. Al final del examen, usa la Pantalla de Revisión para encontrar y contestar todas las preguntas que omitiste o marcaste, ¡incluso si adivinas! Una adivinanza te da al menos una oportunidad de una entre cuatro de obtener un punto. Si adivinas en cuatro preguntas, probablemente obtendrás al menos un punto, ¡y ese puede ser el punto que necesitas para obtener una calificación aprobatoria!

RECUERDA

¡Tu preparación para la parte de Lectura puede ayudarte en el examen de Estudios Sociales, y viceversa! La parte de Lectura del GED generalmente tiene al menos un pasaje basado en la historia de los EE.UU. o un documento fundamental. Y el examen de Estudios Sociales también puede tener preguntas basadas en dos pasajes de lectura, ¡así que eso es otro bono extra!

Capítulo **7**

Prepararte para el Componente de Respuesta Extendida

L
a parte de Respuesta Extendida es uno de los componentes del examen GED que más preocupa a los examinandos. Seamos sinceros, no a todos les gusta escribir, y puede que incluso tengas malos recuerdos de escribir ensayos en la escuela. No puedo hacer que todo eso desaparezca, pero puedo darte algunas estrategias y consejos que te ayudarán el día del examen — y en tu educación futura, si decides ir a la universidad.

En este capítulo, te doy una visión general de este examen junto con consejos y estrategias para ayudarte a escribir un ensayo del GED que apruebe en 45 minutos. Y en el Capítulo 8, te llevo a través de todo el proceso, para que sepas exactamente qué hacer el día del examen. También explico cómo se evaluará tu ensayo y te muestro formas de aumentar tu puntuación. Luego puedes usar la pregunta de Respuesta Extendida en el examen de práctica en el Capítulo 15 para desarrollar tus habilidades y adquirir experiencia. Ninguno de nosotros será nunca Miguel de Cervantes u Octavio Paz, ¡pero para el día del examen, al menos estarás listo para aprobar!

¿Qué Es la Respuesta Extendida?

A pesar de su nombre, la Respuesta Extendida no consiste en un largo ensayo de investigación, sino más bien en una serie de cuatro a siete párrafos relacionados. No se espera que produzcas una obra extensa, completa con investigación documentada. En cambio, se espera que escribas una serie coherente de párrafos interrelacionados sobre un tema dado, utilizando la gramática y las reglas ortográficas correctas. Parte de ese ensayo será un análisis de dos lecturas breves que se te presentan, y otra parte será la preparación de tu propio argumento lógico sobre el tema de las lecturas. Los examinadores buscan un ensayo que esté bien organizado, sea lógico y relevante para el tema dado. También observan cómo te adhieres a los estándares de escritura en español, pero hay una buena noticia: el enfoque se centra en oraciones completas y en la comprensibilidad general. No serás penalizado por algunos pequeños errores siempre que tu ensayo general sea claro y utilices oraciones completas.

En las siguientes secciones, te mostraré lo que necesitas saber sobre la Respuesta Extendida y te daré algunos trucos para escribir un ensayo que apruebe.

Las habilidades que cubre la Respuesta Extendida

Después de que realices el GED real, tu ensayo se envía electrónicamente a un lector capacitado para su evaluación. La evaluación de tu ensayo se centra en tres áreas principales. Al tener una clara comprensión de las principales habilidades cubiertas en esta parte del examen, puedes asegurarte de abordar todas ellas al escribir tu ensayo; eso se traducirá en éxito en términos de la puntuación de tu ensayo. El Servicio de Exámenes del GED define los tres criterios del ensayo que necesitas abordar de la siguiente manera:

>> **Creación de un argumento y uso de evidencia.** Este criterio se refiere a qué tan bien respondes al tema, incluyendo si el enfoque de la respuesta cambia mientras escribes. Mantente en el tema.

>> **Desarrollo de ideas y estructura organizativa.** Este criterio se refiere a si muestras al lector a través de tu ensayo que proporcionas ideas claras y bien explicadas sobre el tema y que eres capaz de establecer un plan definible para escribir el ensayo. La evaluación espera que presentes tus argumentos en una secuencia lógica y que respaldes esos argumentos con evidencia específica de los textos fuente.

>> **Claridad y dominio de las convenciones estándar del español.** Este criterio se refiere a tu capacidad para utilizar apropiadamente lo que podría llamarse "escritura de borrador bajo demanda", es decir, escribir un ensayo en un solo borrador en 45 minutos sobre un tema que no elegiste. Eso incluye la aplicación de las reglas básicas de gramática, como la estructura de las oraciones, la mecánica, el uso, y así sucesivamente. También se buscan características estilísticas, como frases de transición, variedad en la estructura de las oraciones y elecciones de palabras adecuadas. Pero como mencioné antes, no serás penalizado por pequeños errores siempre y cuando no interfieran demasiado con la comprensibilidad.

La evaluación califica tu ensayo en una escala de tres puntos. Recibes 2, 1 o 0 puntos, dependiendo de tu éxito en cada una de estas tres categorías. En el Capítulo 8, puedes encontrar más información sobre cómo se puntuará tu ensayo, así como un ejemplo de un ensayo con alta puntuación.

ADVERTENCIA

Para aprobar todo el examen de RLA, necesitas obtener una buena puntuación en lectura y en la respuesta extendida. Si no apruebas la respuesta extendida, probablemente no acumularás una puntuación lo suficientemente alta en la sección de Comprensión de Lectura para aprobar el examen de RLA, y eso significa que tendrás que volver a tomar todo el examen de nuevo. Así que utiliza la siguiente información para dar lo mejor de ti en la Respuesta Extendida.

Comprender el formato de Respuesta Extendida

Esta parte de 45 minutos del examen de Razonamiento a través de las Artes del Lenguaje (RLA) tiene solo un elemento: una indicación sobre la cual debes escribir un ensayo corto.

Para esta parte del examen, se te da un tema y algunas instrucciones. Las instrucciones probablemente se verán algo así:

EJEMPLO

Los dos artículos presentan ideas a favor y en contra de la educación superior para todos. Analiza los argumentos presentados en los dos pasajes.

Luego desarrolla un argumento en el que expliques cómo una posición está mejor apoyada que la otra. En tu respuesta, incluye evidencia relevante y específica de ambos pasajes para apoyar tu argumento.

Puedes dedicar hasta 45 minutos en la planificación, redacción y revisión de su respuesta.

Tu tarea es escribir un ensayo de cuatro o más párrafos sobre ese tema. Recuerda que no puedes escribir sobre otro tema; si lo haces, recibirás cero puntos por tu ensayo.

RECUERDA

Aunque no puedes elegir el tema de tu ensayo, ten en cuenta que los desarrolladores del examen buscan temas sobre los que la mayoría de los adultos sabrán algo y podrán relacionarse. Los temas evitarán áreas que sean sensibles o controvertidas. Puedes estar seguro de que la política, la religión y otras áreas de creencias personales no aparecerán.

El examen te presenta dos pasajes de argumentación. Eso significa que cada uno de los escritores toma una posición sobre un tema. Debes examinar las posiciones, determinar cuál es la más fuerte y mejor defendida, y escribir un ensayo explicando por qué hiciste esa elección. Tienes que hacerlo independientemente de cómo te sientas sobre el tema. El punto es analizar y demostrar que entiendes las estrategias utilizadas para defender estas posiciones.

Como parte de ese proceso, debes analizar los argumentos en busca de consistencia lógica, conclusiones ilógicas y razonamientos falsos. Aquí es donde entran en juego tus habilidades de pensamiento crítico. ¿Realmente tiene sentido el Punto A del autor? ¿Es válido y respaldado por hechos y datos?

Finalmente, debes escribir tu respuesta de manera clara, concisa y bien organizada. La evaluación se centra principalmente en el contenido y la organización de tu ensayo: si proporcionas un argumento lógico a favor de una de las dos posiciones y apoyas tu argumento con ejemplos bien desarrollados. La evaluación también considera si sigues las convenciones del español, pero este criterio es mucho menos importante que el contenido y la organización. ¡Eso es un gran alivio si la ortografía y la puntuación no son tus puntos fuertes!

Para el examen supervisado en casa y en un centro de exámenes tendrás una pizarra digital para notas rápidas, ideas y organización. Para el examen en un centro de exámenes, también tendrás una tableta borrable y un marcador de borrado en seco para estas tareas. En ambos casos, también puedes resaltar secciones de los pasajes de lectura para referirte a ellas mientras escribes. Usa estas herramientas para ayudarte a planificar y organizar tu respuesta.

RECUERDA

Para algunas personas, tener acceso a una tableta borrable para escribir notas y organizar ideas es muy útil. Otras personas prefieren la pizarra digital. Prueba la pizarra digital. Si sientes que necesitas la tableta borrable para hacer tu mejor trabajo, realiza el examen RLA en un centro de exámenes.

Prepararte para triunfar en la Respuesta Extendida

El ensayo de Respuesta Extendida requiere habilidades muy específicas, que van desde la gramática y el uso correcto del lenguaje hasta la comprensión y el análisis. Si alguna vez has discutido sobre quién tiene el mejor equipo o qué empleador es mejor, ya sabes cómo evaluar argumentos y responder. Ahora necesitas perfeccionar esas habilidades. Mientras te preparas para la Respuesta Extendida del RLA, haz lo siguiente:

>> **Lee, lee y lee más.** Al igual que en las otras partes del examen RLA (y en la mayoría de los exámenes del GED), leer es importante. La lectura te expone a oraciones bien elaboradas, lo que puede ayudarte a mejorar tu propia escritura.

>> **Lee ensayos argumentativos.** Dado que responderás y escribirás ensayos argumentativos, vale la pena prepararte leyendo una variedad de editoriales y artículos de opinión. Puedes encontrarlos en sitios web de noticias y en muchos otros lugares en línea. A medida que lees, evalúa el razonamiento de los escritores y la solidez de los ejemplos.

Mientras lees, haz un esquema de los párrafos o capítulos que leas para ver cómo se conecta el material. Intenta reescribir algunos de los párrafos de tu esquema y compara lo que escribes con el original. Puede que tus resultados no estén listos para The New York Times en Español, pero este pequeño ejercicio te da práctica en escribir oraciones y párrafos organizados y cohesivos, lo cual es muy útil en esta parte del examen.

>> **Revisa cómo planificar un ensayo.** Pocas personas pueden sentarse, escribir un borrador final de un ensayo sin planificar y recibir una calificación satisfactoria. En cambio, tienes que planificar lo que vas a escribir. La mejor manera de empezar es anotando tus ideas sobre el tema sin preocuparte por el orden. Desde allí, puedes organizar tus pensamientos en grupos. Más adelante en este capítulo encontrarás ayuda para planificar tu ensayo.

>> **Practica la escritura general.** Si escribir párrafos conectados no es una de tus fortalezas, ¡practica hacerlo! Escribe correos electrónicos largos. Escribe cartas largas. Escribe a tus amigos. Escribe artículos para periódicos comunitarios. Escribe cuentos cortos. Escribe lo que quieras — haga lo que hagas, sigue escribiendo.

>> **Escribe ensayos de práctica.** Consulta el Capítulo 8 y el examen de práctica en el Capítulo 15. En cada uno, escribe un ensayo basado en el tema dado y luego pide a un amigo conocedor o a un antiguo profesor que lo califique por ti. También puedes leer una respuesta de ensayo de muestra basada en la misma propuesta en los Capítulos 8 y 16. También podrías tomar una clase de preparación en la que te asignen temas de práctica sobre los cuales escribir. Cuando creas que has terminado de practicar, practica un poco más.

>> **Practica revisar tu propio trabajo.** Cuando tomes el examen, la única persona que podrá revisar tu ensayo eres tú. Si ese pensamiento te asusta, practica ahora. Después de escribir cada ensayo de práctica, no te olvides de revisarlo tan pronto como acabes de escribir. Luego, después de varias horas, o bien uno o dos días, repásalo de nuevo. Verás tu trabajo de nuevo, y verás varias maneras de mejorar tu trabajo.

>> **Practica escribir sobre un tema (¡y no desviarte del tema!).** Tu ensayo debe relacionarse con el tema dado lo más estrechamente posible. Si el examen te pide que analices dos posiciones sobre la educación universitaria para todos y escribes sobre cuánto te gusta estudiar, puedes despedirte de una buena puntuación en esta parte del examen.

Para ayudarte a practicar mantenerte en el tema, lee el periódico y escribe una carta al editor o una respuesta a un columnista sobre un tema que te importa. Dado que estás respondiendo a un tema muy específico que apareció en un artículo de periódico en particular, debes hacerlo de manera clara y concisa — si alguna vez quieres verlo impreso. (También puedes practicar mantenerte en el tema eligiendo el título de un artículo de periódico y escribiendo un ensayo corto sobre él. Luego lee la historia real y ve cómo se compara con la tuya).

>> **Practica mecanografía.** Para escribir un ensayo en 45 minutos, necesitas estar listo para escribir rápido y con precisión en un teclado de computadora estándar. Así que usa una computadora tanto como puedas. Para á, é, í, ó, y ú, escribe CTRL + ', la letra. Para ñ, escribe CTRL + SHIFT + ~, la letra n. Para simular las condiciones reales del examen, desactiva el corrector ortográfico y gramatical. Cuando termines, vuelve a activarlo para obtener sugerencias instantáneas sobre tu trabajo. Si no tienes una computadora, intenta encontrar una en tu biblioteca pública o en un centro de educación para adultos. Si el centro tiene clases o tutoriales sobre mecanografía, ¡aprovéchalos! También puedes encontrar algunos tutoriales de mecanografía gratuitos o económicos en línea.

Escribir la Respuesta Extendida

La Respuesta Extendida del examen RLA te pide que escribas un ensayo en 45 minutos sobre un tema asignado. Esta parte del examen evalúa si estás completamente familiarizado con el proceso de escribir un ensayo, que sabes cómo escribir correctamente y que empleas las reglas de gramática y uso del lenguaje. Se te pide que leas dos textos fuente que presentan diferentes puntos de vista sobre un tema. Debes determinar cuál argumento está mejor respaldado y escribir un ensayo explicando por qué la posición que elegiste es la mejor respaldada.

RECUERDA

Ten en cuenta que escribir este ensayo no es muy diferente de escribir una carta o un blog, excepto que debes explicar y aclarar el tema para el lector sin divagar.

En las siguientes secciones, te guiaré a través de los cuatro pasos para escribir una Respuesta Extendida efectiva y te daré algunos consejos para asegurarte de que domines esta parte del examen de RLA.

Aprovecha bien el tiempo

Tienes 45 minutos para terminar tu ensayo para la Respuesta Extendida en el examen RLA, y en ese tiempo tienes cuatro tareas principales:

>> Leer los pasajes

>> Planear tu ensayo

>> Escribir tu ensayo

>> Repasar y revisar tu ensayo

Las siguientes secciones analizan estas tareas y explican cómo puedes completarlas con éxito en 45 minutos.

CONSEJO

Un buen plan de acción es dedicar 5 minutos a la lectura, 10 minutos a la planificación, 20 minutos a la escritura y 10 minutos al repaso y la revisión. Este horario es bastante ajustado, así que si escribes lentamente en el teclado, considera dedicar más tiempo a la redacción. Y recuerda, nadie más que tú verá algo aparte de la versión final, así que no te preocupes si cometes errores mientras escribes. Sigue adelante y corrige estos errores cuando repases y revises.

Lectura y planificación (15 minutos en total)

Antes de empezar a escribir tu ensayo, lee las instrucciones con atención. Determina las posiciones de los dos textos fuente y determina qué significan para ti. El siguiente paso es clave: determinar cuál posición es más fuerte. Lee los textos fuente y evalúa la solidez de sus argumentos. Una forma de hacerlo es subrayar ejemplos e ideas efectivas mientras lees. Toma tu decisión basándote en la fuerza de cada pasaje, no en tus sentimientos o punto de vista personal. Considera la lógica de los ejemplos en cada pasaje. Si subrayaste ejemplos mientras leías, ¿cuál de los pasajes tiene más marcas?

Una vez que determines tu posición, puedes reunir ideas que la respalden. Puedes escribir notas en la tableta borrable o escribirlas en la pizarra digital. También puedes seguir destacando ideas en los pasajes o copiarlas y pegarlas en la pizarra digital. No te preocupes por el orden en el que escribes tus ideas. Puedes organizar toda la información en la siguiente fase. Tampoco te preocupes por la gramática o la ortografía correctas. Nadie más que tú verá tus notas.

Después de anotar estos puntos, toma un momento para repasar tus notas y reflexionar. (¡Pero no te detengas a reflexionar demasiado, porque todavía tienes un ensayo por escribir! Solo toma unos minutos.) Luego, convierte tus notas en un esquema simple o plan para tu ensayo. Revisa tus puntos y encuentra una introducción, como "Después de examinar los datos en ambos artículos, el primer artículo presenta el caso más sólido: la educación superior vale la pena.". Escribe esta oración sobre tus notas. Luego, observa los puntos que se te ocurrieron antes y que respaldan fuertemente tu posición. Numéralos en el orden más efectivo. Agrega algunas ideas de la lectura que consideres falsas o erróneas, para que puedas abordarlas en tu ensayo también. Todas estas ideas serán el desarrollo (o el cuerpo) de tu ensayo.

Ahora, escribe una conclusión, como "El argumento a favor de la educación universitaria para todos es más fuerte. Como dice el primer artículo, hay más oportunidades de trabajo y salarios más altos para las personas con más educación. Las personas solo necesitan tener cuidado al elegir sus escuelas y trabajos futuros y evitar asumir mucha deuda. Aunque algunas personas no seguirán sus estudios, la educación superior puede proporcionar ingresos aumentados y mayor satisfacción personal a la mayoría de las personas". Al mirar tu introducción y el tema del ensayo, selecciona puntos que fortalezcan tu conclusión. Algunos de estos puntos pueden ser los mismos que usaste en tu introducción.

Tu plan probablemente se verá algo así:

>> **Introducción.** "Después de examinar los datos en ambos artículos, el primer artículo presenta el caso más sólido: la educación superior vale la pena."

>> **Desarrollo.**

- Lista la evidencia de apoyo apropiada en orden de importancia.

- Lista los argumentos falsos o defectuosos presentados por cualquiera de las partes de la discusión.

>> **Conclusión.** "El argumento a favor a la educación universitaria para todos es más fuerte. Como dice el primer artículo, hay más oportunidades de trabajo y salarios más altos para las personas con más educación. Las personas solo necesitan tener cuidado al elegir sus escuelas y trabajos futuros y evitar asumir mucha deuda. Aunque algunas personas no seguirán sus estudios, la educación superior puede proporcionar ingresos aumentados y mayor satisfacción personal a la mayoría de las personas"

Ahora reflexiona de nuevo. ¿Puedes añadir más puntos para mejorar el ensayo? Sin embargo, no añadas puntos solo por tener más puntos. No se trata de un concurso para ver quién puede presentar más puntos. Deseas tener puntos escritos de manera lógica que respalden tu argumento.

Revisa tu esquema de nuevo. ¿Puedes combinar alguna parte para hacerlo más conciso? ¿Quieres añadir un ejemplo? ¿O cambiar la organización? ¡Ahora es el momento!

Cuando estés satisfecho con tu esquema, estarás listo para pasar al siguiente paso: redactar tu ensayo.

CONSEJO

Los criterios de calificación de la Respuesta Extendida dan más valor a la solidez de las ideas y el argumento que a la gramática o la ortografía. Por eso presto tanta atención a reunir y organizar tus ideas. Cuando comiences a escribir en el siguiente paso, concéntrate en redactar un ensayo organizado y bien respaldado. No te preocupes por la ortografía, la puntuación u otros detalles de la escritura. Puedes corregir los errores de escritura más adelante en el proceso.

Escritura (20 minutos)

Durante la etapa de escritura, piensas más en detalle sobre los puntos que desarrollaste en la etapa de planificación y te dedicas a escribir tus ideas en pantalla. Comienza a escribir y sigue adelante. No te preocupes demasiado por la ortografía o la gramática. Puedes solucionar esos problemas más tarde. Simplemente escribe párrafos organizados y oraciones lógicas. Para á, é, í, ó y ú, escribe CTRL + ', la letra. Para ñ, escribe CTRL + SHIFT + ~, la letra n.

RECUERDA

Cada párrafo comienza con una *oración introductoria,* que establece el contenido del párrafo, y termina con una *oración de transición* que conecta el párrafo en el que estás con el siguiente. Si colocas tus oraciones en un orden lógico desde la introducción hasta la transición, empezarás a ver cómo surgen los párrafos, así como tu ensayo.

Editar y revisar (10 minutos)

Ahora viene la parte difícil. Tienes que ser tu propio editor. Apaga tu ego y recuerda que cada palabra está escrita en una pantalla de computadora, no tallada en piedra. Mejora tu trabajo editándolo y revisándolo. Haz de este el mejor escrito que hayas hecho — en un bloque de tiempo de 45 minutos, por supuesto.

Cuando estés listo para editar y revisar, revisa tu ensayo dos veces: una para el contenido y otra para los estándares del español. Primero, léelo para asegurarte de que estás satisfecho con el contenido del ensayo. ¿Tiene sentido? ¿Utiliza buenos ejemplos de los pasajes? ¿Sigue un orden lógico? Si no es así, es posible que necesites revisarlo. Pregúntate si cada párrafo contribuye a tu argumento. Si no lo hace, es posible que necesites hacer más revisiones. Podría ser algo tan simple como cambiar el orden de los párrafos, eliminar algo o agregar frases de transición.

Luego, relee tu ensayo para verificar el español correcto. Busca errores de ortografía, mayúsculas, concordancia entre sujeto y verbo, y puntuación. Si citas directamente de alguno de los artículos, asegúrate de usar correctamente las comillas. Revisa estos errores al final porque esta área es la menos importante de los criterios utilizados para calificar tu ensayo. Si tu ensayo tiene buenas ideas, está escrito en oraciones y párrafos, fluye lógicamente y tiene solo unos pocos errores pequeños que no interfieren con la comprensión, ¡ya tienes el 90 por ciento del trabajo hecho!

Redactar un ensayo ganador

Algunos de los puntos clave en la evaluación del ensayo aparecen en la siguiente lista. Si tu ensayo tiene todas estas características, tus posibilidades de recibir una alta calificación son bastante buenas:

>> Has leído y comprendido los dos textos fuente y has seleccionado la posición que tiene el mejor respaldo.

>> Tu ensayo explica claramente por qué tomaste esa decisión, utilizando pruebas de los textos fuente.

>> Tu ensayo está claramente escrito y bien organizado.

>> La evidencia que presentas está desarrollada de manera lógica y clara.

>> Usas transiciones a lo largo del ensayo para un flujo suave entre las ideas.

>> Usas vocabulario apropiado, una estructura de oraciones variada y buena gramática y ortografía.

CONSEJO

Cada párrafo comienza con una *oración introductoria*, que establece el contenido del párrafo, y termina con una *oración de transición* que conecta con el párrafo siguiente. Si colocas tus oraciones en un orden lógico desde la introducción hasta la transición, empezarás a ver cómo surgen los párrafos, así como tu ensayo.

Aquí tienes algunos otros consejos y reglas básicas a tener en cuenta mientras te preparas para la Respuesta Extendida:

>> **Solo tienes 45 minutos para escribir un ensayo basado en un solo tema y texto fuente muy específico.** Aprovecha bien el tiempo disponible y sigue adelante. Mantente enfocado en el tema y la información de los textos fuente. No te desvíes del tema ni agregues tus propias ideas.

>> **Puedes preparar tu ensayo resaltando el material fuente y usando la tableta borrable (proporcionada en el centro de exámenes) o la pizarra digital (en casa o en el centro de exámenes).** Mientras lees el material fuente, puedes resaltar ideas que quieras incluir. Usa la tableta borrable o la pizarra digital para reunir y organizar ideas. Al usar estas herramientas, tu ensayo final estará bien respaldado, lógico y organizado. Nadie verá ni la tableta ni la pizarra, así que lo que escribas allí es solo para ti.

>> **Debes escribir sobre el tema y solo sobre el tema.** Te calificarán por escribir un ensayo sobre el tema, así que asegúrate de realmente escribir sobre el tema que te han dado. Una de las formas más fáciles de fallar esta parte del examen es escribir sobre algo no relevante. Los textos fuente presentan puntos de vista divergentes sobre un mismo tema. Tu trabajo es analizar, reflexionar y responder sobre este tema y los apoyos dados en cada texto fuente.

>> **Los párrafos efectivos usan una variedad de tipos de oraciones: declaraciones, preguntas, órdenes, exclamaciones e incluso citas.** Varía la estructura de tus oraciones y la elección de palabras para despertar el interés de los lectores. Algunas oraciones pueden ser cortas y otras largas para captar la atención de los lectores. Solo asegúrate de que tus oraciones estén completas y bien construidas. ¡Evita fragmentos y oraciones interminables!

>> **Los párrafos crean interés de varias maneras: desarrollando detalles, utilizando ilustraciones y ejemplos, presentando eventos en una secuencia temporal o espacial, proporcionando definiciones, clasificando personas u objetos, comparando y contrastando, y demostrando razones y pruebas.** Organiza tus párrafos y oraciones de una manera que exprese tus ideas y cree interés.

>> **No te obsesiones con la ortografía, la capitalización y la gramática mientras escribes.** Intenta plasmar tus ideas en la pantalla. Más tarde, puedes volver y corregir esos pequeños detalles.

Capítulo **8**

Escribir una Respuesta Extendida

En este capítulo, te ofrezco un ejemplo de una pregunta de Respuesta Extendida con dos pasajes que presentan argumentos a favor y en contra del horario de verano. Tu tarea es practicar escribiendo un ensayo, analizando ambas posiciones presentadas en los pasajes para determinar cuál está mejor respaldada. Luego, observas cómo se califica tu ensayo y analizas un ejemplo de un ensayo con alta puntuación. Finalmente, puedes usar los criterios de puntuación para revisar y evaluar tu propia respuesta.

Familiarizarte con la Respuesta Extendida de RLA

El día del examen, el componente de Respuesta Extendida de Razonamiento a través de las Artes del Lenguaje (RLA) se presenta en una sola pantalla con las instrucciones en la parte superior derecha y por debajo un cuadro de procesamiento de texto. Los pasajes de lectura se encuentran a la izquierda. Puedes desplazarte por los pasajes para leer todo, y puedes usar la función de resaltado para marcar ideas en los pasajes que quieras usar en tu ensayo. Un ejemplo de la pantalla se encuentra en el Capítulo 2.

El cuadro de procesamiento de texto es muy similar a un procesador de texto normal, pero no tiene corrector gramatical ni ortográfico ni otras funciones avanzadas. Las únicas funciones disponibles son cortar, copiar, pegar, deshacer y rehacer. Estas funciones son útiles si decides que quieres reorganizar oraciones o párrafos mientras escribes o revisas. Para á, é, í, ó y ú, escribe CTRL + ', la letra. Para ñ, escribe CTRL + SHIFT + ~, la letra n. El día del examen, también tendrás una pizarra digital que puedes usar para tomar notas y organizar ideas. Solo en los centros de examen, te entregarán una tableta borrable y un rotulador de borrado en seco para el mismo propósito. Es lo suficientemente grande para tomar notas o escribir un esquema, pero no para escribir un borrador completo de tu ensayo para luego pasarlo al teclado. Por ahora, ten a mano un par de hojas de papel para organizar y escribir o, si es posible, una computadora.

CONSEJO

Para acostumbrarte a las condiciones reales del examen, intenta escribir tu ensayo en una computadora si es posible. En muchos programas de procesamiento de texto, puedes simular las condiciones del examen desactivando el corrector ortográfico, el corrector gramatical y la autocorrección. (Estos controles se encuentran frecuentemente en "Preferencias.") Luego, después de escribir, puedes volver a activar las funciones para obtener sugerencias y correcciones instantáneas y gratuitas sobre tu trabajo. Solo recuerda, la mecánica y la ortografía no son los criterios más importantes para evaluar tu ensayo!

Un Ejemplo de Respuesta Extendida

Los dos artículos presentan ideas a favor y en contra de la educación superior para todos. Analiza los argumentos presentados en los dos pasajes.

Luego desarrolla un argumento en el que expliques cómo una posición está mejor apoyada que la otra. En tu respuesta, incluye evidencia relevante y específica de ambos pasajes para apoyar tu argumento.

Puedes dedicar hasta 45 minutos en la planificación, redacción y revisión de su respuesta. Si es posible, escribe tu ensayo en una computadora con corrector ortográfico, de gramática y autocorrección desactivados. De lo contrario, utiliza hojas de papel rayado para preparar tu respuesta. Dedica hasta 45 minutos a leer los pasajes y planificar, escribir, revisar y editar tu respuesta.

Artículo Uno

Obtener un título o credencial postsecundaria ya no es solo un camino hacia la oportunidad para unos pocos talentosos; más bien, es un requisito para conseguir un empleo en la creciente nueva economía. A lo largo de esta década, el empleo en trabajos que requieren educación más allá de un diploma de escuela secundaria crecerá más rápidamente que el empleo en trabajos que no lo requieren: de las 30 profesiones de más rápido crecimiento, más de la mitad requieren al menos algo de educación postsecundaria. Las estadísticas del gobierno de EE. UU. muestran que el 35 por ciento de las ofertas de empleo requerirán al menos un título de licenciatura, y un 30 por ciento adicional requerirá algo de educación universitaria o un título de asociado, dejando solo el 35 por ciento de las ofertas de empleo para individuos con educación secundaria o menos. Claramente, más educación abre más puertas al empleo.

Más educación también abre la puerta a mayores ingresos. Nuevamente, los datos son claros. Según estadísticas recientes del gobierno de EE. UU., los graduados universitarios recientes ganan, en promedio, $22,000 más que las personas con educación secundaria o equivalente — ¡un máximo histórico! Lo mismo ocurre con las personas con algo de educación universitaria o con un título profesional o de asociado. De hecho, los datos muestran una correlación constante entre más educación y mayores ingresos.

Muchos críticos señalan con razón los altos niveles de deuda estudiantil, el aumento de los costos de matrícula y las prácticas de préstamo abusivas. Todo esto es innegable y sugiere que se necesita trabajar más para controlar los costos y garantizar que una educación universitaria valga la pena para todos.

Al menos algunos estudios también muestran una relación entre la educación y los sentimientos de felicidad o satisfacción con la vida. Aunque los investigadores enfatizan que todas las personas pueden encontrar felicidad y satisfacción con la vida, también dicen que los datos de encuestas muestran que el 94 por ciento de las personas con un título de licenciatura o superior informaron sentirse felices o muy felices con sus vidas, pero solo el 89 por ciento de los graduados de secundaria sintieron lo mismo. También dijeron que las personas con al menos un título de licenciatura eran menos propensas a reportar emociones negativas, como preocupación, tristeza o depresión, que las personas con menos educación.

Artículo Dos

Aunque algunos estudios afirman que la educación superior resulta en más oportunidades e ingresos, la situación real es más compleja. Aunque es cierto que muchas ocupaciones que requieren educación superior pagan más, esto no es cierto en todos los campos. En los últimos años, muchos graduados de secundaria fueron inducidos a buscar títulos de asociado o licenciatura mientras asumían grandes cantidades de deuda estudiantil. Sin embargo, cuando los estudiantes se graduaron, descubrieron que los trabajos prometidos no estaban disponibles o que el salario era tan bajo que no podían permitirse pagar sus préstamos. Actualmente, el estudiante promedio con deuda debe alrededor de $32,000; la mayoría debe entre $25,000 y $50,000. La deuda estudiantil promedio hoy en día es un 20 por ciento más alta que en 2004, superando la inflación durante ese mismo período. La deuda estudiantil total en los Estados Unidos es de al menos $1.75 billones, lo que representa más de lo que los estadounidenses deben en préstamos para automóviles. Claramente, toda esta deuda es un riesgo para los individuos y para la economía estadounidense, lo que llevó al gobierno a pausar el pago de la deuda estudiantil durante la pandemia de coronavirus. Además, en 2022, el gobierno canceló casi 6 mil millones de dólares en deuda estudiantil que se consideró fraudulenta — la mayoría de ella de universidades con fines de lucro.

Al mismo tiempo, muchos buenos trabajos están disponibles para aquellos que no pueden permitirse ir a la universidad o están interesados en otras ocupaciones. Numerosos caminos hacia un empleo exitoso funcionan bien y no requieren años de educación universitaria. Ya sea a través de aprendizajes en oficios, capacitación a través del ejército o iniciativa empresarial, estos enfoques funcionan. Un enfoque que ha ganado atención recientemente es el "bootcamp de codificación", un tipo de capacitación intensa en la creación de código informático, que frecuentemente resulta en trabajos bien pagados en el campo de rápido crecimiento de la tecnología.

Y luego están las personas que lo lograron sin siquiera terminar la escuela secundaria. Esa lista incluye a Dave Thomas, fundador de Wendy's; John D. Rockefeller; y muchos otros. Toda una colección de empresarios adinerados comenzó con solo un diploma de secundaria, como Richard Branson de Virgin Records, la aerolínea Virgin Atlantic y ahora Virgin Galactic, una empresa privada de viajes espaciales. También conocemos a muchos empresarios exitosos que abandonaron la universidad para iniciar negocios, desde Steve Jobs hasta Bill Gates y Mark Zuckerberg. Esto no significa que los títulos sean inútiles; nos dice que la motivación y las ideas son más importantes que la educación formal.

Evaluando tu Respuesta

Después de escribir tu propia respuesta al tema del ensayo en la sección anterior (y antes de leer el ensayo de muestra en la siguiente sección), evalúa tu respuesta con los criterios que el Servicio de Exámenes GED utiliza para evaluar los ensayos del GED:

» Creación de un argumento y uso de evidencia

- ¿Indicas claramente cuál posición fue más fuerte y mejor apoyada?

- ¿Explicas cómo llegaste a esa conclusión? (No tienes que estar de acuerdo con esa posición.)

- ¿Incluyes múltiples evidencias de los pasajes para respaldar tu posición?

» Desarrollo de ideas y estructura organizativa

- ¿Tu introducción establece claramente tu posición?

- ¿Está tu evidencia presentada en un orden lógico para construir tu argumento?

- ¿Explicas completamente tus ejemplos y evidencias?

- ¿Contiene tu conclusión un resumen adecuado de la evidencia y por qué tomaste la postura que tomaste?

- ¿Está tu ensayo escrito de manera clara y concisa?

- ¿Tu ensayo se mantiene en el tema?

» Claridad y dominio de las convenciones del español

- ¿Escribes en oraciones completas?

- ¿Utilizas enlaces adecuados entre párrafos e ideas?

- ¿Usas oraciones variadas y claras y una estructura de oraciones coherente?

- ¿Sigues las convenciones del español (ortografía y gramática)?

Examinando una Respuesta de Muestra

Aquí tienes un ejemplo de una Respuesta Extendida de alta calificación para el tema dado. Compárala con la tuya. Luego repasa ambas en función de los criterios de evaluación de la sección anterior. También puedes usar los recursos en `https://www.ged.com/es/about_test/test_subjects/language_arts/` para revisar tu respuesta y encontrar maneras de mejorar tu escritura.

En este momento, estoy trabajando para obtener mi GED. Aunque los datos muestran que obtener un GED resulta en más oportunidades, los dos artículos muestran que hay un desacuerdo sobre si la educación más allá de la secundaria o el GED vale la pena. Después de examinar los datos en ambos artículos, el primer artículo presenta el caso más sólido: la educación superior vale la pena.

Como se indica claramente en el primer artículo, cuanta más educación tengas, más dinero ganarás. De hecho, el salario aumenta constantemente desde algo de universidad hasta un título de asociado, una licenciatura y más allá.

Los críticos de la educación superior informan que la deuda estudiantil ha aumentado y está en una crisis sin precedentes, y que muchos préstamos estudiantiles fueron cancelados recientemente porque eran fraudulentos. Es desafortunado que esto haya sucedido, pero obviamente, los datos generales aún muestran que los ingresos aumentan con la educación. Creo que las personas deben elegir cuidadosamente sus escuelas y carreras.

Los críticos dicen que puedes conseguir un buen trabajo, como programador de computadoras, con solo un curso de capacitación corto. Esto es cierto también, pero no es para todos. Los trabajos de programación son difíciles y aburridos. Y en estos trabajos, no hay mucho espacio para el avance. Para algunas personas, este tipo de trabajo está bien, pero otras personas tienen diferentes objetivos.

El argumento a favor de la educación universitaria para todos es más fuerte. Como dice el primer artículo, hay más oportunidades de trabajo y salarios más altos para las personas con más educación. Las personas solo necesitan tener cuidado al elegir sus escuelas y trabajos futuros y evitar asumir mucha deuda. Aunque algunas personas no seguirán sus estudios, la educación superior puede proporcionar ingresos aumentados y mayor satisfacción personal a la mayoría de las personas.

3

Orientándote: El Examen de Estudios Sociales

Descubre qué habilidades necesitas para tener éxito en el examen, qué áreas temáticas cubre y cómo se estructura.

Encuentra recursos y apoyo en español para ayudarte a prepararte y dar lo mejor de ti el día de del examen.

Aprovecha las estrategias clave para tomar el examen, de modo que estés preparado para enfrentar cualquier tipo de pregunta y comprender cualquier pasaje o material visual que se te presente.

Capítulo 9

Un Gráfico, un Mapa y Tú: Preparándote para el Examen de Estudios Sociales

¿Te gusta saber cómo los eventos del pasado pueden ayudarte a predecir el futuro? ¿Te interesan las vidas de personas en lugares lejanos? ¿Te importa la política? Si respondiste que sí a alguna de estas preguntas, ¡entonces te va a gustar el examen de Estudios Sociales! Al fin y al cabo, los estudios sociales te ayudan a descubrir cómo los seres humanos se relacionan con su entorno y con otras personas.

El examen de Estudios Sociales del GED evalúa tus habilidades para entender e interpretar conceptos y principios en civismo, historia, geografía y economía. Considera este examen como un curso intensivo sobre dónde has estado, dónde estás y cómo puedes seguir viviendo allí. Puedes aplicar los tipos de habilidades que se evalúan en el examen de Estudios Sociales a tus experiencias en la comunidad, la escuela y el lugar de trabajo, ya sea como ciudadano, consumidor o empleado.

Este examen incluye preguntas basadas en una variedad de pasajes escritos y contenido visual extraídos de materiales académicos, comunitarios y del lugar de trabajo, incluyendo tanto fuentes primarias como secundarias. Los materiales de este examen son similares a los que ves en la mayoría de los contenidos de noticias en línea. Leer regularmente fuentes de noticias bien escritas y confiables puede ayudarte a familiarizarte con el estilo y el vocabulario de los pasajes que encuentras en el GED. Presta atención a los artículos sobre política, el gobierno, la Corte Suprema y la economía. Para la historia, hay muchos sitios web que tienen artículos sobre la historia de EE.UU. o del mundo.

El examen de Estudios Sociales consta de 50 preguntas sobre civismo y gobierno (aproximadamente el 50 por ciento del examen), historia de EE.UU. (aproximadamente el 20 por ciento del examen), economía (aproximadamente el 15 por ciento del examen) y geografía y el mundo (aproximadamente el 15 por ciento del examen). La mayoría de las preguntas son de opción múltiple. Algunas son de completar, arrastrar y soltar, y otros tipos de preguntas alternativas. ¡No te preocupes! Te guiaré a través de todos los diferentes tipos de preguntas en el Capítulo 10 y te proporcionaré consejos sobre cómo responder a cada una. Tienes 70 minutos para completar este examen. En este capítulo, repasarás las habilidades necesarias para la sección de Estudios Sociales del examen GED, el formato del examen y lo que puedes hacer para prepararte.

Examinar las Habilidades que Cubre el Examen de Estudios Sociales

Las preguntas en el examen de Estudios Sociales evalúan varias habilidades específicas, incluyendo la capacidad de leer y comprender texto complejo, interpretar y relacionar gráficos con el texto, y relacionar textos descriptivos con valores específicos en gráficos. Por ejemplo, una pregunta podría indagar sobre la relación entre una descripción del desempleo en un texto y un gráfico de la tasa de desempleo a lo largo del tiempo.

RECUERDA

No necesitas estudiar mucho contenido nuevo para aprobar este examen. Todo lo que necesitas saber se te presenta con las preguntas. En cada caso, verás algún contenido, ya sea un pasaje o un visual; una pregunta o dirección que te indique qué se espera que hagas; y una serie de opciones de respuesta.

Las preguntas pueden requerir que recurras a tu conocimiento previo de eventos, ideas, términos y situaciones relacionadas con los estudios sociales. Desde una perspectiva general, las preguntas en esta sección te piden que:

>> Identifiques información, eventos, problemas e ideas e interpretes su significado o impacto.

>> Uses la información e ideas de diferentes maneras para explorar sus significados o resolver un problema.

>> Utilices la información o ideas para lo siguiente:

- Distinguir entre hechos y opiniones

- Resumir eventos importantes, problemas, soluciones y conflictos

- Llegar a conclusiones basadas en la información proporcionada

- Influenciar las actitudes de otras personas

- Encontrar otros significados o errores en la lógica

- Identificar causas y sus efectos

- Reconocer cómo los escritores pueden haber sido influenciados por la época en la que vivieron

- Comparar y contrastar eventos y personas diferentes, y sus puntos de vista

- Comparar lugares, opiniones y conceptos

- Determinar qué impacto pueden tener las opiniones tanto en el presente como en el futuro

- Analizar similitudes y diferencias en cuestiones o problemas

- Identificar ejemplos que ilustren o apoyen ideas y conceptos

- Evaluar soluciones

» Juzgar la idoneidad, precisión y diferencias de opinión del material. Algunas preguntas te pedirán que interpretes el papel que juegan la información y las ideas en influir la toma de decisiones actuales y futuras. Estas preguntas te piden que pienses sobre temas y eventos que te afectan cada día. ¡Ese hecho por sí solo es interesante y tiene el potencial de hacerte un ciudadano más informado! ¡Qué bono para ti!

Muchas preguntas prueban tu capacidad para leer e interpretar texto en un contexto de estudios sociales. Eso significa que serás evaluado en lo siguiente:

» Identificar e interpretar información de fuentes

» Encontrar ideas centrales o información específica

» Determinar el significado de palabras o frases usadas en los estudios sociales

» Identificar puntos de vista, diferenciar entre hecho y opinión, e identificar ideas debidamente respaldadas

Otras preguntas te piden que interpretes información gráfica y apliques razonamiento matemático a los estudios sociales. Gran parte de eso se relaciona con tu capacidad para hacer lo siguiente:

» Interpretar gráficos

» Usar gráficos y tablas como fuente de datos e interpretar el contenido

» Interpretar información presentada visualmente

» Diferenciar entre correlación y causa y efecto

RECUERDA

¡No dejes que esta lista te asuste! No necesitas responder correctamente todas las preguntas para aprobar el examen de Estudios Sociales del GED. De hecho, este examen tiene la segunda tasa de aprobación más alta de todas las secciones del GED. Además, probablemente ya seas bueno en muchas de estas habilidades, basándote en el aprendizaje previo y la experiencia de vida.

En el examen de Estudios Sociales del GED, un icono de calculadora aparece en la esquina superior derecha de la pantalla de la computadora para las preguntas que implican matemáticas. Cuando aparece el icono de la calculadora, puedes hacer clic en el icono para usar la calculadora en línea o usar tu propia calculadora TI-30XS MultiView (solo en un centro de examen).

CONSEJO

Dado que solo unos pocos elementos en el examen de Estudios Sociales implican matemáticas, podrías querer tomar el examen en casa si eso es más conveniente. Ir al centro de examen para usar una calculadora real en solo unos pocos elementos puede no valer la pena el esfuerzo adicional.

Otras preguntas tratan sobre la aplicación de conceptos de estudios sociales, incluyendo lo siguiente:

>> Comprender cómo evidencia específica apoya conclusiones

>> Comprender las conexiones entre personas, entornos y eventos

>> Poner eventos históricos en orden cronológico

>> Analizar documentos para examinar cómo las ideas y los eventos se desarrollan e interactúan, especialmente en un contexto histórico

>> Examinar correlaciones de causa y efecto

>> Identificar prejuicios y evaluar la validez de la información, tanto en documentos modernos como históricos

Estar al tanto de qué habilidades cubre el examen de Estudios Sociales puede ayudarte a obtener una imagen más precisa de los tipos de preguntas que encontrarás. La próxima sección se centra más en los materiales de temas específicos con los que te enfrentarás.

Entender el Formato y Contenido del Examen de Estudios Sociales

Tienes 70 minutos para completar las 50 preguntas del examen de Estudios Sociales. Las preguntas vienen en varias formas y tienen diferentes niveles de dificultad. La mayoría son del formato estándar de opción múltiple que conoces desde tus días escolares. Otros formatos incluyen completar espacios en blanco, arrastrar y colocar, y elementos de menú desplegable. Para un resumen general de los tipos de preguntas en el examen de Estudios Sociales, consulta el Capítulo 2. Para una mirada más profunda, ve al Capítulo 10.

En las siguientes secciones, explorarás las áreas temáticas que cubre el examen de Estudios Sociales, y te daré un resumen de los tipos de pasajes que puedes esperar ver.

Revisar las áreas temáticas del examen

La mayoría de la información que necesitas para responder a estas preguntas se presentará en el texto o gráficos que acompañan a las preguntas, por lo que es importante leer y analizar los materiales con cuidado pero rápidamente. Las preguntas se centran en las siguientes áreas temáticas:

>> **Cívica y gobierno:** Aproximadamente el 50 por ciento del examen de Estudios Sociales incluye temas como derechos y responsabilidades en la gobernanza democrática y las formas de gobierno. Muchas de estas preguntas tratan de documentos fundamentales, como la Constitución de los EE.UU., la Declaración de Independencia y otros escritos. Pero no te preocupes, no necesitas memorizar estos documentos. Siempre se te proporcionarán extractos para leer.

>> **Historia estadounidense:** Alrededor del 20 por ciento del examen cubre un esquema amplio de la historia de los Estados Unidos desde los días precoloniales hasta el presente, incluyendo temas como la Guerra de Independencia, la Guerra Civil, la Gran Depresión y los desafíos de los siglos XX y XXI.

>> **Economía:** La economía abarca alrededor del 15 por ciento del examen y cubre dos áreas amplias: teoría económica y principios básicos. Estos incluyen temas como cómo funcionan varios sistemas económicos, así como temas relacionados con la economía del consumidor, como la inflación, el salario mínimo y otros temas cotidianos con los que puedes relacionarte.

>> **Geografía y el mundo:** En términos generales, el 15 por ciento restante cubre las relaciones entre el medio ambiente y el desarrollo social; los conceptos de fronteras, región, lugar y diversidad; y, finalmente, la migración humana y los problemas de población.

Los materiales del examen cubren estas cuatro áreas temáticas a través de dos temas amplios:

>> **Desarrollo de libertades modernas y democracia:** ¿Cómo se desarrollaron las ideas modernas de democracia y derechos humanos y civiles? ¿Qué eventos importantes han moldeado los valores democráticos, y qué escritos y filosofías son la base de las visiones y expresiones estadounidenses de la democracia?

>> **Sistemas dinámicos:** ¿Cómo han respondido las instituciones, las personas y los sistemas a los eventos, realidades geográficas, políticas nacionales y economía?

Si te preocupa un poco todas estas áreas temáticas, relájate. No se espera que tengas un conocimiento detallado de todos los temas enumerados. Aunque ayuda tener un conocimiento general de estas áreas, el examen se basa en tu capacidad para razonar, interpretar y trabajar con la información presentada en los pasajes de lectura y material visual. Conocer conceptos básicos, como los pesos y contrapesos en una democracia representativa, ayudará, pero no necesitas conocer una historia detallada de los Estados Unidos.

CONSEJO

Es posible que encuentres desafiantes las preguntas sobre el gobierno y la historia estadounidense si no fuiste a la escuela primaria o secundaria en Estados Unidos. Para una mejor comprensión de la historia y el gobierno de EE.UU., intenta encontrar una historia breve y general del país en línea. ¡Pero no te agobies! Solo necesitas conocimientos básicos para ayudarte a entender los pasajes y responder las preguntas.

Identificar los tipos de pasajes

Los pasajes en el examen de Estudios Sociales vienen de dos tipos de fuentes:

>> **Material académico:** Este es el tipo de material que encuentras en una escuela: libros de texto, mapas, periódicos, revistas, software y contenido de internet. Este tipo de pasaje también incluye extractos de discursos o documentos históricos.

>> **Material del lugar de trabajo y la comunidad:** Este es el tipo de material que se encuentra en el trabajo: manuales, documentos, planes de negocios, materiales de publicidad y marketing, anuncios de la empresa, cartas, correos electrónicos, etc.

El material puede ser de fuentes primarias (documentos originales como la Declaración de Independencia) o de fuentes secundarias (material escrito sobre un evento o persona, como las opiniones o interpretaciones de alguien sobre documentos originales, eventos históricos o figuras históricas, a veces mucho después de que el evento ocurra o la persona fallezca).

Examinar Estrategias de Preparación que Funcionan

Para mejorar tus habilidades y obtener mejores resultados, te sugiero que pruebes las siguientes estrategias al prepararte para el examen de Estudios Sociales:

>> **Responde tantas preguntas de práctica y realiza tantos exámenes de práctica como puedas conseguir.** La mejor manera de prepararte es responder todas las preguntas de ejemplo del examen de Estudios Sociales que puedas encontrar. Trabaja con el examen de práctica completo en este libro (ver Capítulo 17. También puedes probar tu suerte con el examen de práctica de Estudios Sociales de un cuarto de longitud gratuito en https://www.ged.com/es/study/test_previews/. La aplicación GED, GED & Me, también ofrece material instruccional gratuito y preguntas de práctica para cada sección del GED en español. Cuando te sientas listo, puedes tomar el examen GED Ready en https://www.ged.com/es/study/ged_ready/. Debes obtener una calificación de "verde" en este examen para poder realizar el examen en línea en casa. Si tomas el examen en un centro de exámenes, hacer este examen de práctica es una buena idea porque te permitirá saber si estás listo para aprobar.

Considera tomar una clase de preparación para conseguir aún más preguntas de ejemplo del examen de Estudios Sociales, pero recuerda que tu tarea es aprobar el examen, no recopilar todas las preguntas que se hayan escrito.

>> **Usa las respuestas y explicaciones.** Proporciono respuestas completas y explicaciones para todas las preguntas del examen completo de práctica en este libro por una razón: para ayudarte a mejorar tu capacidad para responder los elementos en el examen real. Lee todas las explicaciones, ya sea que hayas respondido correctamente o no.

>> **Lee una variedad de documentos diferentes.** Los documentos en los que debes enfocarte incluyen pasajes históricos de fuentes originales (como la Declaración de Independencia y la Constitución de los EE. UU.), así como información práctica para ciudadanos y consumidores (como guías del votante, atlas, gráficos, discursos políticos, almanaques y formularios de impuestos). Lee sobre la evolución de las formas democráticas de gobierno. Lee sobre el cambio climático y la migración, sobre alimentos y población, y sobre la política estadounidense en el mundo posterior al 11 de septiembre. Lee periódicos y revistas de noticias sobre temas actuales, especialmente aquellos relacionados con la educación cívica, el gobierno y los problemas sociales y económicos.

>> **Prepara resúmenes de los pasajes que leas con tus propias palabras.** Después de leer estos pasajes, resume lo que has leído. Hacerlo puede ayudarte a identificar los puntos principales de los pasajes, lo cual es una parte importante para tener éxito en el examen de Estudios Sociales. Pregúntate las siguientes dos preguntas cuando leas un pasaje o algo más visual como un gráfico:

- **¿De qué trata el pasaje?** La respuesta generalmente está en el primer y último párrafo del pasaje. El resto suele ser explicación. Si no ves la respuesta allí, es posible que debas buscar cuidadosamente en el resto del pasaje.

- **¿De qué trata el material visual?** Busca la respuesta en el título, etiquetas, leyendas y cualquier otra información incluida.

Después de obtener una comprensión inicial de la idea principal, determina qué hacer con ella. Algunas preguntas te piden aplicar la información que obtuviste de una situación en otra situación similar. Si conoces la idea principal del pasaje, te resultará más fácil aplicarla a otra situación.

Discute preguntas y respuestas con amigos y familiares para asegurarte de haber logrado una comprensión y uso adecuado del material. Si tus amigos y familiares entienden la pregunta, entonces sabes que es buena. Discutir tus preguntas y respuestas con otros te da la oportunidad de explicar temas y conceptos de estudios sociales, lo cual es una habilidad importante que debes tener mientras te preparas para tomar este examen.

» **No supongas.** Sé crítico con el material visual y léelo con cuidado. Quieres poder leer el material visual con la misma precisión con la que lees el material textual, y hacerlo requiere práctica. No supongas que algo es cierto solo porque lo parece en un diagrama, gráfico o mapa. Los materiales visuales pueden ser dibujos precisos, con leyendas y escalas, o pueden estar dibujados de tal manera que, a simple vista, la información parezca diferente de lo que realmente es. Manipular la escala de los gráficos es una forma de sesgar la información y distorsionar su significado. A simple vista, nunca sabes el propósito para el cual se creó el visual. Incluso los visuales pueden tener prejuicios, así que "léelos" con cuidado. Verifica lo que crees ver asegurándote de que la información parezca correcta y realista. Finalmente, antes de llegar a cualquier conclusión, verifica la escala y la leyenda para asegurarte de que el gráfico realmente muestre lo que crees que está mostrando.

» **Familiarízate con las convenciones de los mapas y gráficos.** Los mapas y gráficos tienen convenciones. La parte superior de un mapa es casi siempre el norte. El eje horizontal de un gráfico siempre es el eje x, y el eje vertical (el eje y) depende del eje x. Mirar primero el eje horizontal generalmente hace que la información sea más clara y fácil de entender. Practica leer diferentes tipos de mapas en línea o en un atlas. Consulta periódicos y otros sitios web para ver diferentes tipos de gráficos y tablas. Proporciono información detallada sobre la interpretación de mapas, gráficos y tablas en el Capítulo 10. ¡Pronto estarás manejando datos como un profesional!

Consulta el Capítulo 4 para obtener estrategias generales para tomar exámenes que se aplican a todas las secciones del examen GED.

Capítulo **10**

Tipos de Preguntas de Estudios Sociales y Estrategias para Resolverlas

El examen de Estudios Sociales consta de 50 preguntas sobre civismo y gobierno (aproximadamente el 50 por ciento del examen), historia de EE. UU. (aproximadamente el 20 por ciento del examen), economía (aproximadamente el 15 por ciento del examen) y geografía y el mundo (aproximadamente el 15 por ciento del examen). Tienes 70 minutos para completar esta sección. Tener una comprensión básica de lo que hay en esta sección puede ayudarte a prepararte y evitar sorpresas cuando te sientes a tomar el examen.

El examen de Estudios Sociales requiere que leas un pasaje o estudies un visual, analices la información, evalúes su exactitud y saques conclusiones. No mide tu habilidad para recordar información como fechas, datos o eventos. En la mayoría de los casos, seleccionas una respuesta de cuatro opciones. Así que aunque no hay mucho que puedas hacer para estudiar específicamente para este examen, puedes mejorar tus posibilidades de aprobar respondiendo preguntas de práctica y leyendo y escribiendo resúmenes de lo que has leído, además de revisar mis estrategias para tomar el examen en este capítulo.

En este capítulo, explorarás los tipos de materiales y preguntas que encontrarás en el examen de Estudios Sociales, y te ofrezco consejos sobre cómo responder a las preguntas con facilidad.

Responder a Preguntas sobre Materiales Textuales y Visuales

Existen dos amplias categorías de materiales fuente para las preguntas del examen. Estos materiales fuente consisten en materiales textuales, algo con lo que probablemente ya estás bastante familiarizado, y elementos visuales como mapas, diagramas, gráficos y tablas. Cada tipo de material requiere una lectura cuidadosa, incluso los elementos visuales, porque la información puede estar oculta en cualquier parte y necesitas extraerla. Los materiales requieren que leas de manera reflexiva, hagas inferencias, llegues a conclusiones y luego determines la respuesta.

Preguntas sobre fragmentos de texto

Aproximadamente la mitad de las preguntas en el examen de Estudios Sociales se basan en fragmentos de texto, seguidos de una pregunta o una serie de preguntas. Tu tarea es leer el fragmento y luego responder la pregunta o preguntas sobre él.

Cuando estés leyendo estos fragmentos en el examen (o en cualquiera de las preguntas o pruebas de práctica en este libro), lee entre líneas y observa las implicaciones y suposiciones en los fragmentos. Una *implicación* es algo que puedes entender de lo que está escrito, aunque no esté directamente expresado. Una *suposición* es algo que puedes aceptar como verdad, aunque no se presente una prueba directa en el texto.

RECUERDA

Asegúrate de leer cada pregunta cuidadosamente para saber exactamente qué está preguntando. Lee las opciones de respuesta y vuelve a revisar el texto con atención. Si la pregunta pide ciertos hechos, podrás encontrarlos directamente en el fragmento. Si pide opiniones, es posible que encuentres esas opiniones expresadas de manera directa en el fragmento, o simplemente puedan estar implícitas (y pueden no coincidir con tus propias opiniones, pero aún así debes responder con la mejor opción basada en el material presentado).

Responde a cada pregunta usando *solo* la información proporcionada. Una respuesta puede ser incorrecta según tu opinión, pero de acuerdo con el fragmento, es correcta (o viceversa). Sigue con la información presentada y selecciona la mejor opción de respuesta.

Preguntas sobre materiales visuales

Para asegurarte de que no te aburras, muchas de las preguntas en el examen de Estudios Sociales se basan en mapas, gráficos, tablas, diagramas, fotografías y obras artísticas. Necesitas estar preparado para manejar todos estos tipos de materiales visuales. Algunas preguntas combinan material visual y texto.

Si empiezas a sentirte abrumado por responder preguntas basadas en materiales visuales, considera lo siguiente:

>> **Los mapas no están solo para mostrarte la ubicación de lugares.** También te brindan información, y saber cómo descifrar esa información es esencial. Un mapa puede mostrarte dónde se encuentra Charleston, pero también puede mostrarte cómo se utiliza la tierra alrededor de Charleston, cómo es el clima en el área o si la población allí está creciendo o disminuyendo. Comienza examinando la información impresa con el mapa, la *leyenda* (la tabla que explica los símbolos usados en el mapa), el título y la clave de los colores o símbolos en el mapa. Luego, observa qué requiere la pregunta que encuentres. Ahora puedes encontrar esa información rápidamente relacionando las opciones de respuesta con lo que muestra el mapa.

Por ejemplo, el mapa en la Figura 10-1 te muestra la siguiente información:

- La población de los Estados Unidos para 2020

- La población por estado, por rango de tamaño

Indirectamente, el mapa también te muestra mucho más. Te permite comparar la población de los estados de un vistazo rápido. Por ejemplo, puedes ver que Florida tiene una población mayor que la de Montana, Dakota del Norte, Dakota del Sur y Wyoming combinados. Si te preguntaran cuál es la relación entre el tamaño de un estado y su población, podrías argumentar, basándote en este mapa, que no hay mucha relación. También podrías mostrar que los estados en el Noreste tienen una densidad de población más alta que los estados en el Medio Oeste. Esto es parte de la habilidad de analizar mapas.

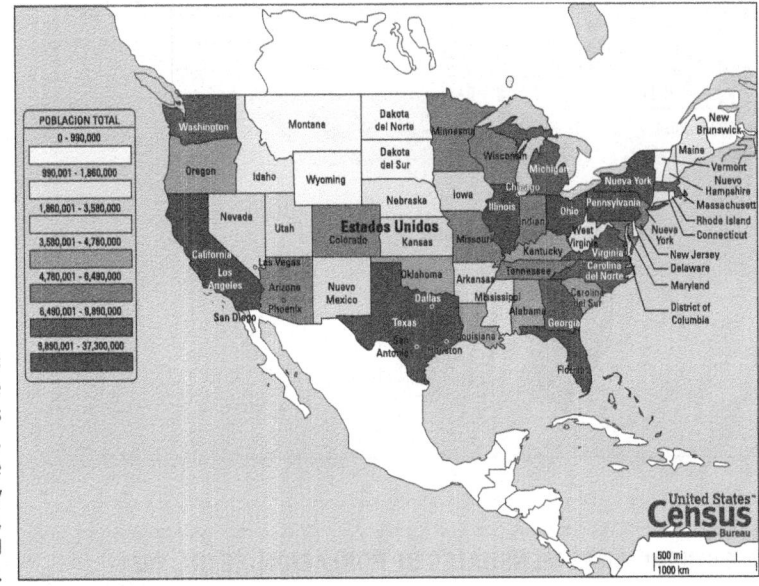

FIGURA 10-1: Población de los estados de EE.UU., Distrito de Columbia y Puerto Rico, Mapa del Censo 2020.

Adaptado de la Oficina del Censo de EE.UU.

>> **Cada vez que te das la vuelta, alguien en los medios está tratando de hacer un punto con un gráfico.** Los tipos de gráficos que ves en la Figura 10-2 son ejemplos típicos. La verdadera razón por la que la gente usa gráficos para explicarse tan a menudo es que un gráfico puede mostrar claramente tendencias y relaciones entre diferentes conjuntos de información. Los tres gráficos en la Figura 10-2 son más adecuados para un uso particular. Por ejemplo, los gráficos de barras son excelentes para comparar elementos a lo largo del tiempo, los gráficos de líneas muestran cambios a lo largo del tiempo, y los gráficos de pastel te muestran proporciones. La próxima vez que veas un gráfico, como los de la Figura 10-2, estúdialo. Asegúrate de mirar cuidadosamente la escala de los gráficos; incluso la información visual puede engañarte. Un gráfico de barras que parece mostrar un rápido aumento de algo puede, de hecho, no mostrar tal cosa. Solo puede parecer de esa manera porque la parte inferior del gráfico no comienza con un valor de cero. Verifica cuidadosamente para asegurarte de entender qué te está diciendo la información en el gráfico.

>> **Las tablas están en todas partes.** Si alguna vez has mirado la etiqueta nutricional de un producto alimenticio, has leído una tabla. Estudia cualquier tabla que puedas encontrar, ya sea en un periódico o en la parte trasera de una lata de atún. La tabla de datos de población en la Figura 10-3 es un ejemplo de los tipos de datos que puedes ver en el examen. Esa tabla te muestra mucha información, pero puedes extraer bastante más información que no está explícita. Un poco de cálculo mental te dice que, según los datos en la tabla, alrededor de

236,000 personas estaban sirviendo fuera de los Estados Unidos en las fuerzas armadas en diciembre de 2020. ¿Cómo lo sabes? Simplemente resta el número en la columna de *Población Residente* de la columna de *Población Residente más Fuerzas Armadas en el Extranjero*. También puedes calcular el cambio en la población total, la tasa de aumento de la población e incluso el tamaño de las fuerzas armadas estacionadas en los Estados Unidos en comparación con las que sirven en el extranjero.

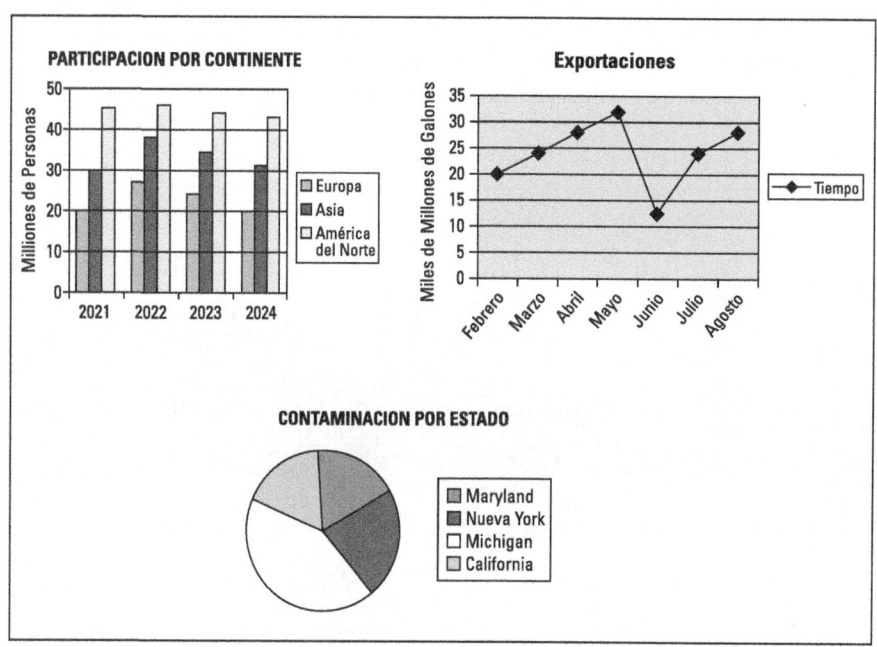

FIGURA 10-2: Ejemplos de diferentes gráficos.

© *John Wiley & Sons, Inc.*

ESTIMACIONES MENSUALES DE POBLACION, EE.UU., 2024

MES	POBLACION RESIDENTE	POBLACION RESIDENTE MAS FUERZAS ARMADAS EN EL EXTRANJERO	POBLACION CIVIL
January 1	335,893,089	336,139,132	334,827,918
February 1	336,003,666	336,249,709	334,938,495
March 1	336,115,348	336,361,391	335,050,177
April 1	336,238,570	336,484,613	335,173,399
May 1	336,370,098	336,616,141	335,304,927
June 1	336,512,477	336,758,520	335,447,306
July 1	336,673,595	336,919,638	335,608,424
August 1	336,845,126	337,091,169	335,779,955
September 1	337,032,412	337,278,455	335,967,241
October 1	337,200,318	337,446,361	336,135,147
November 1	337,348,742	337,594,785	336,283,571
December 1	337,497,567	337,743,610	336,432,396

FIGURA 10-3: Tabla de datos de población.

Adaptado de la Oficina del Censo de EE.UU.

RECUERDA

Las tablas a veces también se llaman gráficos. Independientemente de cómo se llamen, necesitas estar preparado para extraer información incluso si no está expresada directamente. Eso es lo que hace divertidos los mapas, tablas y gráficos.

>> **Sin duda has visto innumerables fotografías en tu vida.** Las fotos están a tu alrededor. Todo lo que necesitas hacer para prepararte para las preguntas basadas en fotografías en el examen es comenzar a obtener información de las fotografías que ves. Comienza con los periódicos o revistas, donde las fotos se eligen para proporcionar información que se conecta directamente con una historia. Ve si puedes determinar qué mensaje lleva la fotografía y cómo se relaciona con la historia que apoya. Usa el pie de foto para ayudarte a entender la foto. Si no entiendes una palabra o dos en el pie de foto, usa la información de la foto para ayudarte a descifrarlo.

CONSEJO

Si no estás seguro de cómo leer un mapa, ve a cualquier motor de búsqueda y busca "ayuda para leer mapas" o "habilidades para leer mapas" para encontrar sitios que expliquen cómo leer un mapa. Si alguno de los otros tipos de materiales visuales te preocupa, intenta búsquedas similares, como "habilidades para leer gráficos", "entendiendo tablas" o "interpretando caricaturas políticas". Obtendrás muchos consejos y sugerencias, además de muchos mapas, gráficos, tablas y caricaturas políticas para revisar.

Todos los elementos visuales que tienes que revisar en este examen deberían ser familiares para ti. Ahora todo lo que tienes que hacer es practicar hasta que tus habilidades para leer y entenderlos mejoren. Luego, tú también podrás discutir la última caricatura política o pontificar sobre los últimos datos del cambio climático.

Dominar las Preguntas de Estudios Sociales

Los tipos de preguntas que encuentras en el examen de Estudios Sociales incluyen opción múltiple, completar espacios en blanco, arrastrar y colocar, y menú desplegable. En las siguientes secciones, te proporciono estrategias para examinar la información, ya sea un pasaje o visual, y para responder preguntas de muestra en cada uno de estos formatos.

Elegir una respuesta de opciones múltiples

Las preguntas de opción múltiple básicamente te piden que elijas la respuesta correcta entre cuatro opciones. Primero, lee las preguntas y las opciones de respuesta y luego lee el pasaje, buscando las respuestas.

Si no puedes decidir basándote en esa lectura, revisa las opciones de respuesta. Probablemente puedas eliminar una o dos de ellas porque son obviamente incorrectas. Luego, vuelve a leer el texto, buscando información basada en las opciones que quedan. Si eso no te proporciona una respuesta, entonces puede que tengas que adivinar. Si ya has eliminado las opciones de respuesta improbables, puede que solo tengas que elegir entre dos o tres opciones, lo que mejora las probabilidades de elegir la correcta.

En el resto de esta sección, te guiaré para responder algunas preguntas de opción múltiple basadas en el siguiente pasaje.

México, que abarca regiones tanto templadas como tropicales, tiene un terreno que incluye montañas, llanuras, valles, selvas, bosques tropicales, lagos y ríos, glaciares y mesetas. Volcanes cubiertos de nieve descienden hacia bosques de pinos, los desiertos experimentan un calor intenso y los turistas juegan en las olas de cálidas playas tropicales. Esta diversa topografía sostiene una variedad de industrias, incluyendo manufactura, minería, petróleo, producción agrícola y turismo.

México tiene a Estados Unidos y Canadá como sus principales socios de exportación. En términos económicos, México tiene un PIB (producto interno bruto) de 1.466 *trillones* de dólares ($8,421 por habitante), lo que lo ubica en el puesto 12 a nivel mundial. A partir de 1985, México comenzó un proceso de liberalización comercial y privatización. De 1982 a 1992, las empresas controladas por el estado se redujeron de 1,155 a 217.

EJEMPLO

¿Cuál de los siguientes es una característica del terreno de México?

(A) volcanes

(B) mares interiores

(C) una capa de hielo polar

(D) terremotos

La respuesta a esta pregunta es la Opción (A), volcanes, que está mencionada directamente en el pasaje. Nota que incluso si no puedes encontrar esta respuesta rápidamente, puedes eliminar la Opción (C), ya que México no está en una región polar. Los mares interiores (Opción B) se encuentran en Canadá y Europa, pero no en México. México experimenta terremotos (Opción D), pero no son una característica geográfica y no se mencionan en el pasaje.

EJEMPLO

¿Qué palabras o frases demuestran que el clima de México representa extremos de temperatura?

(A) soleado y lluvioso

(B) oscuro y nebuloso

(C) llanuras y valles

(D) cubierto de nieve y calor intenso

Aquí tienes un ejemplo de opciones de respuesta que pueden ser engañosas a menos que leas la pregunta con cuidado. La pregunta pide la opción de respuesta que representa extremos en *temperatura*. Así que la única opción que funciona aquí es la Opción (D) porque es la única que trata de temperaturas. *Cubierto de nieve* representa una temperatura extremadamente baja, mientras que *calor intenso* representa el extremo opuesto. Las otras opciones no se refieren a la temperatura. *Soleado* y *lluvioso* y *oscuro* y *nebuloso* se refieren al clima. *Llanuras* y *valles* se refieren al terreno.

EJEMPLO

La frase *topografía diversa* se refiere a

(A) diferencias en el terreno

(B) singularidad en la manufactura

(C) diferencias en la agricultura

(D) diversidad de playas tropicales

Esta pregunta muestra por qué es importante entender el vocabulario apropiado para el tema. *Topografía* es otra palabra para "terreno". *Diversa* significa "diferente", así que la Opción (A) es correcta. *Manufactura* y *agricultura* son tipos de industrias, y *playas tropicales* son solo un tipo de terreno.

EJEMPLO

¿Qué países son los principales socios de exportación de México?

(A) Estados Unidos y Gran Bretaña

(B) España y Canadá

(C) Estados Unidos y Canadá

(D) Canadá y Gran Bretaña

La respuesta es la Opción (C). El pasaje afirma esta información directamente. Gran Bretaña y España no se mencionan en el pasaje. En esta pregunta, las opciones de respuesta pueden ser engañosas a menos que las leas completamente. Podrías ser engañado para seleccionar cualquiera de las opciones de respuesta incorrectas, que son todas parcialmente correctas. Necesitas leer las cuatro opciones de respuesta y seleccionar la que es la mejor respuesta. Para esta pregunta, esa es la Opción (C).

EJEMPLO

¿Qué ocurrió en México entre 1982 y 1992?

(A) El control gubernamental de las empresas aumentó.

(B) El gobierno controló menos empresas.

(C) México alcanzó el PIB más alto del mundo.

(D) La tasa de crecimiento de México fue menor al 6 por ciento.

La respuesta es la Opción (B). Según el pasaje, durante la década de 1982 a 1992, el gobierno de México redujo su control sobre las empresas de 1,155 a 217. Por lo tanto, la Opción (A) es incorrecta. Nota que cuando dos opciones de respuesta son opuestas, generalmente una de ellas es correcta. La clasificación del PIB de México (Opción C) es la 12ª en el mundo. La tasa de crecimiento de México (Opción D) no se menciona en el pasaje. Esta pregunta muestra cómo el proceso de eliminación puede ayudarte si no estás seguro de la respuesta. Dado que la Opción (C), tasa de crecimiento, no se menciona en el pasaje, puedes eliminar fácilmente esta opción de respuesta. Luego, si tienes que adivinar, las probabilidades de adivinar correctamente son mayores.

Cómo responder a preguntas de completar el espacio en blanco

Las preguntas de completar el espacio en blanco requieren que insertes la respuesta, usualmente una palabra, frase o número, en un espacio en blanco. No se proporcionan opciones de respuesta, así que debes extraer cuidadosamente la información del pasaje o visual.

Para practicar, encuentra la información que necesitas para responder preguntas de completar el espacio en blanco basadas en el siguiente gráfico.

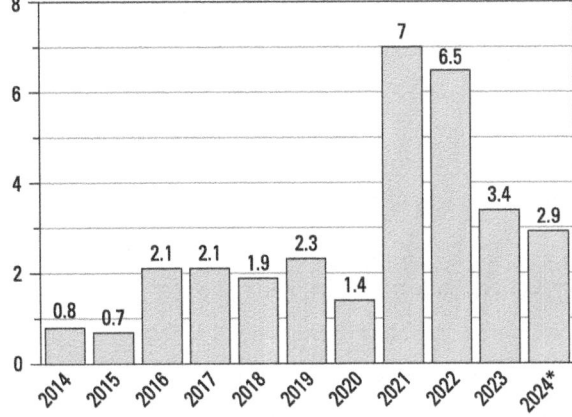

TASAS DE INFLACION, EE.UU, 2014 A 2024

Adaptado de TASAS DE INFLACION, EE.UU, 2014 A 2024

EJEMPLO

¿En qué año fue la tasa de inflación más baja? [   ]

El gráfico muestra la tasa de inflación anual desde 2014 hasta 2024. Necesitas identificar que la escala vertical a la izquierda se refiere a los datos de inflación. Cada año está listado en el eje horizontal. Para responder esta pregunta, necesitas encontrar la barra más baja en el gráfico. Esa barra es 0.7%. Como la pregunta pide el año, escribe el año correspondiente, 2015.

¿Cuál fue la diferencia entre las tasas de inflación de 2022 y 2023? [   ]

EJEMPLO

Para responder este punto, necesitas encontrar dos valores en el gráfico y luego restarlos. La inflación en 2022 fue 6.5%. La inflación en 2023 fue 3.4%. Resta para encontrar la diferencia: 6.5 – 3.4 = 3.1, así que escribe 3.1 en el espacio. Este cálculo fue fácil y podrías hacerlo mentalmente, pero para cálculos más difíciles, recuerda usar tu calculadora o la calculadora en pantalla.

La tasa de inflación en 2021 fue [   ].

EJEMPLO

Para responder esta pregunta, encuentra la barra que corresponde a 2021. Luego encuentra la tasa de inflación para ese año. La tasa es 7%, así que escribe ese valor en el espacio.

Arrastrar y colocar respuestas donde corresponden

Las preguntas de arrastrar y colocar requieren más comprensión que las preguntas básicas de opción múltiple porque, en la mayoría de los casos, necesitas priorizar, secuenciar o clasificar las opciones de respuesta, no solo elegir la respuesta.

Aquí tienes un ejemplo de un elemento de arrastrar y colocar basado en el siguiente extracto de *Historia de EE. UU. Para Dummies*, de Steve Wiegand (Wiley).

> Sin embargo, a medida que pasaba el tiempo, el país comenzó a alinearse más a menudo con Gran Bretaña, Francia y otros países que estaban luchando contra Alemania. El hundimiento del barco de pasajeros británico, *Lusitania*, por un submarino alemán en 1915, que resultó en la muerte de 128 estadounidenses, inflamó las pasiones estadounidenses contra Alemania. Las representaciones propagandísticas de las atrocidades alemanas en el medio relativamente nuevo de las películas agregaron más leña al fuego. Y finalmente, cuando se reveló que los diplomáticos alemanes habían propuesto a México una alianza contra los Estados Unidos, Wilson se finalmente pidió al Congreso una declaración de guerra contra Alemania. La obtuvo el 6 de abril de 1917.

Arrastra y coloca (o escribe, en este caso) la lista de eventos en las cajas en orden cronológico. Escribe las letras.

EJEMPLO

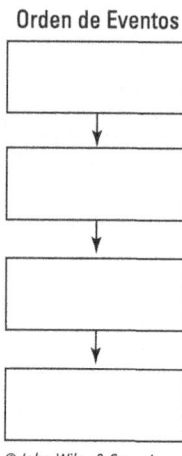

Orden de Eventos

(A) hundimiento del *Lusitania*

(B) declaración de guerra contra Alemania

(C) propaganda antialemana en las películas

(D) Alemania negocia con México para atacar a los Estados Unidos

La secuencia correcta de eventos es la Opción (A), (C), (D) y luego (B): el hundimiento del *Lusitania*, propaganda antialemana en las películas, Alemania negocia con México para atacar a los Estados Unidos y luego la declaración de guerra contra Alemania. La única parte algo complicada de estas opciones es el momento de la propaganda antialemana, pero la frase clave está en la oración: "Las representaciones propagandísticas agregaron más leña al fuego." La palabra *agregaron* implica que ocurrió después del hundimiento del *Lusitania*, que ya había generado un "fuego" antialemán.

Elegir desde un menú desplegable

Un elemento desplegable es similar a una pregunta de opción múltiple porque seleccionas tu respuesta de varias opciones al hacer clic en tu elección. A diferencia de las preguntas de opción múltiple, las opciones de respuesta desplegables no están identificadas por letras. En este libro, utilizo letras para las opciones de respuesta por facilidad de uso.

Los elementos desplegables se usan frecuentemente junto con gráficos. La pregunta generalmente te pide completar un pie de foto o una oración sobre el gráfico.

Prueba este ejemplo sobre el gráfico de inflación de la sección anterior.

EJEMPLO

El gráfico muestra la _____ anual de la inflación durante un período de 11 años.

(A) tasa

(B) porcentaje

(C) índice

(D) número

La respuesta es la Opción (A). La tabla se trata de la tasa de inflación. Las otras opciones no tienen sentido.

Aprovechar tu Tiempo para el Examen de Estudios Sociales

Tienes un total de 70 minutos para responder 50 preguntas. Eso significa que tienes 84 segundos para cada una. Responder primero las preguntas fáciles te debería permitir avanzar más rápido, dejándote un poco más de tiempo por pregunta al final para que puedas regresar a trabajar en las más difíciles.

Para ayudarte a seguir adelante, puedes saltarte preguntas o marcarlas para más tarde si no estás seguro de tus respuestas. El botón de "Marcar para Revisión", en la esquina superior izquierda de la pantalla, te permite marcar las preguntas sobre las que no estés seguro. Cuando terminas la última pregunta, pasas a la pantalla de Revisión, que muestra una lista de todas las preguntas que están marcadas o saltadas. También puedes ir a la pantalla de Revisión en cualquier momento presionando el botón de pantalla de Revisión en la esquina inferior izquierda de tu pantalla. De esta manera, puedes volver a las preguntas que marcaste o no contestaste.

Las preguntas en el examen de Estudios Sociales se basan tanto en pasajes de texto regulares como en materiales visuales, así que cuando planees tu tiempo para responder las preguntas, debes considerar el tiempo que toma leer ambos tipos de materiales. (Consulta la sección anterior, "Preguntas sobre materiales visuales," para obtener consejos sobre cómo sentirte más cómodo con las preguntas basadas en gráficos, tablas y similares).

Cada vez que llegues a un nuevo pasaje o material visual, lee primero las preguntas y luego echa una mirada al pasaje para encontrar las respuestas. Si aún no puedes responder a una o más preguntas, entonces lee el pasaje más cuidadosamente buscando las respuestas. De esta forma, te tomas más tiempo solo cuando es necesario.

Debido a que tienes tan poco tiempo para reunir toda la información que puedas de material visual y responder preguntas sobre él, no puedes estudiar el mapa, gráfico o caricatura por mucho tiempo. Tienes que echar una mirada de la misma manera que echas una mirada a un párrafo. Leer primero las preguntas que se relacionan con un material visual en particular te ayuda a determinar qué necesitas buscar mientras ves el material. El examen de práctica completo en el Capítulo 17 contiene muchos ejemplos de preguntas basadas en materiales visuales y el Capítulo 18 te guía a través de la respuesta a cada pregunta.

CONSEJO

Si no estás seguro de qué tan rápido puedes responder preguntas basadas en materiales visuales, cronométrate con algunas y ve. Si tu tiempo resulta ser más de 1.5 minutos, necesitas más práctica.

Al fin y al cabo, tienes alrededor de 20 segundos para leer la pregunta y las posibles respuestas, 50 segundos para buscar la respuesta y 10 segundos para seleccionar la respuesta correcta. Dividir tu tiempo de esta manera te deja alrededor de 3 minutos para revisar o para volver a las preguntas difíciles. Para terminar el examen de Estudios Sociales completamente, realmente tienes que estar organizado y vigilar el reloj. Consulta el Capítulo 4 para más consejos generales sobre manejo del tiempo.

CONSEJO

Si realmente no tienes idea, o si se te está acabando el tiempo, ¡adivina! En los últimos minutos del examen, usa la pantalla de Revisión para encontrar y responder a cualquier pregunta sin contestar. No tienes que responder todas las preguntas correctamente para pasar el GED, pero no deberías dejar ninguna respuesta en blanco. No hay penalización por adivinar en el GED, así que incluso si adivinas al azar en cuatro ítems, lo más probable es que obtengas al menos un punto. ¡Ese podría ser el punto que te lleve a la cima!

4

Examinando tu Muestra: El Examen de Ciencia

Descubre los secretos del examen de Ciencia, incluyendo lo que necesitas saber para el examen, cómo está estructurado, y algunos consejos para prepararte para los diferentes tipos de preguntas y materiales.

Aprende a leer e interpretar todos los diferentes tipos de información que encontrarás en el examen de Ciencias.

Aprende cómo acceder a preguntas de práctica para el GED en español.

Capítulo **11**

De Avestruces a Átomos: Enfrentando el Examen de Ciencia

¿Sabías que la tasa de aprobación del examen de Ciencia del GED es del 90 por ciento? Eso se debe a que el examen de Ciencia del GED no evalúa la profundidad de tu conocimiento en ciencias. No se espera que memorices información científica para hacerlo bien en este examen. En su lugar, este examen evalúa tu capacidad para encontrar información presentada en pasajes o materiales visuales. Sin embargo, deberías tener al menos un conocimiento básico de ciencias y vocabulario científico.

Una de las mejores maneras de mejorar tu comprensión del material científico y el vocabulario científico es leer material científico, revistas de ciencia, sitios web e incluso libros de texto antiguos. Investiga cualquier palabra que no conozcas. No te preocupes, no se espera que conozcas la diferencia científica entre términos como *fisión* y *fusión*, pero estar familiarizado con ellos puede ayudarte en el examen.

¡Y hay más buenas noticias! Dado que el examen de Ciencia se basa en tu capacidad para leer e interpretar material textual, tu preparación para la sección de Comprensión de Lectura del examen de Lectura y Artes del Lenguaje te ayudará en el examen de Ciencia, ¡y viceversa!

El examen de Ciencia cubre material de ciencias de la vida, ciencias físicas (química y física), y ciencias de la tierra y del espacio. No te asustes, no necesitas memorizar material de esos temas. Solo necesitas poder leer y entender el material y responder correctamente a las preguntas. En este capítulo, te ayudo a familiarizarte con el examen de Ciencia, las habilidades que requiere y algunas técnicas que puedes usar para prepararte.

Entender las Habilidades que Cubre el Examen de Ciencia

Si no estás familiarizado con la ciencia y su vocabulario, probablemente tendrás problemas con las preguntas del examen de Ciencia. Se espera que tengas algún conocimiento básico sobre cómo funciona el mundo físico, cómo viven las plantas y los animales, y cómo opera el universo. Este material te evalúa sobre ideas que has observado y desarrollado a lo largo de tu vida, tanto dentro como fuera de la escuela. Probablemente sepas un poco sobre tracción, por ejemplo, por conducir y caminar en clima resbaladizo. Por otro lado, quizás no sepas mucho sobre equilibrio más allá de lo que leíste en la escuela.

Mientras te preparas para tomar el examen de Ciencia, se espera que entiendas que la ciencia se trata de investigación. De hecho, la investigación forma la base del *método científico* — el proceso que todo buen científico sigue cuando se enfrenta a lo desconocido. Los pasos del método científico son los siguientes:

1. Hacer preguntas.
2. Reunir información.
3. Hacer experimentos.
4. Reflexionar objetivamente sobre lo que encuentras.
5. Considerar otras explicaciones posibles.
6. Extraer una o más conclusiones posibles.
7. Probar la(s) conclusión(es).
8. Compartir lo que encontraste con otros.

CONSEJO

Considera tu preparación para el examen de Ciencia como un problema científico. La pregunta que intentas responder es: "¿Cómo puedo aumentar mi conocimiento científico?" Sigue el método científico para desarrollar un procedimiento que solucione el problema. Tu solución debe incluir leer, leer y más leer. Además de este libro, uno o más libros de ciencias de secundaria pueden ser una gran herramienta, o incluso un curso que enseñe los conceptos básicos de la ciencia de secundaria. (Ve a tu biblioteca local para conseguir una copia de uno de estos libros y consulta con el programa local de educación para adultos o el colegio comunitario para encontrar cursos básicos de ciencias disponibles en tu área.) Si varias personas están preparándose para los exámenes GED al mismo tiempo que tú, formar un grupo de estudio también puede ser útil.

Entender el Formato del Examen y los Temas que Cubre

El examen de Ciencia contiene 50 preguntas de diferentes formatos, las cuales debes responder en 90 minutos. Al igual que en las otras secciones del examen, la información y las preguntas del examen de Ciencia son directas — nadie está tratando de engañarte. Para responder las preguntas, debes leer e interpretar los pasajes u otros materiales visuales proporcionados con las preguntas (y necesitas un entendimiento básico de ciencia y de las palabras que usan los científicos cuando se comunican).

En cuanto a la organización, algunos elementos están agrupados en conjuntos. Algunas preguntas son independientes y se basan en un solo tema o asunto. Otras preguntas siguen a un pasaje, gráfico, diagrama, mapa o tabla. Tu trabajo es leer o repasar el material y decidir la mejor respuesta para cada pregunta basada en el material dado.

En cuanto al contenido, las preguntas del examen de Ciencia verifican tu conocimiento en las siguientes áreas:

» **Ciencia física:** Alrededor del 40 por ciento del examen trata sobre la *ciencia física,* que es el estudio de los átomos, las reacciones químicas, las fuerzas y lo que sucede cuando la energía y la materia se juntan. Como repaso básico, ten en cuenta lo siguiente:

- Todo está compuesto de átomos, ¡incluso el papel o la pantalla de computadora que estás leyendo ahora mismo!

- Cuando los químicos se juntan, tienen una reacción — a menos que sean *inertes* (lo que significa que no reaccionan con otros químicos; los químicos inertes son como químicos antisociales).

- Estás rodeado de fuerzas y sus efectos. (Si el suelo no ejerciera una fuerza hacia arriba cuando pisas, pasarías a través del suelo.)

Para más información sobre ciencia física (que incluye química básica y física básica), lee y revisa un libro de ciencia básico. Puedes pedir uno prestado en tu biblioteca local. También puedes encontrar uno en internet. Al leer este material, puedes necesitar definiciones para algunas de las palabras o términos para facilitar la comprensión de los conceptos. Usa un buen diccionario, una aplicación de diccionario en el teléfono o internet para encontrar estas definiciones. (Si usas internet, escribe cualquiera de los temas en un motor de búsqueda y añade "definición" después. Sorpréndete con la cantidad de resultados que se producen, ¡pero no pierdas tiempo leyéndolos todos!)

» **Ciencia de la vida:** Otro 40 por ciento del examen cubre la *ciencia de la vida* — el estudio de las células, la herencia y otros procesos que ocurren en los sistemas vivos. Toda la vida está compuesta de *células,* que puedes ver bajo un microscopio. No te preocupes — no se espera que tengas acceso a un microscopio y un conjunto de láminas con células. La mayoría de los libros y sitios web relacionados con ciencia de la vida tienen fotografías de células que puedes estudiar. Cuando alguien te dice que te pareces a tus padres o que les recuerdas a otro pariente, están hablando de la *herencia.* Leer un poco sobre herencia en libros relacionados con biología puede ayudarte a practicar para responder algunas de las preguntas del examen de Ciencia.

Usa un libro de texto de biología para ayudarte a prepararte para esta parte del examen. (Consigue un ejemplar en tu biblioteca local, en un centro de educación para adultos cercano o en línea).

» **Ciencia de la tierra y del espacio:** El 20 por ciento restante del examen cubre la ciencia de la tierra y del espacio. Esta área de la ciencia examina la tierra y el universo, específicamente el clima, la astronomía, la geología, las rocas, la erosión y el agua.

Cuando miras hacia el suelo mientras caminas, estás interactuando con la ciencia de la tierra. Cuando miras hacia las estrellas en una noche clara y te preguntas qué hay realmente allá arriba, estás pensando en la ciencia del espacio. Cuando te quejas del clima, te estás quejando de la ciencia de la tierra. En resumen, estás rodeado de ciencias de la tierra y del espacio, así que no deberías tener problemas para encontrar materiales sobre este tema.

Los tópicos del examen de Ciencia se centran en dos temas principales, ambos con los que probablemente lidias en algún nivel todos los días.

» **Salud humana y sistemas vivos:** ¿Quién no está preocupado por estar seguro y saludable? Después de todo, es tu cuerpo y lo necesitas. La mayoría de las personas tratan de comer comidas nutritivas, hacer algo de ejercicio y evitar enfermarse. Entender el cuerpo humano y otros organismos vivos es una parte importante del conocimiento científico.

» **Energía y sistemas relacionados:** La energía mueve tus autos, cocina tu comida, calienta tu hogar, enciende tus luces y mantiene el planeta en marcha. Entender cómo fluye la energía a través de organismos y ecosistemas puede ayudarte a navegar tu vida diaria y tener éxito en el examen de Ciencia.

RECUERDA

No tienes que memorizar todo lo que lees sobre ciencia antes de hacer el examen. Todas las respuestas a las preguntas del examen están basadas en la información proporcionada en los pasajes, o en el conocimiento básico sobre ciencia que has adquirido a lo largo de los años. Sin embargo, cualquier lectura científica que hagas antes del examen no solo te ayuda a aumentar tu conocimiento básico, sino que también mejora tu vocabulario. Un vocabulario científico mejorado aumenta tus posibilidades de poder leer los pasajes y responder rápidamente las preguntas relacionadas en el examen.

Estrategias de Preparación

Para obtener mejores resultados del tiempo y esfuerzo que dedicas a prepararte para el examen de Ciencia, te sugiero que pruebes las siguientes estrategias:

» **Haz pruebas de práctica.** Realiza tantas pruebas de práctica como puedas. Puedes encontrar un examen de práctica completo, junto con respuestas y explicaciones, en este libro (en los Capítulos 19 y 20). Sigue los límites de tiempo y revisa las respuestas y explicaciones cuando termines. Si todavía no entiendes por qué algunas respuestas son correctas, pregunta a un tutor, toma una clase de preparación o busca la información en un libro o en internet. Asegúrate de saber por qué cada una de tus respuestas es correcta o incorrecta. También puedes intentar tu suerte con una prueba de práctica gratuita de un cuarto de duración en https://www.ged.com/es/study/test_previews/. La aplicación del GED, GED & Me, también ofrece material instructivo gratuito y elementos de práctica en español para cada sección del GED. Cuando te sientas listo, puedes hacer la prueba GED Ready en www.ged.com/es/study/ged_ready/. Debes obtener un puntaje "verde" en esta prueba para poder hacer el examen en línea desde casa. Si haces el examen en un centro de exámenes, hacer esta prueba de práctica es una buena idea porque te permitirá saber si estás listo para aprobar.

» **Crea tu propio diccionario.** Consigue un cuaderno pequeño o crea un archivo en tu teléfono o computadora. Luego, lleva un registro de todas las nuevas palabras (y sus definiciones) que descubras mientras te preparas para el examen de Ciencia. Asegúrate de entender toda la terminología científica que veas o escuches. Por supuesto, este objetivo no es algo que puedas alcanzar en una noche. Tómate un tiempo para construir tu vocabulario. No necesitas empezar a hablar como un científico, pero deberías poder reconocer y entender palabras relacionadas con la ciencia cuando las leas.

» **Lee tantos pasajes como puedas.** Puede que suene repetitivo, pero leer es la forma más importante de prepararse para el examen de Ciencia. Después de leer un párrafo de cualquier fuente (libro de texto, artículo de periódico, sitio web, etc.), hazte algunas preguntas sobre lo que leíste. También puedes pedir a amigos y familiares que te hagan preguntas sobre lo que leíste.

ENCONTRANDO CIENCIA EN INTERNET

Internet puede aumentar tu conocimiento científico o simplemente introducirte en un nuevo área de interés. Si no tienes conexión a internet en casa o a través de un celular, intenta en tu biblioteca local o centro comunitario.

Para ahorrarte tiempo al comenzar tu búsqueda en línea de práctica adicional en la lectura de material científico, te sugiero que revises los siguientes sitios. Usa el traductor de tu navegador para convertir los contenidos al español.

- www.els.net: Tiene un montón de información sobre ciencias de la vida.

- science.nasa.gov/earth/: Contiene mucha información fascinante relacionada con la tierra y el espacio.

- www.thoughtco.com/chemistry-4133594: Tiene información interesante relacionada con la química. (Ten en cuenta que este es un sitio comercial, lo que significa que verás molestos banners y enlaces comerciales entre la información interesante y útil.)

- www.thoughtco.com/physics-4133571: Tiene algunas lecciones de física interesantes que se presentan de una manera entretenida e informativa.

- ged.com: El sitio del Servicio de Exámenes GED, que contiene mucha información, tanto general como específica, sobre el examen de Ciencia.

Consulta el Capítulo 3 para algunas estrategias generales para tomar exámenes que te ayudarán a prepararte para todas las secciones del examen GED.

Capítulo **12**

Tipos de Preguntas de Ciencia y Estrategias para Resolverlas

El examen de Ciencia es un examen largo de 90 minutos. Comparte la mayoría de las características y formatos de preguntas con las otras secciones del examen GED. Aunque las preguntas son principalmente de opción múltiple, también encontrarás formatos de preguntas como llenar el espacio en blanco, menús desplegables y arrastrar y soltar. Las preguntas se basan en pasajes de texto científico o imágenes visuales, incluyendo diagramas, gráficos, mapas y tablas. En este capítulo, exploro los diferentes tipos de preguntas y las estrategias para resolverlas.

Cómo Enfrentar las Preguntas del Examen de Ciencia

Las preguntas del examen de Ciencia se basan en dos tipos de información: pasajes textuales y materiales visuales. Algunas preguntas pueden basarse en ambos. Tener un entendimiento básico de estos dos tipos de información puede ayudarte a evitar sorpresas cuando te sientes a realizar el examen.

Asegúrate de leer y entender cada gráfico, diagrama, tabla, mapa, pasaje y pregunta que aparezca en el examen de Ciencia del GED. La información — tanto relevante como irrelevante — está en todas partes, y nunca sabes dónde encontrarás lo que necesitas para responder rápidamente y correctamente a las preguntas, especialmente cuando se trata de visuales, gráficos, tablas y diagramas.

CONSEJO

Si un pasaje y la información visual aparecen juntos, mira primero el gráfico antes de leer el pasaje. La información visual generalmente es más fácil y rápida de procesar que el texto. Usa la información que extraes del gráfico para ayudarte a leer y entender la información textual.

No ignores algo solo porque no parece importante de inmediato. Y asegúrate de usar las pestañas y barras de desplazamiento para ver toda la información. Para una revisión de estas características importantes, consulta el Capítulo 2. En esta sección, te mostraré cómo responder a preguntas sobre pasajes textuales y materiales visuales.

Preguntas sobre fragmentos de texto

Los fragmentos de texto en este examen, y las preguntas que los acompañan, son muy similares a las de una prueba de comprensión lectora: Se te proporciona material textual y tienes que responder a preguntas sobre él. Los fragmentos presentan todo lo que necesitas para responder a las preguntas, pero por lo general, debes entender todas las palabras utilizadas en esos fragmentos para averiguar qué te están diciendo (por eso te recomiendo que leas tanta información científica como puedas antes del examen).

La diferencia entre los fragmentos de texto en el examen de Ciencia y en los otros exámenes de comprensión lectora es que la terminología y los ejemplos son todos sobre ciencia. Por lo tanto, cuanto más leas sobre ciencia, más palabras científicas conocerás, entenderás y te sentirás cómodo viendo en el examen, lo que, como puedes imaginar, puede mejorar enormemente tus posibilidades de éxito.

CONSEJO

Ten en cuenta los siguientes consejos y trucos al responder a preguntas sobre fragmentos de texto:

>> **Lee cada fragmento y pregunta detenidamente.** Algunas de las preguntas en el examen esperan que sepas que un cohete es impulsado hacia adelante por un motor que dispara hacia atrás. (Por otro lado, no tendrás que saber la definición de *fisión nuclear* — ¡menos mal!)

Independientemente de si un elemento supone algún conocimiento básico de ciencia o pide una respuesta que aparece directamente en el fragmento, necesitas leer cada fragmento y la pregunta correspondiente con cuidado. Mientras lees, haz lo siguiente:

● Intenta entender el fragmento y piensa en lo que ya sabes sobre el tema.

● Si un fragmento tiene solo una pregunta, lee esa pregunta con especial atención.

● Si el fragmento o la pregunta contiene palabras que no entiendes, intenta averiguar qué significan esas palabras a partir del resto de la oración, el fragmento completo o cualquier gráfico o ilustración. Sin embargo, si aún entiendes la idea principal general sin conocer esa palabra, puedes saltarla y seguir adelante.

>> **Lee cada opción de respuesta cuidadosamente.** Hacerlo te ayuda a tener una imagen más clara de tus opciones. Si seleccionas una respuesta sin leer todas las opciones, podrías terminar eligiendo la incorrecta porque, aunque esa opción de respuesta pueda parecer correcta al principio, puede ser solo parcialmente correcta. Otra opción de respuesta puede ser más completa o precisa. Al leer las opciones de respuesta, haz lo siguiente:

● Si una opción de respuesta es correcta según tu lectura y experiencia, selecciónala y pasa a la siguiente pregunta.

● Si no estás seguro de cuál opción de respuesta es correcta, excluye las opciones que sabes que están incorrectas y luego excluye las opciones que puedan estar incorrectas.

● Si puedes excluir todas menos una opción de respuesta, probablemente sea correcta, así que elígela.

● Si solo puedes excluir una o dos opciones de respuesta, adivina y pasa la siguiente pregunta. Usa la función de marcar en la interfaz en línea para señalar cualquier elemento que no puedas responder o al que desees volver si te queda tiempo al final del examen.

Prueba estos consejos en los fragmentos de muestra y preguntas en la sección subsiguiente, "Practicando con Elementos de Muestra."

Preguntas sobre materiales visuales

Materiales visuales son imágenes que contienen información que usas para responder a las preguntas correspondientes. Los materiales visuales pueden incluir tablas, gráficos, diagramas, fotos y mapas. Una imagen gráfica puede contener tanta información como — o más información que — un texto. Como dice el refrán, "Una imagen vale mil palabras." Esta sección (y el examen de práctica) puede ayudarte a obtener la práctica que necesitas para sacar el máximo provecho de los materiales visuales.

RECUERDA

Cualquier objeto visual es como un párrafo corto. Tiene un tema y hace comentarios o afirma hechos sobre ese tema. Cuando te encuentres con una pregunta basada en material visual, lo primero que debes hacer es identificar el contenido o tema del material. Por lo general, los objetos visuales tienen títulos, una leyenda o pies de foto que te ayudan a entender su significado, así que léelos primero. Si no entiendes alguna de las palabras, usa la imagen para ayudarte a descifrar las palabras. Después de entender la idea principal detrás del objeto visual, pregúntate qué información te están dando y qué información necesitas averiguar; leer la pregunta puede ser útil. Una vez que conozcas estas dos piezas de información, estás en buen camino para responder a la pregunta.

Las siguientes secciones ofrecen un vistazo más detallado a los diferentes materiales visuales que puedes encontrar en el examen de Ciencia. Como un extra, este consejo también se aplica al examen de Estudios Sociales. (Consulta el Capítulo 10 para ejemplos de todos los materiales visuales mencionados en las siguientes secciones.)

Tablas

Una *tabla* es una forma gráfica de organizar información. Este tipo de material visual permite una fácil comparación entre dos o más conjuntos de datos. Algunas tablas usan números y símbolos para representar información; otras utilizan palabras.

CONSEJO

La mayoría de las tablas tienen títulos que te dicen de qué tratan. Siempre lee los títulos primero para saber inmediatamente qué información incluyen las tablas. Si una tabla te ofrece una explicación (o *clave*) de los símbolos, léela con atención también; esto te ayudara a entender cómo leer la tabla.

Gráficas

Una *gráfica* es una imagen que muestra cómo se relacionan diferentes conjuntos de números. En el examen de Ciencia, puedes encontrar los siguientes tres tipos principales de gráficas:

>> **Gráficas de barras o columnas:** Las gráficas de barras (horizontales) o columnas (verticales) presentan y a menudo comparan números o cantidades.

>> **Gráficas de líneas:** En las gráficas de líneas, una o más líneas conectan puntos dibujados en una cuadrícula para mostrar las relaciones entre los datos, incluyendo cambios en los datos a lo largo del tiempo.

>> **Gráficas circulares (también llamadas gráficos de pastel o de torta):** Los arcos de círculos (porciones de un pastel) muestran cómo los datos se relacionan con un todo. A menudo, los datos en las gráficas circulares se expresan como un porcentaje de un total.

Los tres tipos de gráficas generalmente comparten las siguientes características comunes:

>> **Título:** El título te dice de qué trata la gráfica, así que siempre lee el título antes de revisar la gráfica.

>> **Eje horizontal y eje vertical:** Las gráficas de barras, columnas y líneas tienen un eje horizontal y un eje vertical. (Las gráficas circulares no lo tienen.) Cada eje es una línea de referencia vertical u horizontal que está etiquetada para proporcionarte información adicional.

>> **Etiqueta:** Las etiquetas en los ejes de una gráfica generalmente contienen unidades, como pies o dólares. Lee todas las etiquetas de los ejes con cuidado; pueden ayudarte con la respuesta o llevarte por el camino equivocado (dependiendo de si las lees correctamente). Las etiquetas en una gráfica circular indicarán la unidad de medida y las cantidades (a menudo porcentajes).

>> **Leyenda:** Las gráficas usualmente tienen una *leyenda,* o material impreso que te dice de qué trata cada sección de la gráfica. También pueden contener etiquetas en las partes individuales de la gráfica y notas explicativas sobre los datos utilizados para crear la gráfica, así que lee con atención.

ADVERTENCIA

Ten cuidado al leer un gráfico. Si los números representados en un eje están en millones de dólares y piensas que están en dólares, tu interpretación de la gráfica será más que un poco incorrecta.

Diagramas

Un *diagrama* es un dibujo que te ayuda a entender cómo funciona algo. Los diagramas en el examen de Ciencia a menudo tienen los siguientes dos componentes.

>> **Título:** Te dice qué intenta mostrar el diagrama.

>> **Etiquetas:** Indican los nombres de las partes del diagrama.

Cuando te encuentres con una pregunta basada en un diagrama, lee primero el título para tener una idea de qué trata el diagrama. Luego, lee cuidadosamente todas las etiquetas para identificar los componentes principales del diagrama. Esta información puede ayudarte a comprender el diagrama lo suficientemente bien como para responder preguntas sobre él.

Fotos

Una *foto* puede aparecer a veces en el GED. Puedes usar estas características de las fotos para ayudarte a entenderlas:

>> **Pie de foto:** El pie de foto te dice el tema de la foto. Por ejemplo, una foto del planeta Marte puede identificar el planeta y decir cómo se tomó la foto: "Una sonda espacial tomó esta foto de cerca del planeta Marte."

>> **Etiquetas:** Las etiquetas pueden marcar o identificar personas u objetos en la foto. Por ejemplo, una foto de Marte puede tener su casquete polar etiquetado.

Cuando te enfrentes a una pregunta basada en una foto, lee primero el pie de foto. Luego, lee con atención cualquier etiqueta. Después, mira la foto. Si no entiendes alguna palabra en la etiqueta, usa la foto para descifrarla.

Mapas

Un *mapa* es un dibujo de alguna sección — grande o pequeña — de la Tierra u otro planeta. La gente incluso llama mapa a las imágenes del sistema solar o de las estrellas en el cielo nocturno. Debido a que el mundo entero es demasiado grande para representarlo en una sola hoja de papel, los mapas se dibujan a escala.

La mayoría de los mapas te ofrecen la siguiente información:

>> **Título:** Te dice qué área del mundo enfoca el mapa y qué muestra.

>> **Leyenda:** Te da información general sobre el significado, colores, símbolos u otros gráficos utilizados en el mapa.

>> **Rosa de los vientos:** Indica la orientación del mapa. En general, el norte está en la parte superior de un mapa, pero para ciertos mapas, esto puede no ser así. En muchos mapas, una pequeña rosa de los vientos mostrará cuál es el norte. (A veces esta rosa de los vientos puede omitirse si el mapa es muy conocido. Un mapa de los Estados Unidos probablemente no tendría rosa de los vientos, ya que la mayoría de la gente sabe que el norte está en la parte superior.)

>> **Etiquetas:** Indican qué representan los distintos puntos en el mapa.

>> **Escala:** Te dice qué representa la distancia en el mapa en la vida real. (Por ejemplo, un mapa con una escala de 1 pulgada = 100 millas muestra una distancia de 500 millas en la Tierra real como una distancia de 5 pulgadas en el mapa.)

Aunque los mapas rara vez se utilizan en pasajes científicos, aún puedes encontrarte con ellos, por lo que es bueno familiarizarse con ellos. Y ciertamente los encontrarás en el examen de Estudios Sociales. La mejor manera de familiarizarte con los mapas es pasar tiempo mirando mapas de carreteras y atlas mundiales, que puedes encontrar en tu biblioteca local o en línea.

RECUERDA

El significado exacto de cualquier material visual puede no ser obvio o incluso puede ser engañoso si no se examina cuidadosamente. Debes entender qué te dicen las leyendas, escalas, etiquetas y codificación de colores. Los números en una tabla también pueden ser engañosos o incluso carecer de sentido a menos que leas con cuidado la leyenda y las etiquetas. Los colores en un mapa no son solo decorativos; cada color tiene un significado. Cada parte de un visual representa un significado del cual puedes reunir la información que necesitas para determinar las respuestas a las preguntas del examen.

Prácticas con Ejemplos de Preguntas Típicas

Para aumentar tus posibilidades de sacar un buen resultado en el examen de Ciencia, querrás estar lo más familiarizado posible con los tipos de preguntas que encontrarás en el examen real del GED. Las siguientes secciones muestran los diferentes tipos de preguntas que pueden aparecer en el examen de Ciencia. No todos los tipos de preguntas aquí aparecerán en el examen, pero puedes estar seguro de que habrá bastantes preguntas de opción múltiple y algunas preguntas de completar espacios en blanco. Familiarízate con cada tipo de pregunta. Te daré algunos consejos y trucos para ayudarte a responder a cada una de ellas.

Preguntas de opción múltiple

La mayoría de las preguntas en el examen de Ciencia son del formato tradicional de opción múltiple, donde tienes cuatro opciones de respuesta. Tu tarea es elegir la mejor respuesta que esté respaldada por el pasaje o el material visual. Si el material está en forma de un pasaje de texto, lee rápidamente el pasaje para responder a la pregunta. Si el material está en forma de algo visual, lee el título y la información verbal para entender de qué se trata el visual.

Si una respuesta debe ser correcta, entonces tres respuestas deben ser incorrectas. Si puedes descartar las respuestas incorrectas, te quedará la correcta. Lee el pasaje con atención para determinar las opciones correctas o incorrectas.

RECUERDA

Las preguntas de ejemplo en esta sección se refieren al siguiente pasaje.

> Uno de los grandes descubrimientos en la ciencia de la tierra son las rocas. Las rocas tienen muchos propósitos útiles en la ciencia. Pueden usarse como pisapapeles para evitar que los documentos académicos vuelen con el viento. Las rocas pueden usarse para mantener abiertas las puertas del laboratorio cuando los experimentos salen mal y se producen olores horribles. Las rocas lisas pueden frotarse cuando la presión aumenta y solo necesitas una actividad para calmar los nervios.

Según el pasaje, uno de los grandes descubrimientos en la ciencia es

EJEMPLO

(A) la energía atómica.

(B) la electricidad estática.

(C) las rocas.

(D) el ADN.

La respuesta correcta es la opción (C). Las palabras importantes en la pregunta son *Según el pasaje*. Cuando veas esta frase, sabes que debes buscar la respuesta en el pasaje. Como ninguna de las opciones excepto las rocas se menciona ni remotamente, las rocas deben ser la respuesta.

¿Cómo ayudan las rocas a los científicos cuando los experimentos salen terriblemente mal y producen olores desagradables?

EJEMPLO

(A) Pueden usarse para romper las ventanas.

(B) Pueden sujetar abiertas las puertas.

(C) Pueden lanzarse con rabia.

(D) Pueden frotarse.

La respuesta es la opción (B). Según el pasaje, las rocas pueden usarse para mantener abierta la puerta del laboratorio. Las rocas también pueden usarse para romper ventanas y lanzarse con rabia, pero el pasaje no menciona específicamente estos usos. El pasaje menciona frotar rocas como uno de sus usos, pero lo hace en otro contexto.

¿Notaste que el pasaje usó la palabra *mantener* y la opción de respuesta usó la palabra *sujetar*? Los creadores del examen utilizan sinónimos como estos para asegurarse de que realmente estés prestando atención. Este es un ejemplo de otra manera en que tener un vocabulario rico te ayudará en el examen.

CONSEJO

Preguntas de completar espacios en blanco

Para las preguntas de completar espacios en blanco en ciencias, debes proporcionar tu propia respuesta — un cálculo específico, una palabra o palabras — para demostrar que entiendes un concepto, completar una definición o describir una tendencia en un gráfico. Este es otro ejemplo de por qué deberías leer tanto material científico como sea posible. Una palabra mal escrita se califica como incorrecta. Mantener una lista de vocabulario como método de repaso antes del examen realmente te ayudará.

La siguiente pregunta de completar espacios en blanco se basa en este extracto de una oferta de trabajo en el sitio web de Empleos del Gobierno Federal (www.usajobs.gov).

> Una carrera en el Servicio Forestal te desafiará a gestionar y cuidar más de 193 millones de acres de las tierras más magníficas de nuestra nación, realizar investigaciones a través de una red de estaciones experimentales de bosques y pastizales y el Laboratorio de Productos Forestales, y brindar asistencia a las agencias forestales estatales y privadas.
>
> Es una responsabilidad impresionante, pero las recompensas son tan ilimitadas como las vistas.

EJEMPLO

Basado en la información del pasaje, ¿qué haría la persona contratada para este trabajo en conjunto con las estaciones experimentales de pastizales? [＿＿＿＿＿]

La respuesta es *realizar investigaciones*. El solicitante exitoso realizaría investigaciones con las estaciones experimentales de pastizales como parte de sus deberes. Esto se dice directamente en el pasaje.

Prueba otra pregunta de completar espacios en blanco, basada en el siguiente extracto del sitio web del Servicio de Inspección de Sanidad Animal y Vegetal del USDA (www.aphis.usda.gov).

> La Ley Lacey combate el tráfico de vida silvestre, peces y plantas "ilegales". La Ley de Agricultura de 2008 (Ley de Alimentos, Conservación y Energía de 2008), efectiva a partir del 22 de mayo de 2008, enmendó la Ley Lacey ampliando su protección a una gama más amplia de plantas y productos vegetales. La Ley Lacey ahora, entre otras cosas, hace ilegal importar ciertas plantas y productos vegetales sin una declaración de importación.

EJEMPLO

La Ley Lacey es una legislación gubernamental para controlar el transporte y la venta de [＿＿＿＿＿＿] plantas.

El pasaje indica que esta ley fue aprobada para combatir el tráfico de vida silvestre, peces y plantas ilegales. Así que la respuesta es *ilegales*.

Debido a que las matemáticas se utilizan en ciencias, algunos artículos pueden evaluar habilidades matemáticas. Estos artículos son frecuentemente de completar espacios en blanco o de opción múltiple. Aquí hay un ejemplo:

> Para calcular la densidad, divides la masa por el volumen. Una muestra de hielo a 0°C tiene un volumen de 64 cm³ y una masa de 58.7 g.

EJEMPLO

¿Cuál es la densidad de la muestra, redondeada a tres decimales? [＿＿＿＿＿＿] g/cm³ Puedes usar números, un punto decimal (.) y/o un signo negativo (–) en tu respuesta.

La información dice que para calcular la densidad, divides la masa por el volumen: $58.7/64 = 0.9171875$. Redondeado a tres decimales, la respuesta es 0.917 g/cm³ . Debido a que *g/cm³* ya está proporcionado, solo necesitas escribir 0.917.

CONSEJO

Un ícono de calculadora aparece en la esquina superior derecha de la pantalla de la computadora para algunas preguntas en los exámenes de Razonamiento Matemático, Ciencia y Estudios Sociales. Puedes hacer clic en el enlace de la calculadora para ayudarte a calcular tus respuestas. Si tienes una calculadora de mano Texas Instruments TI-30XS, puedes usarla cuando estés tomando el examen en un centro de exámenes.

Presta mucha atención a las instrucciones al responder una pregunta de completar espacios en blanco con un número. Incluso pequeños errores, como no redondear al número de lugares especificado, pueden costarte la respuesta. En el artículo anterior, el software del examen también aceptará .917, pero no 0.9172, que tiene demasiados decimales. Con las preguntas de matemáticas, ¡siempre lee y sigue las instrucciones!

Preguntas de arrastrar y colocar

En este formato de pregunta, debes colocar opciones de respuesta de una lista a una posición designada, ya sea colocando etiquetas en un gráfico o diagrama o soltando palabras o imágenes en una ubicación específica en un gráfico u otro tipo de visual. Este formato de pregunta requiere un poco más que solo elegir la respuesta correcta. En las preguntas de arrastrar y colocar, puede que tengas que ordenar y priorizar tus selecciones. Aunque se te da una lista de posibles respuestas, más de una puede ser correcta. Lee el pasaje cuidadosamente para eliminar respuestas incorrectas o elegir las correctas.

Aquí tienes un ejemplo de una pregunta en el formato de arrastrar y soltar.

En la clase de la Sra. Fleming, tres de los estudiantes quieren especializarse en ciencias:

>> Gilda quiere estudiar física.

>> Domenic quiere estudiar biología.

>> Freida quiere aprender todo lo que pueda sobre las misiones de la NASA.

Coloca (o escribe, en este caso) el nombre apropiado en la columna con el área general que cada estudiante quiere estudiar.

(A) Gilda

(B) Domenic

(C) Freida

Ciencia de la Tierra y el Espacio	Ciencia de la Vida	Ciencias Físicas

La respuesta correcta aquí es que Gilda quiere estudiar ciencia física, Domenic quiere estudiar ciencia de la vida y Freida quiere estudiar ciencia de la Tierra y el espacio. El conocimiento general de tu experiencia y lectura te permitiría encajar los intereses específicos en las áreas generales.

Preguntas de menú desplegable

El menú desplegable es un tipo de pregunta de opción múltiple, en el que se te ofrece una serie de opciones de respuesta para elegir y completar una oración de manera que sea correcta y precisa. Por lo general, las preguntas de menú desplegable incluyen más vocabulario científico, por lo que tu lectura en ciencia te ayudará a elegir la respuesta correcta. Al igual que con la mayoría de los elementos de opción múltiple, el menú desplegable incluye respuestas correctas e incorrectas.

La siguiente pregunta de menú desplegable se refiere a este extracto de la página de Misiones en el sitio web de la NASA (www.nasa.gov).

Las Pruebas de Recuperación Post-amarizaje de Orión (PORT) comenzaron a finales de marzo en el Centro de Guerra Naval de Superficie, División Carderock en Bethesda, MD. Esta primera ronda se realizó en un entorno acuático controlado. Las pruebas cerca del Centro Espacial Kennedy en abril se llevarán a cabo en las aguas más agitadas e incontroladas del Océano Atlántico. Las tripulaciones se trasladarán durante varios días y a diferentes distancias de la costa para evaluar el rendimiento del vehículo en condiciones de aterrizaje en plena mar. Los equipos de recuperación ganarán experiencia tratando con Orión en el agua. Las pruebas también ayudarán a la NASA a comprender los movimientos que experimentarán los astronautas dentro de la nave. Los mismos barcos que se han utilizado para recuperar los propulsores de cohetes sólidos del transbordador espacial remolcarán la cápsula para estas pruebas.

EJEMPLO

El Orión será probado en aguas abiertas en el Atlántico para

(A) asegurar que los astronautas puedan nadar.

(B) asegurar la seguridad y protección de los astronautas.

(C) evaluar la capacidad del Orión para viajar lejos en el espacio.

(D) permitir que los astronautas pesquen para proveerse de suministros.

La respuesta es la Opción (B), *asegurar la seguridad y protección de los astronautas.* Dejar caer una cápsula sellada en el océano no probaría la capacidad de nadar (Opción A), no evaluaría la capacidad de la nave para viajar lejos en el espacio (Opción C), ni ofrecería posibilidades de pesca (Opción D).

Las preguntas de menú desplegable se utilizan generalmente con materiales visuales. En estas preguntas, debes completar un pie de foto para el material visual. Por ejemplo, el examen podría presentarte un gráfico de la temperatura global promedio para cada año desde 1900 hasta el presente, mostrando el gráfico una temperatura en constante aumento.

EJEMPLO

Este gráfico de temperaturas globales promedio desde 1900 muestra un patrón generalmente _____ año tras año. (*Nota:* Dado que este es un ejemplo de un tipo de pregunta, el gráfico no se muestra).

(A) ascendente

(B) descendente

(C) estable

(D) impredecible

La opción (A) es correcta. Según la descripción, el gráfico muestra una temperatura global en aumento general, por lo que solo esta opción es posible.

Aprovechar el Tiempo en el Examen de Ciencia

El examen de Ciencia tiene 50 preguntas que debes responder en 90 minutos, lo que significa que tienes un promedio de unos 100 segundos (o aproximadamente un minuto y dos tercios) para leer cada pasaje textual o visual y su(s) pregunta(s) correspondiente(s) y determinar la respuesta correcta. Si un pasaje tiene más de una pregunta, tienes un poco más de tiempo para responder a esas preguntas porque deberías leer el pasaje solo una vez.

Para ayudarte a administrar tu tiempo, consulta los Capítulos 2 y 3 para algunas estrategias generales de administración del tiempo que puedes usar en todas las secciones del examen. Para el examen de Ciencia, específicamente, te sugiero que te concentres en estas dos estrategias para ahorrar tiempo:

>> **Para preguntas sobre pasajes, lee primero la pregunta y luego escanea el material para encontrar la respuesta.** El pasaje siempre contiene la respuesta, pero tu conocimiento previo en ciencias y tu familiaridad con los términos científicos pueden ayudarte a entender el material de manera más fácil y rápida. Leer la pregunta primero te proporciona una guía sobre lo que se está preguntando y de qué trata el pasaje, para que sepas qué buscar mientras lo lees.

>> **Para preguntas sobre material visual, como un gráfico o una tabla, lee primero la pregunta y luego escanea el material visual.** Observa el material visual para ver el panorama general; las preguntas usualmente no preguntan sobre detalles minuciosos.

Como consejo general, responde primero a las preguntas más fáciles. Usa el botón de bandera (en la esquina superior derecha de tu pantalla) para marcar las preguntas a las que quieres volver. Recuerda, cuando termines la última pregunta, se te ofrecerá la oportunidad de ver una lista de todas las preguntas que respondiste, omitiste y marcaste en la pantalla de Revisión. Puedes usar esa lista para volver a las preguntas sobre las cuales tenías dudas o que no contestaste anteriormente. Si te quedas sin tiempo o quieres ver la lista de elementos omitidos y marcados en cualquier momento, presiona Revisión en la esquina inferior derecha de tu pantalla.

CONSEJO

No hay penalización por adivinar en el GED, así que no dejes ninguna respuesta en blanco. Usa los últimos minutos del examen para responder a cualquier pregunta sin respuesta, usando la pantalla de Revisión.

¡Y no entres en pánico! Tu peor enemigo en este o cualquier otro examen es el pánico. Entrar en pánico consume tiempo y energía, y no tienes un excedente de ninguno de los dos. Usa una técnica de relajación (como inhalar profundamente) y luego sigue adelante. Si te encuentras dedicando demasiado tiempo a una pregunta, márcala y sigue avanzando. Regresa a la pregunta al final del examen cuando sepas exactamente cuánto tiempo te queda.

5

Contando Todas las Posibles Soluciones: El Examen de Razonamiento Matemático

Sumérgete en los matices del examen de Razonamiento Matemático, cómo está estructurada y qué tipos de habilidades necesitas el día del examen.

Aumenta tu confianza con algunas estrategias clave y preguntas de práctica, y familiarízate con la hoja de fórmulas y la calculadora específica para el examen de Razonamiento Matemático del GED.

EN ESTE CAPÍTULO

» Identificar las habilidades que
necesitas para el examen de
matemáticas

» Entender el formato del examen

» Prepararte para el examen con
estrategias probadas y eficaces

Capítulo **13**

Fuerza en los Números: Enfrentando el Examen de Razonamiento Matemático

Bienvenido al temido examen de Razonamiento Matemático (o simplemente, el examen de matemáticas). Aunque tal vez hayas hecho de todo para evitar las matemáticas en la escuela secundaria, no puedes escapar de este examen si quieres aprobar el GED. Para ser sinceros, quienes se presentan al examen realmente tienen pesadillas con este examen, ¡pero no te preocupes! Este capítulo te ayuda a prepararte, no para las pesadillas, sino para presentar el examen con éxito.

La mayoría de las preguntas en las otras secciones del GED miden la comprensión lectora: se te da un pasaje y se espera que lo entiendas lo suficientemente bien como para responder a las preguntas que siguen. Aunque puedes prepararte para los otros exámenes haciendo mucha lectura y realizando pruebas de práctica, no necesitas llegar con mucho conocimiento o grandes habilidades en las áreas del examen en sí.

El examen de Razonamiento Matemático es diferente. Evalúa tu comprensión de conceptos matemáticos y tu capacidad para aplicarlos a situaciones que podrías encontrar en el mundo real. Esto significa que debes dedicar tiempo a responder tantas preguntas de matemáticas como puedas y mejorar tus habilidades matemáticas tanto como sea posible antes de realizar este examen. Este capítulo te pone en marcha presentándote el formato del examen y las habilidades que cubre, además de ofrecerte algunos consejos y trucos para enfrentar el examen.

Explorar las Habilidades que Cubre el Examen de Matemáticas

Para hacerlo bien en el examen de Matemáticas, necesitas tener una comprensión general de los números, sus relaciones entre sí, mediciones, geometría, análisis de datos y estadísticas, probabilidad, patrones, funciones y álgebra. (Si no sabes a qué me refiero con estos términos, revisa la siguiente sección, "Entender el Formato del Examen"). En esencia, para tener éxito en este examen, necesitas tener la base de conocimiento matemático que la mayoría de los graduados de secundaria tienen, y debes saber cómo aplicarlo para resolver problemas de la vida real.

RECUERDA

El examen de Matemáticas del GED proporciona una hoja de fórmulas para que la uses durante el examen. Ten en cuenta que puede que no necesites todas las fórmulas proporcionadas, y no necesitarás una fórmula para cada pregunta. Parte de la diversión de las matemáticas es saber cuál fórmula usar para cuáles problemas y averiguar cuándo no necesitas ninguna en absoluto. Quizás quieras memorizar algunas de las fórmulas más comunes para ahorrar tiempo. Pero cuando necesites una fórmula, puedes consultarla. ¡No tienes que memorizarlas todas! Eso hace que la preparación sea más fácil. Puedes encontrar la hoja de fórmulas en el Capítulo 21.

El examen de Matemáticas evalúa las siguientes cuatro áreas:

>> **Matemáticas básicas:** ¡Esta área cubre, lo adivinaste, lo básico! Esta área tiene dos temas:

- *Operaciones con números* son las acciones familiares que realizas en problemas y ecuaciones matemáticas, como la suma, resta, multiplicación y división. Probablemente dominaste estas operaciones en la escuela primaria; ahora solo tienes que practicarlas.

- *Sentido numérico* es la capacidad de entender los números. Se espera que puedas reconocer diferentes tipos de números (como fracciones, decimales, porcentajes y raíces cuadradas), conocer sus valores relativos y saber cómo usarlos (lo que nos lleva de nuevo a las operaciones con números).

>> **Geometría:** Aquí, tienes la oportunidad de jugar con formas matemáticas y manipularlas en tu mente — y en la nueva pizarra digital del GED. Puedes usar el Teorema de Pitágoras para hacer todo tipo de cálculos interesantes, y puedes usar mediciones para hacer cosas como encontrar el volumen de helado en un cono o la cantidad de pared que necesitas cubrir con pintura. Si te relajas, puedes divertirte con estas preguntas y luego tal vez incluso usar mucho del conocimiento en la vida real. Esta categoría se divide en dos temas:

- *Medición* involucra área, volumen, tiempo, y la distancia de aquí para allá. La medición del tiempo es algo bueno de saber al tomar cualquier examen porque quieres asegurarte de quedarte sin preguntas antes de quedarte sin tiempo.

- *Geometría* trata sobre las relaciones y propiedades de puntos, líneas, ángulos y formas (como cuadrados, círculos y triángulos). Esta rama de las matemáticas requiere que dibujes, uses y entiendas diagramas.

>> **Álgebra básica:** Se utiliza el álgebra para resolver problemas usando letras para representar números desconocidos, creando ecuaciones a partir de la información dada, y resolviendo para los números desconocidos — convirtiéndolos así en números conocidos. Si alguna vez dijiste algo como: "¿Cuánto más cuesta la camiseta de $10 que la de $7.50?" realmente estabas resolviendo esta ecuación: $7.50 + x = \$10.00$.

>> **Gráficos y funciones:** Los gráficos y funciones te permiten analizar datos. Puedes aprender cómo analizar datos en gráficos, tablas y el plano de coordenadas.

- *Análisis de datos* es cuando ves un gráfico del rendimiento del mercado de valores (o la falta de rendimiento), calculas o lees sobre estadísticas de futbol, o calculas cuántas millas por galón obtiene tu coche.

- *Funciones* son parte de las matemáticas. Involucran el concepto de que un número puede ser determinado por su relación con otro. Una docena siempre consiste en 12 unidades, por ejemplo. Si estuvieras comprando dos docenas de huevos, estarías comprando $12 \times 2 = 24$ huevos.

- *El plano de coordenadas* muestra gráficamente la ubicación de puntos en el plano o una línea y te ayuda a determinar cosas como la pendiente o inclinación de una línea.

Asegúrate de entender cómo responder a preguntas relacionadas con estas cuatro áreas de matemáticas. (Consulta el Capítulo 14, donde te doy estrategias para resolver cada tipo de pregunta matemática que verás en el examen del GED).

Si ya tienes un buen dominio de estos temas, adelante, realiza el examen de práctica completo en el Capítulo 21. Sin embargo, si necesitas más preparación, lee la siguiente sección y el Capítulo 14, y luego intenta hacer el examen de práctica completo en el Capítulo 21. Usa las respuestas completas y las explicaciones en el Capítulo 22 para verificar tu trabajo. Cada vez que sientas que necesitas más práctica o repaso, intenta las prácticas gratuitas en la aplicación GED & Me y el sitio web del GED. El sitio web ofrece preguntas de práctica gratuitas, una prueba de práctica de un cuarto de duración gratuita y una serie de otros productos de aprendizaje. Cuando sientas que estás listo para el examen, toma la prueba GED Ready. Si obtienes un puntaje verde, ¡estás listo! Si no, te dará consejos sobre áreas para repasar.

Entender el Formato del Examen

Las matemáticas en si no son espantosas, y aún no han aparecido como el villano en ninguna película de terror de Hollywood (al menos que yo sepa). De hecho, las matemáticas pueden ser divertidas cuando te lo propones. En cualquier caso, el examen de Razonamiento Matemático evalúa tus habilidades en matemáticas, así que debes estar preparado para ella. Este es el único tema del examen GED que requiere una forma especial de pensar y entender; mejorar tu capacidad de pensar matemáticamente hará que aprobar este examen sea más fácil.

El examen de Razonamiento Matemático dura 115 minutos y consta de preguntas de opción múltiple, de selección desplegable, de arrastrar y colocar, y de completar espacios en blanco, pero no tiene ningún tipo de pregunta de ensayo. ¡Realmente tienes que agradecer por pequeñas misericordias!

RECUERDA

Para prepararte para el examen de Matemáticas, primero debes relajarte y darte cuenta de que las matemáticas son tu amiga; quizás no una amiga de toda la vida, pero al menos una amiga hasta que termines el examen. También debes considerar que has estado usando matemáticas toda tu vida (y probablemente ni siquiera lo sabías). Por ejemplo, cuando le dices a un amigo que llegarás en 20 minutos, usas matemáticas. Cuando ves un cartel de rebajas en la tienda y calculas mentalmente si puedes permitirte el artículo con descuento, usas matemáticas. Cuando te quejas del poco rendimiento de combustible de tu auto (y puedes probarlo), usas matemáticas. Ya sabes más matemáticas de lo que pensabas, y te mostraré el resto en este capítulo.

Algunos Consejos Útiles de Preparación

Mientras te preparas para el examen de Razonamiento Matemático, realiza lo siguiente:

>> **Domina los fundamentos de la aritmética.** Aproximadamente la mitad del examen de Matemáticas depende de la aritmética básica (suma, resta, multiplicación, división, decimales y fracciones). Cuanto mejor conozcas los fundamentos, mejor te irá en el examen.

>> **Responde a preguntas de práctica.** Para entender cómo resolver problemas matemáticos básicos, responde a muchas preguntas de práctica antes del examen. Comienza con el examen de práctica completo en el Capítulo 21. Utiliza las Respuestas y Explicaciones en el Capítulo 22 para verificar tu trabajo y asegurarte de que comprendes las respuestas. Prueba también las preguntas de práctica en la nueva aplicación móvil del GED, GED & Me. Si deseas más práctica, toma prestado o compra uno o dos libros de matemáticas o encuentra algunos en línea y utiliza las preguntas en ellos para desarrollar habilidades. (Asegúrate de obtener libros que también proporcionen las respuestas para que puedas verificar tu trabajo.) Revisa cada respuesta inmediatamente después de resolver la pregunta. Si la respondiste incorrectamente, averigua por qué. Si aún tienes problemas con esa pregunta, pide a alguien que te explique la solución. También puedes buscar en línea videos instructivos cortos sobre cómo resolver varias preguntas de matemáticas. YouTube es una fuente especialmente buena.

>> **Entiende las reglas y fórmulas de matemáticas.** Los libros de matemáticas están llenos de reglas, teoremas, fórmulas, etc. Lee tantas de estas reglas como puedas, enfocándote en las fórmulas de la hoja de fórmulas. Como tienes acceso a la Hoja de Fórmulas durante el examen, no necesitas memorizar todas las fórmulas. (¡Puede que quieras memorizar las más evaluadas, sin embargo!) Solo asegúrate de saber cómo usarlas. Intenta explicar las principales a un amigo. Si puedes explicar una regla en particular (el Teorema de Pitágoras, por ejemplo) a un amigo y él la entiende, has dominado la regla. Si no puedes explicarla, pide a alguien que te ayude a entender mejor la regla.

>> **Inscríbete en una clase de preparación matemática o en un grupo de estudio de matemáticas.** La experiencia más solitaria es estar sentado en una habitación mirando una respuesta incorrecta sin nadie que explique por qué está mal. Si tienes problemas con las matemáticas, inscríbete en una clase de matemáticas o en un grupo de estudio donde puedas obtener ayuda y tener acceso a alguien que pueda responder a tus preguntas.

>> **Toma el examen de práctica completo en este libro y verifica tus respuestas.** Consulta el Capítulo 21 de este libro para el examen de práctica completo. A medida que tomes el examen de práctica, responde a cada pregunta y adhiérete al límite de tiempo. Si se te acaba el tiempo, marca la pregunta y luego sigue respondiendo a las preguntas restantes. Asegúrate de verificar tus respuestas. Revisar las explicaciones de las respuestas en el Capítulo 22 puede ayudarte a identificar qué áreas necesitas trabajar más. Incluso para preguntas que respondiste correctamente, leer la explicación puede ser útil.

La única parte del examen que no puedes duplicar es la sensación de estar sentado en la sala de examen justo antes de comenzar el examen. Pero cuantos más exámenes de práctica realices, más cómodo te sentirás cuando llegue el día del examen.

>> **Familiarízate con la calculadora en pantalla con anticipación.** Probablemente estés familiarizado con calculadoras que suman, restan, multiplican y dividen. La calculadora utilizada en el examen GED es una calculadora científica, la TI-30XS MultiView, lo que significa que realiza todas esas operaciones y mucho más, como calcular fracciones, porcentajes, exponentes y problemas que emplean paréntesis. En el examen, accedes a la calculadora en pantalla haciendo clic en el icono de la calculadora en la parte superior de la pantalla. Por lo general, verás un breve video sobre cómo usar la calculadora antes de tomar el examen de

Matemáticas. Pero para obtener los mejores resultados, vale la pena mirar el video en línea mientras te preparas, en www.youtube.com/watch?v=TfV9uVupmkY. También puedes practicar con la calculadora en pantalla usando el tutorial en el sitio web del GED en https://www.ged.com/practice-test/es/calculator/. Toma en cuenta que no podrás usar la calculadora en las primeras cinco preguntas del examen, y no necesariamente usarás todas las teclas de la calculadora para realizar el examen.

Si tomas el GED en persona en un centro de exámenes, puedes usar la calculadora en pantalla o comprar y llevar tu propia calculadora TI-30XS MultiView contigo. Si usar tu propia calculadora es más rápido o fácil para ti, podrías tomar el examen de Matemáticas en un centro de exámenes.

CONSEJO

>> **Aprende a usar la pizarra digital del examen GED.** A veces, al resolver un problema matemático, ayuda escribir los números o dibujar un diagrama. Puedes usar la pizarra digital o la tableta borrable (solo en un centro de exámenes). Familiarízate con la pizarra en el sitio web del Servicio de Exámenes GED, www.ged.com/es/take-the-ged-test-online/. Al igual que con la calculadora, si la pizarra digital te resulta difícil de usar, podrías considerar tomar el examen en persona en un centro de exámenes para poder usar la tableta borrable.

>> **Familiarízate con la hoja de fórmulas.** Asegúrate de saber cómo encontrar y usar las fórmulas para responder preguntas.

>> **Aprende a usar la herramienta de símbolos Æ del examen GED.** Utilizas esta herramienta para insertar símbolos especiales como > (mayor que) en respuestas de preguntas de rellenar espacios en blanco o en la pizarra en línea. Puedes ver una explicación de la herramienta en la Hoja de Fórmulas Matemáticas al inicio del Capítulo 21. Puedes acceder a la herramienta de símbolos haciendo clic en el icono Æ en la pantalla del examen.

>> **Asegúrate de entender lo que lees.** Si no puedes leer y entender las preguntas, no puedes responderlas. Solo leer no siempre es suficiente: tienes que detenerte y hacerte preguntas sobre lo que lees. Una buena manera de practicar esta habilidad es al leer cada pregunta, pregúntate: ¿Qué quiere que encuentre esta pregunta? ¿Cómo puedo calcularlo? ¿Cuál es la respuesta en términos generales?

Capítulo **14**

Tipos de Preguntas de Razonamiento Matemático y Estrategias para Resolverlas

E l examen de Razonamiento Matemático (Matemáticas) dura 115 minutos. Las primeras cinco preguntas están diseñadas para hacerse sin calculadora y deben intentarse antes de seguir adelante. Para el resto de las preguntas, puedes necesitar o no una calculadora para completarlas. Si ves el ícono de la calculadora en la pantalla, puedes usar la calculadora en pantalla (o la tuya si la has traído al centro de examen) para resolver el problema. Utilizarás una calculadora especial — ¡hablaremos más de eso más adelante! Tener un conocimiento básico de los formatos de las preguntas te ayuda a evitar sorpresas cuando te sientes a hacer el examen. El examen de Matemáticas te presenta preguntas de todas las áreas de las matemáticas, desde cálculos aritméticos hasta álgebra básica, geometría y más. En este capítulo, explico los formatos de preguntas que encontrarás en este examen y ofrezco consejos sobre cómo resolverlas con facilidad.

Perfeccionar tu Enfoque con Preguntas de Muestra

Puede que esta sea tu primera experiencia tomando un examen de matemáticas en una computadora, ¡pero no te preocupes! El examen sigue siendo sobre matemáticas, las mismas matemáticas de siempre que han existido durante varios miles de años. Las operaciones básicas siguen siendo suma, resta, multiplicación y división. La práctica no hace la perfección, pero aumentará tus posibilidades de obtener la respuesta correcta a la pregunta.

Como el examen no se te penaliza por adivinar, si no sabes la respuesta a una pregunta, adelante, adivina. Aunque no puedes obtener un punto por dejar una respuesta en blanco, puedes obtener un punto por eliminar todas las opciones menos la más posible y marcarla (si aciertas, por supuesto).

Aprovechar al máximo las preguntas de opción múltiple

La mayoría de las preguntas en el examen de Matemáticas son de opción múltiple. Te dan cuatro posibles respuestas y todo lo que tienes que hacer es elegir la mejor respuesta.

Respondiendo a preguntas básicas de opción múltiple

Las preguntas de opción múltiple en el examen de Matemáticas son bastante directas. Te dan alguna información o una figura y te piden que respondas basándote en esa información. Aquí tienes un par de ejemplos.

Milton quería ser más alto que su padre, quien medía 2 yardas de altura. Milton medía 5 pies 10 pulgadas incluso cuando se estiraba. ¿Cuánto más tendría que crecer Milton para ser al menos una pulgada más alto que su padre?

(A) 1 pulgada

(B) 2 pulgadas

(C) 3 pulgadas

(D) 4 pulgadas

Lo primero que debes hacer con preguntas como esta es asegurarte de que todas las medidas estén en el mismo formato. Dos yardas equivalen a 6 pies (1 yarda = 3 pies). Así que Milton es 2 pulgadas más bajo que su padre. La pregunta es cuánto tendría que crecer para ser al menos 1 pulgada más alto que su padre. Si creciera 3 pulgadas, habría alcanzado ese objetivo. La opción (C) es correcta.

Samantha era una súper vendedora y, muy posiblemente, la mejor vendedora de Industrial Chemicals Inc. Era tan buena que sabía que solo tenía que trabajar tres meses no solo para superar los récords de ventas de sus compañeros, sino también para aumentar considerablemente las ventas totales de la empresa. El siguiente gráfico apareció en el informe anual de la empresa. ¿En qué trimestre crees que Samantha realizó todas sus ventas?

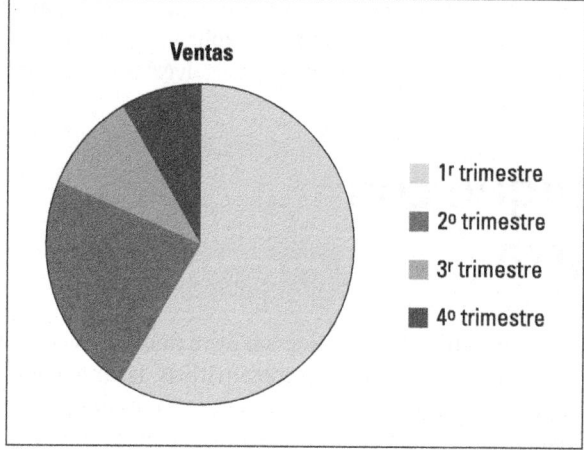

(A) 1º

(B) 2º

(C) 3º

(D) 4º

El gráfico muestra que la mayoría de las ventas se realizaron en el primer trimestre, y si las afirmaciones de Samantha eran ciertas, ella habría realizado la mayoría de esas ventas. En los otros nueve meses del año, sin sus ventas, las ventas generales disminuyeron considerablemente. En un gráfico como este, el área del segmento del círculo representa los datos. Por lo tanto, la respuesta es la opción (A).

Extrayendo la información que necesitas

Algunas de las preguntas en el examen de matemáticas pueden tener información extra que no necesitas; en esos casos, simplemente ignórala. Por supuesto, debes asegurarte de que la información que crees que es extra realmente lo sea. Por ejemplo, si la última pregunta en la sección anterior decía que Irving era el peor vendedor que la empresa jamás había empleado, esa información realmente sería extra y no haría ninguna diferencia en el resto de la pregunta.

Las personas que redactan las preguntas del examen incluyen información extra por una razón: La información extra puede hacer que adivinar sea más difícil y separar a los que prestan atención de los que no lo hacen. A veces, se añade información extra para hacer la pregunta un poco más realista: En la vida real, siempre estás identificando la información relevante para resolver problemas. No quieres ignorar nada esencial para resolver el problema.

Mientras lees la siguiente pregunta, intenta visualizar la situación y considera dónde la trama toma un giro extremo. Este suele ser el lugar donde la información pasa de ser importante a irrelevante o viceversa.

EJEMPLO

Kenny, Dennis y Sofia salieron a almorzar temprano. La pared de su hamburguesería favorita tenía el siguiente menú:

Artículo	Calorías (kcal)	Grasa (g)	Precio ($)
Hamburguesa	780	44	4.09
Hamburguesa con queso	793	56	4.09
Wrap de Vegetales	450	25	3.69
Papas fritas	360	17	1.59
Muffin de arándanos	450	15	2.10
Galleta	160	7	1.00
Refresco	220	0	1.49

Su cuenta total fue de $24.31, y después de una larga discusión, decidieron dar una propina del 15% al camarero. ¿Cuál fue la propina del camarero?

(A) $2.92

(B) $3.00

(C) $3.65

(D) $4.86

El menú puede ser interesante, pero es irrelevante para responder a esta pregunta. La información relevante es la parte sobre la propina del camarero. La única información importante es el monto de la cuenta y el porcentaje de la propina. Así que multiplicas la cuenta total por un 15% para obtener una propina de $24.31 \times 0.15 = \$3.65$, redondeada al centavo más cercano. Por lo tanto, la opción (C) es la respuesta.

CONSEJO

Leer la pregunta primero puede ayudarte a identificar la información relevante que necesitas del gráfico. De esa manera, puedes concentrarte solo en la información que necesitas.

En otros casos, puede que tengas que encontrar y extraer los detalles que necesitas de la pregunta y el gráfico y combinarlos. Echa un vistazo a este ejemplo.

EJEMPLO

Un combo en el restaurante incluye papas fritas y un refresco con la hamburguesa por $6.49. Si pides antes de las 12 p.m., obtienes una galleta gratis. ¿Cuánto puede ahorrar Dennis de los precios del menú al pedir el especial, sin contar impuestos ni propina, a las 11:45 a.m.?

(A) $0.68

(B) $1.00

(C) $1.68

(D) $2.68

En esta pregunta, tienes que usar la información de la pregunta para averiguar qué está incluido en el combo cuando se pide antes del mediodía (hamburguesa, papas fritas, refresco y una galleta gratis). Luego, usas el menú para determinar el costo total de los artículos y luego restas el costo del especial: $\$4.09 + 1.59 + 1.49 + 1.00 - 6.49 = \$1.68$. Por lo tanto, la opción (C) es la respuesta.

Proporcionar la respuesta en ejercicios de completar espacios en blanco

Los ejercicios de completar espacios en blanco requieren que escribas la respuesta sin tener cuatro opciones de respuesta entre las que elegir. En el examen de matemáticas, estas preguntas siempre implican algún cálculo, y la respuesta siempre es un número. Te explicaré como responder a dos preguntas de ese tipo en esta sección.

EJEMPLO

Elena quería comprar un nuevo televisor LCD. El viejo tenía una medida diagonal de 32 pulgadas, pero ella quería comprar uno de 50 pulgadas en diagonal. El nuevo sería [   ] pulgadas más grande, medido en diagonal. Puedes usar números, un punto decimal (.) y/o un signo negativo (−) en tu respuesta.

Para responder a esta pregunta, debes encontrar la diferencia entre los dos televisores. El nuevo sería $50 - 32 = 18$ pulgadas más grande, medido en diagonal.

EJEMPLO

Carol encontró un trabajo a tiempo parcial para aumentar sus ingresos. Le pagaban $13.45 por hora y le prometieron un aumento del 15% después de tres meses. El negocio había estado muy flojo durante ese periodo, y el dueño llamó a Carol para explicarle que solo podía permitirse un aumento del 11%, pero evaluaría el aumento en el siguiente trimestre, dependiendo de cómo fuera el negocio. Con este aumento, la nueva tarifa por hora de Carol sería [   ]. Puedes usar números, un punto decimal (.) y/o un signo negativo (−) en tu respuesta.

Para calcular el monto de un aumento del 11%, multiplica por el 111% ($100\% + 11\% = 111\%$, o 1.11 expresado como decimal). El nuevo salario de Carol se calcularía a una tasa de $13.45 multiplicado por el 111%, o $\$13.45 \times 1.11 = \$14.93$ (redondeado al centavo más cercano).

El GED sigue las convenciones norteamericanas para escribir comas y puntos decimales en los números. Usa comas para separar los dígitos en números largos en grupos de 3 dígitos (como 1,000,000). Usa un punto decimal para fracciones decimales (como 1.08).

Respondiendo a otros tipos especiales de preguntas

Algunas preguntas especiales te pedirán que selecciones una respuesta de un menú desplegable o que arrastres números o palabras a la posición correcta usando el cursor y el ratón. Puedes ver cómo funcionan estas preguntas en el examen del GED en el Capítulo 2. Puedes practicar estas preguntas en el examen de práctica completa en el Capítulo 21, y usar las respuestas y explicaciones en el Capítulo 22 para verificar tu trabajo. El sitio web del GED también ofrece preguntas de práctica gratuitas y tutoriales que pueden ayudarte a entender estos tipos especiales de preguntas.

Ocasionalmente, las preguntas en el GED te pedirán que uses el cursor para indicar un punto en una tabla o gráfico. Este formato de pregunta, llamado "hot-spot", se emplea a menudo y ocurre principalmente con el plano de coordenadas. Lo menciono aquí "por si acaso". Observa el ejemplo:

Marca el punto (1,1) en el plano de coordenadas.

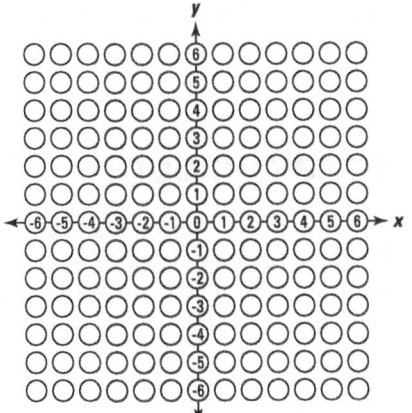

© John Wiley & Sons, Inc.

En este caso, usa el ratón para colocar el cursor sobre el punto correcto y haz clic.

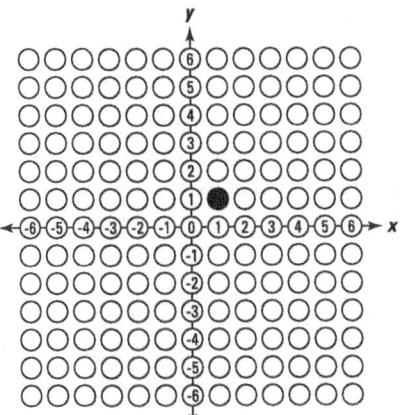

© John Wiley & Sons, Inc.

Usar las Funciones Especiales del Examen de Razonamiento Matemático

Durante el examen de Razonamiento Matemático, puedes usar la calculadora TI-30XS MultiView en pantalla (o la tuya propia) para todas las preguntas excepto las cinco primeras. Antes de empezar a celebrar, recuerda que la calculadora es un instrumento que hace que los cálculos sean más fáciles. No resuelve problemas ni hace milagros. Todavía tienes que resolver los problemas utilizando el ordenador entre tus orejas.

El examen también tiene una hoja de fórmulas. Esto tampoco es un milagro que pueda resolver problemas por ti. Es solo una ayuda de memoria si no recuerdas las fórmulas. Y como un regalo especial, el examen de Matemáticas también proporciona símbolos para que los uses en las preguntas de llenar los espacios en blanco, según sea necesario. Exploro todas estas funciones en las siguientes secciones. Puedes probar estas funciones especiales en el sitio web del GED, en `https://www.ged.com/es/take-the-ged-test-online/`. Inicia sesión y selecciona "Estudiar." Luego selecciona "Vistas Previas del Examen" y en el cuadro de Matemáticas, usa el cursor y el ratón para abrir la vista previa, donde puedes probar la calculadora y la hoja de fórmulas. Un tutorial para la calculadora se encuentra aquí: `https://www.ged.com/practice-test/es/calculator/`.

RECUERDA

Una de las herramientas más valiosas para prepararte para el GED es una cuenta en `ged.com`. Además de ser el lugar donde te inscribes para tomar el examen, este sitio web ofrece varias ayudas de estudio. Tienes que estar conectado a tu cuenta para acceder a información y tutoriales sobre muchas de las funciones especiales que menciono en este capítulo.

Resolver preguntas con y sin calculadora

En todas las preguntas del examen de Matemáticas, excepto en los primeros cinco, puedes usar una calculadora. Debes terminar las primeras cinco preguntas antes de pasar a las preguntas que utilizan la calculadora. Para abrir la calculadora, haz clic en el ícono de la calculadora en la pantalla del examen. Aparecerá en pantalla una calculadora — para ser exactos, una Texas Instruments TI-30XS MultiView.

Es una buena idea familiarizarte con la calculadora antes de tomar el examen GED. Puedes usar la que está en el sitio web del Servicio de Exámenes GED para practicar o encontrar una idéntica de mano. (La calculadora en pantalla funciona exactamente igual que el dispositivo de mano). Luego asegúrate de saber cómo resolver los diversos tipos de problemas matemáticos, y depende de la calculadora solo para realizar operaciones mecánicas de manera más rápida y sencilla.

CONSEJO

Ten en cuenta la calculadora cuando decidas dónde tomar el examen de Matemáticas. Si haces el examen en casa, solo puedes usar la calculadora en pantalla. En un centro de exámenes, puedes llevar tu propia calculadora TI-30XS MultiView. Si usar una calculadora de mano es más fácil o rápido para ti, toma el examen de Matemáticas en un centro de exámenes, incluso si es menos conveniente para ti de otras maneras. ¡Unos pocos puntos en el examen de Matemáticas pueden marcar una gran diferencia! Y no te preocupes por los otros exámenes. Puedes tomar cualquiera de los exámenes en casa o en un centro de exámenes — ¡a tu elección!

A menudo, usar matemáticas mentales es más rápido que usar una calculadora, especialmente con preguntas de opción múltiple donde tienes cuatro opciones de respuesta para elegir. Y cuantas más preguntas respondas mentalmente, más fácil será. Aquí hay algunas maneras de practicar usando matemáticas mentales (sin calculadora):

>> Cuando vayas de compras, suma los precios a medida que colocas artículos en tu carrito. Verifica tu total en la caja registradora.

>> Calcula los descuentos de los artículos que ves o compras cuando vas de compras.

>> Sé el primero en tu mesa en un restaurante en calcular la propina. Y para práctica adicional, calcula diferentes porcentajes de propina en tu cuenta, como propinas del 15, 18 y 20 por ciento.

CONSEJO

Para preguntas de opción múltiple, a veces es más fácil y rápido estimar la respuesta a una pregunta. Por ejemplo, 4.2×8.9 es aproximadamente 4×9, lo que equivale a 36. Si solo una opción de respuesta está cerca de 36, esa opción probablemente sea la correcta. Sin embargo, si ves que dos o más opciones de respuesta están cerca de 36, necesitas calcular la respuesta exacta.

Refrescar tu memoria con la hoja de fórmulas

El examen de Matemáticas del GED incluye una hoja de fórmulas con una lista de fórmulas que podrías necesitar para el examen. Simplemente haces clic en el ícono de fórmulas para que aparezca la página con las fórmulas. Lamentablemente, no aparecerá un genio para decirte cuál fórmula usar. Descubrir cuál fórmula necesitas es tu tarea.

Para familiarizarte con las fórmulas que podrías necesitar en el examen del GED, estudia las fórmulas en este libro (puedes encontrar una lista de fórmulas en el examen de práctica en el Capítulo 21) y asegúrate de conocer el propósito de cada una. Por ejemplo, si tienes una fórmula para el volumen de un cubo rectangular y la pregunta te pide cuántos pies cúbicos de agua contiene una piscina, sabes que esta fórmula te permitirá encontrar la respuesta. Si la pregunta te pide cuántas baldosas se necesitan para rodear el borde de la piscina, necesitas otra fórmula.

Insertar símbolos especiales

Al responder a preguntas de llenar los espacios en blanco, a veces necesitas insertar símbolos especiales, como sumar o restar, mayor que o menor que, igual, pi (π), y así sucesivamente. Puedes ver todos los símbolos al comienzo del Examen de Práctica completo en el Capítulo 21. Para hacer que un símbolo aparezca en el cuadro de llenar los espacios en blanco en el examen, haz clic en el icono de símbolos en la parte superior de la pantalla (Æ), y luego haz clic en el símbolo que quieres incluir en el cuadro. También puedes usar los símbolos en la pizarra digital.

Administrar tu Tiempo para el Examen de Matemáticas

Trata de no sentirte intimidado por la palabra *matemáticas* o por la materia en sí. Un profesor de matemáticas dijo una vez que los matemáticos son personas perezosas: siempre usan la manera más fácil de encontrar la respuesta correcta. No quiero insultar ni irritar a ningún matemático llamándolos perezosos, pero encontrar la manera más fácil de resolver un problema es generalmente la forma correcta. Si tu método es demasiado largo y complicado, probablemente no sea el correcto.

El examen de Razonamiento Matemático te da 115 minutos para completar 50 preguntas. Eso es menos de 1½ minutos por pregunta, así que tienes que avanzar. Debes responder las primeras cinco preguntas sin usar la calculadora, y luego el resto después de haber contestado estas cinco preguntas.

Para ayudarte a administrar tu tiempo en el examen de matemáticas, revisa las siguientes sugerencias (consulta el Capítulo 3 para algunos consejos generales sobre el uso del tiempo):

RECUERDA

>> **Mantente en el horario.** Ser capaz de administrar tu tiempo es el indicador más importante de éxito en el examen de matemáticas. Si logras mantenerte en tu horario de menos de 1½ minutos por pregunta, tendrás suficiente tiempo para revisar tus respuestas y hacer los cambios necesarios después de resolver todas las preguntas. Si una pregunta es difícil para ti o implica muchos cálculos que consumen tiempo, utiliza la función de bandera en el examen. Eso marcará la pregunta para que puedas volver a él más tarde si tienes tiempo. No es una buena idea usar todo tu tiempo intentando resolver una sola pregunta a costa de los demás.

Con un horario tan ajustado para tomar el examen de matemáticas, no tienes tiempo para entrar en pánico. Además de que entrar en pánico te distrae de tu objetivo general, también consume tiempo y tienes muy poco tiempo por perder. Así que relájate y haz lo mejor que puedas — guarda el pánico para otro día.

>> **Sabe cuándo avanzar.** Si no entiendes qué se pide en una pregunta en unos pocos segundos, vuelve a leer la pregunta e intenta de nuevo. Si aún no está claro, deja la pregunta o usa la función de bandera y pasa a la siguiente pregunta. Más tarde puedes usar la pantalla de revisión para volver a esas preguntas — ¡incluso si es solo para adivinar!

>> **Mantén un ojo en el tiempo.** El temporizador en la pantalla de la computadora es tu único indicio del tiempo durante el examen. No se te permite llevar ningún dispositivo electrónico al área de evaluación, excepto tu calculadora, y solo si realizas el examen en un centro de exámenes.

6

Poniendo a Prueba tus Habilidades: Examen de Práctica Completo para el GED

Capítulo 15

Examen de Práctica: Razonamiento a través de las Artes del Lenguaje

Estás listo para enfrentarte a una práctica completa del examen de Razonamiento a través de las Artes del Lenguaje del GED. ¡Te sientes bien y preparado para comenzar! (Bueno, tal vez no totalmente preparado, pero al menos eres lo suficientemente listo para saber que esta práctica es buena para ti).

Tienes 95 minutos para completar la sección de preguntas y respuestas y luego otros 45 minutos para escribir la Respuesta Extendida (un elemento separado). Tienes un descanso de diez minutos antes de comenzar la Respuesta Extendida. Recuerda, no puedes guardar tiempo de una sección para usar en la otra. Usa el reloj en tu teléfono móvil para controlar el tiempo. Si se te acaba el tiempo, marca la última pregunta que contestaste. Luego termina las preguntas restantes. Esto te dará una idea de cuán rápido debes trabajar para completar todas las preguntas en el examen real.

Las respuestas y explicaciones a las preguntas de este examen se encuentran en el Capítulo 16. Revisa las explicaciones de todas las preguntas, incluso las que contestaste correctamente. Las explicaciones son una buena revisión de las técnicas que discuto a lo largo del libro.

RECUERDA

En muchos estados, puedes tomar el examen GED en inglés o español y puedes combinar los dos idiomas para obtener tu credencial. Sin embargo, en otros estados, hay que tomar todo el examen en un solo idioma. Por otra parte, al menos en un estado, tienes que tomar el examen del RLA únicamente en inglés. Verifica las reglas y los precios exactos para tu estado con la herramienta en www.ged.com/es/policies/. Si las reglas de tu estado no te convienen, usa la herramienta para ver si puedes tomar el examen en un estado vecino. No todos los estados requieren residencia para tomar el examen.

RECUERDA

Ya sea que tomes el GED supervisado en línea en casa o realices el examen en un centro de exámenes, harás el examen en una computadora. En lugar de marcar tus respuestas en una hoja de respuestas, como lo haces para los exámenes de práctica en este libro, verás óvalos clicables y harás clic con el ratón para responder a preguntas de menú desplegable y arrastrar y colocar donde se indique. He formateado estos ítems especiales en este libro para que se parezcan lo más posible al verdadero examen GED, pero tuve que mantener las opciones A, B, C y D para marcar tus respuestas en la hoja de respuestas. Si es posible, escribe el ensayo en una computadora para simular las condiciones del día del examen. De lo contrario, usa el papel rayado que te proporciono. De todas maneras, ten a mano una o dos hojas de papel para anotar ideas y organizar tus pensamientos.

Hoja de Respuestas para la Prueba de Razonamiento a través de Artes del Lenguaje

1. _____

2. _____

3. _____

4. _____

5. _____

6. _____

7. _____

8. _____

9. _____

10. _____

11. _____

12. _____

13. _____

14. _____

15. _____

16. _____

17. _____

18. _____

19. _____

20. _____

21. _____

22. _____

23. _____

24. _____

25. _____

26. _____

27. _____

28. _____

29. _____

30. _____

31. _____

32. _____

33. _____

34. _____

35. _____

36. _____

37. _____

38. _____

39. _____

40. _____

41. _____

42. _____

43. _____

44. _____

45. _____

46. _____

47. _____

48. _____

49. _____

50. _____

Las preguntas 1–9 se refieren a este pasaje.

(1) Un estudio de la Universidad de Harvard arroja luz sobre un tema importante para todos nosotros: el secreto para tener vidas felices y plenas. El estudio, actualmente dirigido por el profesor de Harvard Robert Waldinger, es uno de los estudios más largos sobre lo que hace felices a las personas. El estudio comenzó en 1938 estudiando a un grupo de 724 estudiantes de Harvard y a un grupo de 456 residentes de Boston, Massachusetts. Todos los residentes de Boston provenían de algunos de los barrios más pobres de Boston. El estudio siguió a los participantes, año tras año, a lo largo de sus vidas. A lo largo de los años, periódicamente se les realizaron chequeos médicos, se les hicieron pruebas psicológicas, participaron en entrevistas, proporcionaron información sobre sus ingresos y finanzas, y mucho más. Los investigadores acudían a sus hogares para examinar las condiciones de vida. Los investigadores utilizaron entrevistas y cuestionarios para evaluar el sentido de felicidad y realización de los participantes en la vida. Y utilizaron datos médicos para evaluar la salud y el bienestar de los participantes.

(2) Cuando estalló la Segunda Guerra Mundial, muchos de los participantes se fueron a la guerra. Posteriormente, los participantes continuaron en todos los trabajos y ocupaciones. Algunos se convirtieron en médicos o abogados, mientras que otros se convirtieron en trabajadores de la construcción o consiguieron trabajos en fábricas. Algunos de ellos lograron un éxito asombroso en los negocios o el gobierno. Uno incluso se convirtió en presidente de los Estados Unidos. Otros no tuvieron tanto éxito. Algunos de ellos sufrieron problemas de salud, enfermedades mentales, se convirtieron en alcohólicos o adictos, e incluso murieron.

(3) Este método es una de las pocas formas de recopilar datos válidos sobre cómo las elecciones y circunstancias de vida de las personas las afectan más adelante en la vida. La mayoría de las veces, solo podemos pedirles a las personas que recuerden cómo sus decisiones pasadas afectan su felicidad actual. Sin embargo, las personas a menudo olvidan o incluso ocultan verdades incómodas. Pueden recordar mal u olvidar. Otros estudios, llamados transversales, observan a diferentes personas en diferentes etapas de sus vidas. Pero estos estudios no pueden rastrear efectos a largo plazo a lo largo de una vida. El estudio de Harvard, llamado estudio longitudinal, fue diferente porque siguió a los participantes a lo largo de sus vidas. Este estudio duró desde 1938 hasta la actualidad. Al principio, solo estudiaba a hombres, pero los investigadores luego comenzaron a incluir a las esposas de los participantes. Los datos que examinaron incluían cuestionarios, revisiones de registros médicos, análisis de sangre, escáneres cerebrales y entrevistas con miembros de la familia. Debido a que estudios como este son costosos e implican compromisos a largo plazo por parte de los investigadores y participantes, estos estudios son muy poco comunes. Por lo tanto, este estudio puede proporcionar valiosas ideas sobre los factores que contribuyen a una vida feliz.

(4) Waldinger dice que los resultados muestran que la felicidad y la satisfacción con la vida no corresponden a la riqueza, el poder, la fama o el prestigio. A pesar de que estos son los objetivos de muchas personas, los datos muestran que lograrlos no se corresponde con sentirse satisfecho con la vida. Más bien, dice el estudio, las personas que tenían relaciones fuertes y positivas con los demás — familia, amigos y miembros de la comunidad — tenían más probabilidades de estar sanas y felices. Aquellos que informaron sentirse solos tendían a ser menos felices y a experimentar problemas de salud antes que las personas que informaron relaciones positivas. Las personas que se sentían solas también sufrían más dolores y molestias a medida que envejecían. El estudio también reveló que el alcoholismo era una de las principales causas de problemas. El alcoholismo fue la principal razón del divorcio entre los participantes de Harvard. El alcoholismo y el tabaquismo fueron las principales causas de muerte prematura entre los participantes. Otra conclusión

realmente importante fue que las personas que vivieron vidas felices y saludables hasta los 80 años probablemente estuvieran en relaciones a largo plazo con personas en las que sentían que realmente podían confiar. Esto era cierto independientemente de si las parejas discutían o no de vez en cuando. El factor más importante era si sentían compromiso mutuo.

1. ¿Cuál era el propósito del estudio?

   (A) demostrar que una educación en Harvard puede llevar a una vida feliz

   (B) desacreditar la idea de que el dinero puede comprar la felicidad

   (C) descubrir los factores que contribuyen a la satisfacción de las personas en la vida

   (D) encontrar formas para que las personas eviten las trampas comunes en la vida

2. ¿Cuál opción pone las oraciones en el orden correcto?

   1. Los participantes participaron en Segunda Guerra Mundial.
   2. Los investigadores recopilaron datos de las personas.
   3. Los investigadores utilizaron sus datos para sacar conclusiones.
   4. Los investigadores continuaron recopilando datos.
   5. Los participantes comenzaron carreras en una variedad de campos y lugares de trabajo.
   6. Los investigadores identificaron a las personas para incluirlas en el estudio.

   (A) 2, 6, 1, 4, 3, 5

   (B) 6, 2, 1, 5, 4, 3

   (C) 5, 4, 3, 6, 2, 1

   (D) 6, 2, 4, 5, 1, 3

3. ¿Cuál de las siguientes es la razón más probable por la que se incluyeron residentes de barrios pobres de Boston como participantes en el estudio?

   (A) Las personas de este origen suelen tener vidas infelices.

   (B) Estos participantes ayudarían a los investigadores a descubrir factores que hacen infelices a las personas.

   (C) Los investigadores podrían comparar a personas de una variedad de orígenes sociales.

   (D) Los investigadores no tendrían que pagarles mucho por su participación.

4. ¿Cuál es el propósito de esta oración al final del párrafo 3?

   Debido a que estudios como este son costosos e implican compromisos a largo plazo de investigadores y participantes, estos estudios son muy poco comunes.

   (A) El autor quiere desacreditar el estudio.

   (B) El autor quiere mostrar que este estudio es valioso porque es inusual o único.

   (C) El autor quiere mostrar que el estudio fue difícil de llevar a cabo.

   (D) El autor quiere mostrar que este estudio es sesgado porque no consideró a las mujeres.

5. ¿Cuál de estos detalles apoya la conclusión de que la soledad tiene consecuencias negativas?

   (A) Las personas que están en relaciones comprometidas tienden a vivir más tiempo que las personas que no están en tales relaciones.

   (B) La participación comunitaria ayuda a las personas a vivir más tiempo.

   (C) Las personas que se sienten solas desarrollan problemas de salud antes en la vida que las personas que no se sienten solas.

   (D) Las personas que discuten con frecuencia tienden a ser infelices.

6. ¿Cuál es el propósito del párrafo 3?

   (A) dar los resultados del estudio

   (B) declarar el propósito del experimento

   (C) explicar el método de investigación y sus ventajas

   (D) describir a los participantes del estudio

7. ¿Qué significa la palabra "longitudinal" en esta oración del párrafo 3?

   El estudio de Harvard, llamado estudio longitudinal, fue diferente porque siguió a los participantes a lo largo de sus vidas.

   (A) El estudio es largo y aburrido

   (B) El estudio examina a diferentes personas de diferentes edades durante períodos cortos de tiempo.

   (C) El estudio examina a los participantes a lo largo del tiempo.

   (D) El estudio utiliza cuestionarios, pruebas médicas y entrevistas.

8. ¿Cuál de las siguientes personas sería más probable que viviera una vida infeliz y sufriera de mala salud, según el estudio?

   (A) un viudo que vive solo en una cabaña aislada en la montaña después de que su amada esposa muriera hace siete años

   (B) una madre soltera que está ocupadísima criando a tres hijos adolescentes y tiene un novio simpático

   (C) una pareja casada que se dedica el uno al otro, pero que a menudo discute tranquilamente mientras cocina la cena

   (D) una viuda mayor que a menudo juega a las cartas con sus amigos y se mantiene ocupada como voluntaria en la comunidad

9. Según el pasaje, ¿cuál de las siguientes es la mayor causa de divorcio?

   (A) consumo de tabaco

   (B) enfermedad mental

   (C) alcoholismo

   (D) exceso de trabajo

Preguntas 10–17 se refieren al siguiente pasaje y extracto de la Proclamación de Emancipación.

Nuestro Nuevo Día Feriado

(1) Juneteenth es el feriado federal más nuevo de los Estados Unidos. En junio de 2021, el Congreso de los EE.UU. aprobó una ley que reconoce el 19 de junio como día festivo nacional, la cual fue firmada por el presidente Joe Biden. Antes de esto, el feriado federal más reciente era el día del cumpleaños del Dr. Martin Luther King, que fue declarado feriado en 1983. Juneteenth marca una fecha de vital importancia en la historia de los Estados Unidos: el fin de una terrible institución, la esclavitud, en Texas y en los Estados Unidos, al final de la Guerra Civil. La esclavitud existía en las colonias británicas desde al menos 1619, cuando el primer grupo de africanos secuestrados llegó cerca de lo que ahora es Hampton, Virginia. La esclavitud existió en las colonias y los Estados Unidos hasta que fue abolida en la Confederación por la Proclamación de Emancipación el 1 de enero de 1863.

(2) Sin embargo, la noticia de la Proclamación de Emancipación no llegó a Texas hasta después de que la guerra había terminado. El 18 de junio de 1865, el ejército de la Unión entró en Galveston, Texas. Al día siguiente, el comandante del ejército de la Unión, el general Gordon Granger, emitió la Orden General Número 3, que anunciaba el fin de la Guerra Civil el 9 de abril de ese año y la abolición de la esclavitud en Texas. La orden se emitió casi dos años y medio después de que Abraham Lincoln emitiera la Proclamación de Emancipación, que abolió la esclavitud en la Confederación. La orden decía en parte: "Se informa al pueblo de Texas que, de acuerdo con una proclamación del Ejecutivo de los Estados Unidos, todos los esclavos son libres. Esto implica una igualdad absoluta de derechos personales y derechos de propiedad entre los antiguos amos y esclavos, y la conexión que hasta ahora existía entre ellos se convierte en la de empleador y trabajador contratado".

(3) La gente en Texas comenzó a celebrar este gran evento al año siguiente con reuniones en iglesias y comunidades. Hasta 2021, este día de orgullo fue reconocido ampliamente en todos los Estados Unidos y se había convertido en un feriado oficial en muchos estados. Por ejemplo, había sido un feriado oficial en Texas desde 1980. Esta fecha importante se convirtió en un feriado federal el 17 de junio de 2021. El primer feriado federal oficial se celebró al día siguiente, el 18 de junio de 2021, el viernes antes de la fecha real. ¡Por fin, todos los estadounidenses pueden celebrar este evento histórico!

Proclamación de Emancipación (Emitida el 1 de enero de 1863)

(4) El primer día de enero, en el año de nuestro Señor 1863, todas las personas mantenidas como esclavos dentro de cualquier Estado o parte designada de un Estado, cuyo pueblo esté entonces en rebelión contra los Estados Unidos, serán entonces, de ahora en adelante y para siempre libres; y el Gobierno Ejecutivo de los Estados Unidos, incluida la autoridad militar y naval del mismo, reconocerá y mantendrá la libertad de tales personas, y no realizará ningún acto o acciones para reprimir a dichas personas, ni a ninguna de ellas, en los esfuerzos que puedan realizar para su libertad efectiva.

10. ¿Qué evento conmemora el feriado de Juneteenth?

(A) la emisión de la Proclamación de Emancipación

(B) la llegada de las tropas estadounidenses a Texas

(C) el fin de la esclavitud

(D) la llegada del general Gordon Granger a Texas

11. Según el pasaje, ¿cuándo se celebró por primera vez Juneteenth?

(A) 19 de junio de 1865

(B) 19 de junio de 1866

(C) 18 de junio de 2021

(D) 19 de junio de 2021

12. ¿Cuál de las siguientes opciones se mencionan en la Orden emitida por el General Granger?

(A) El ejército de EE.UU. puede ayudar a las personas anteriormente esclavizadas a obtener su libertad.

(B) Las personas anteriormente esclavizadas pueden mudarse a otro lugar para obtener su libertad.

(C) Las personas que antes eran esclavos pueden convertirse en trabajadores empleados.

(D) El gobierno garantizará que todas las personas esclavizadas sean liberadas.

13. ¿A quién se refiere la frase "el Ejecutivo de los Estados Unidos" en la siguiente oración del párrafo 1 del pasaje?

Se informa a la gente de Texas que, de acuerdo con una proclamación del Ejecutivo de los Estados Unidos, todos los esclavos son libres.

(A) El Presidente Abraham Lincoln

(B) El General Gordon Granger

(C) El Presidente Joe Biden

(D) El Dr. Martin Luther King

14. ¿Cuál opción pone las oraciones en el orden correcto?

1. Se celebró el primer Juneteenth.

2. Juneteenth se convirtió en un feriado federal oficial en los EE.UU.

3. El General Granger llegó a Texas.

4. El General Granger emitió la Orden Número 3.

5. Juneteenth se convirtió en un feriado oficial en Texas.

(A) 4, 3, 1, 5, 2

(B) 3, 4, 1, 5, 2

(C) 3, 1, 4, 2, 5

(D) 4, 5, 1, 3, 2

15. Según el pasaje, el presidente firmó el proyecto de ley el 17 de junio de 2021, y el primer feriado federal oficial fue al día siguiente. Con base en esta información, ¿cuál de estas opciones de respuesta es correcta?

(A) Las noticias sobre el nuevo feriado llegaron tarde.

(B) La Corte Suprema necesitó tiempo para revisar el proyecto de ley.

(C) El gobierno quería celebrar la festividad el mismo año en que se convirtió en feriado.

(D) El gobierno es lento y burocrático.

16. ¿Cuál es la relación entre la Proclamación de Emancipación y la Orden Número 3?

(A) La Orden liberó a las personas esclavizadas en la Confederación, y la Proclamación de Emancipación terminó con la esclavitud en Texas.

(B) La Proclamación de Emancipación abolió la esclavitud en la Confederación y la Orden lo anunció en Texas.

(C) La Proclamación de Emancipación abolió la esclavitud en la Confederación y la orden puso fin a la Guerra Civil.

(D) La Orden corrigió algunos errores en la Proclamación de Emancipación.

17. ¿Cuál de estas frases resume mejor el tono de "Nuestro Nuevo Feriado"?

(A) sin emoción

(B) orgulloso

(C) objetivo

(D) irónico

(1) Cuando el mundo resonó con la historia del oro ártico y el llamado del Norte tocó las fibras del corazón de los hombres, Carter Weatherbee abandonó su cómodo empleo como oficinista, entregó la mitad de sus ahorros a su esposa, y con el resto compró un equipo. No había romance en su naturaleza; la esclavitud del comercio había aplastado todo eso; simplemente estaba cansado de la rutina interminable y deseaba arriesgarse a grandes peligros para obtener ganancias correspondientes y allí, para desgracia del bienestar de su alma, se unió a un grupo de hombres.

(2) No había nada inusual en este grupo, salvo sus planes. Incluso su objetivo, como el de todos los demás grupos, era el Klondike. Pero la ruta que había trazado para alcanzar ese objetivo dejaba sin aliento al más duro de los nativos, nacidos y criados en las vicisitudes del noroeste. Incluso Jacques Baptiste, hijo de una mujer chippewa y un voyageur renegado (que había dado su primer llanto en una tienda de piel de ciervo al norte del paralelo 65 y lo había acallado con un chupete de sebo crudo), se sorprendió. Aunque vendió sus servicios a ellos y aceptó viajar incluso hasta el hielo que nunca se derretía, movía la cabeza ominosamente cada vez que se le pedía su consejo.

(3) La estrella maligna de Percy Cuthfert debe haber estado en ascenso, pues él también se unió a esta compañía de argonautas. Era un hombre corriente, con una cuenta bancaria tan profunda como su cultura, lo cual ya es decir mucho. No tenía razones para embarcarse en tal empresa: ninguna razón en el mundo, salvo que sufría de un desarrollo anormal de sentimentalismo. Confundía esto con el verdadero espíritu de romance y aventura.

18. ¿Cuál de las siguientes palabras o frases describe a Carter Weatherbee?

(A) romántico

(B) un nativo resistente

(C) dispuesto a arriesgarse por un buen retorno

(D) un héroe

19. ¿Qué se quiso decir con "esclavitud del comercio" en esta frase del párrafo 1?

No había romance en su naturaleza; la esclavitud del comercio había aplastado todo eso; simplemente estaba cansado de la rutina interminable y deseaba arriesgar grandes peligros en vista de obtener ganancias correspondientes y allí, para desgracia del bienestar de su alma, se unió a un grupo de hombres.

(A) los retornos correspondientes

(B) el romance de su naturaleza

(C) la monotonía de la vida como oficinista

(D) el riesgo de grandes peligros

20. ¿Cuál era el objetivo del grupo?

(A) encontrar los viejos senderos

(B) llegar al Klondike

(C) trazar una ruta

(D) contar la historia del Ártico

21. ¿Cuál palabra describe mejor la ruta elegida hacia el Klondike?

   (A) dichosa

   (B) resistente

   (C) pintoresca

   (D) ominosa

22. ¿Por qué Jacques Baptiste era un buen guía para el grupo?

   (A) Nació de una mujer chippewa.

   (B) Era un voyageur renegado.

   (C) Nació en una tienda de piel de ciervo.

   (D) Era un nativo del Noroeste.

23. Según el pasaje, ¿qué era inusual acerca del grupo?

   (A) su ruta propuesta

   (B) su deseo de encontrar oro

   (C) su destino

   (D) su uso de un guía local

24. ¿Por qué crees que Percy Cuthfert se unió al grupo?

   (A) para demostrar que es un hombre corriente

   (B) por su naturaleza maligna

   (C) para buscar romance y aventura

   (D) para enriquecerse

25. Basado en las pistas que el autor da, ¿cómo terminará probablemente la historia de Carter Weatherbee?

   (A) Será un éxito triunfal.

   (B) Escapará solo con vida.

   (C) Morirá en el viaje.

   (D) Saldrá sin pérdidas y regresará a casa a salvo.

Las preguntas 26–33 se refieren al siguiente artículo de la sala de prensa del Servicio Geológico de los Estados Unidos (www.usgs.gov).

(1) Científicos del USGS y socios islandeses encontraron virus de gripe aviar de América del Norte y Europa en aves migratorias en Islandia, demostrando que el Atlántico Norte es tan significativo como el Pacífico Norte como un crisol para aves y gripe aviar. Un gran número de aves silvestres de Europa y América del Norte se congregan y mezclan en los humedales de Islandia durante la migración, donde las aves infectadas podrían transmitir los virus de gripe aviar a aves sanas de cualquier ubicación.

(2) Al cruzar el Océano Atlántico de esta manera, los virus de gripe aviar de Europa podrían eventualmente ser transportados a los Estados Unidos. Esta mezcla también podría dar lugar a la evolución de nuevos virus de influenza. Estos hallazgos son críticos para la adecuada vigilancia y monitoreo de los virus de la gripe, incluida la influenza aviar H5N1 que puede infectar a los humanos.

(3) "Ninguno de los virus de gripe aviar encontrados en nuestro estudio se considera dañino para los humanos", dijo Robert Dusek, científico del USGS y autor principal del estudio. "Sin embargo, los resultados sugieren que Islandia es un lugar importante para el estudio de la gripe aviar".

(4) Durante la primavera y el otoño de 2010 y el otoño de 2011, los investigadores del USGS y los socios islandeses recolectaron virus de influenza aviar de gaviotas y aves acuáticas en el suroeste y oeste de Islandia. Al estudiar los genomas de los virus, los investigadores encontraron que algunos virus provenían de Eurasia y otros se originaron en América del Norte. También encontraron virus con linajes mixtos americano-eurasiáticos.

(5) "Por primera vez, los virus de influenza aviar de Eurasia y América del Norte se documentaron en la misma ubicación y tiempo", dijo Jeffrey Hall, coautor del USGS e investigador principal de este estudio. "Los virus están evolucionando continuamente, y esta mezcla de cepas virales prepara el escenario para el desarrollo de nuevos tipos de gripe aviar".

26. ¿Qué tan peligroso es esta nueva fuente potencial de gripe aviar para los humanos?

   (A) muy peligroso

   (B) no peligroso en absoluto

   (C) una preocupación pero no particularmente peligrosa

   (D) lo suficientemente serio como para requerir monitoreo

27. Antes de este descubrimiento, ¿dónde creían los científicos que la mayoría de los aves portadoras de la gripe aviar se mezclaban con las aves norteamericanas?

   (A) Pacífico Sur

   (B) América Central

   (C) Eurasia

   (D) Pacífico Norte

28. ¿Por qué fue significativo el hallazgo de genomas virales de Eurasia, América del Norte y mixtos en la misma localidad?

   (A) Demostró que los virus de la gripe aviar se mezclan solo en el Pacífico Norte.

   (B) Demostró que la gripe aviar es un riesgo para los humanos.

   (C) Demostró que los virus de la gripe aviar se habían mezclado en Islandia.

   (D) Demostró que Islandia es el origen de la gripe aviar.

29. ¿Por qué es una preocupación importante la mezcla de virus de gripe aviar en Islandia?

   (A) Puede dar lugar a una nueva cepa peligrosa de gripe aviar.

   (B) Los virus del resfriado están evolucionando constantemente.

   (C) Proporciona tiempo de anticipación para desarrollar nuevas vacunas.

   (D) Indica que los turistas eviten esa área.

30. ¿Cuál de estos términos describe mejor el tono de este pasaje?

   (A) ligero

   (B) profundamente preocupado

   (C) factual y directo

   (D) sombrío

31. ¿Cuál cepa del virus de la gripe aviar puede infectar a los humanos?

(A) la gripe aviar

(B) la cepa H5N1

(C) la gripe aviar H5

(D) la gripe aviar euroasiática

32. ¿Cómo funciona la palabra *sin embargo* en esta frase del Párrafo 3?

"Sin embargo, los resultados sugieren que Islandia es un lugar importante para el estudio de la gripe aviar".

(A) Indica que la gripe aviar no es un riesgo para los humanos.

(B) Contrasta la situación en Islandia y el Pacífico Norte.

(C) Indica el escepticismo del escritor sobre las afirmaciones de los científicos.

(D) Cambia el enfoque del riesgo para los humanos a la necesidad de un monitoreo continuo.

33. ¿Cuál de estas frases es esencial para un resumen del artículo? ¿Cuáles no son esenciales? Escribe las letras de las frases en las casillas correctas.

Esencial para un resumen	No esencial para un resumen

(A) Los científicos estudiaron gaviotas en el suroeste de Islandia.

(B) El análisis reveló virus con genomas mixtos asiáticos y americanos.

(C) Ninguno de los virus encontrados hasta la fecha es dañino para los humanos.

(D) Las aves se congregaron en los humedales de Islandia.

Las preguntas 34–41 se refieren al siguiente extracto del cuento corto de Robert Bloch, "This Crowded Earth" (1958).

(1) La telepantalla se encendió puntualmente a las ocho de la mañana. Sonriente, Brad apareció con su saludo habitual. "¡Buenos días, es un hermoso día en Chicagee!"

(2) Harry Collins se dio la vuelta y apagó el receptor. "Esto lo dudo," murmuró. Se sentó y alcanzó su ropa en el armario. Los visitantes, particularmente las femeninas, siempre exclamaban sobre las ventajas del apartamento de Harry. "Tan conveniente," decían. "Todo a mano, justo al alcance. ¡Y piensa en todos los pasos extra que ahorras!"

(3) Por supuesto, la mayoría de ellos solo intentaban ser amables y hacer que Harry se sintiera mejor. Sabían muy bien que no vivía en una sola habitación por elección propia. La Ley de Vivienda era algo que simplemente no podías eludir; no en Chicagee en estos días. Un soltero tenía derecho a una habitación, ni más ni menos. Y aunque Harry estaba ganando buen dinero en la agencia, no podía esperar eludir las regulaciones.

(4) Solo había una forma de eludirlas y era casarse. El matrimonio automáticamente le daría derecho a dos habitaciones, *si* podía encontrarlas en algún lugar. Más de unas pocas de sus visitantes femeninas habían insinuado eso, pero Harry no respondía. El matrimonio no era una solución, según lo veía él. Sabía que no podía esperar encontrar un apartamento de dos habitaciones a menos de ochenta millas de distancia. Ya era bastante malo conducir cuarenta millas de ida y vuelta al trabajo cada mañana y noche sin duplicar la distancia. Si encontrara un lugar más grande, eso significaría un viaje de tres horas en cada dirección en uno de los trenes de cercanías, y los trenes de cercanías eran un infierno. El Agujero Negro de Calcuta, sobre ruedas. Pero entonces, todo era un infierno, reflexionó Harry, mientras pasaba del inodoro al fregadero, del fregadero a la estufa, de la estufa a la mesa.

(5) Huevos en polvo para el desayuno. Eso también era un infierno. Pero era una comida rápida y barata, fácil de preparar, y los ingredientes no desperdiciaban mucho espacio de almacenamiento. El único problema era que odiaba el sabor. Harry deseaba tener tiempo para desayunar en un restaurante. Podía permitirse el precio, pero no podía permitirse esperar en la fila más de media hora. Su horario en la agencia comenzaba puntualmente a las diez y media. Y no salía hasta las tres y media; era un largo y duro día de cinco horas. A veces deseaba trabajar en el área de New Philly, donde la jornada laboral de cuatro horas era la norma. Pero suponía que eso no significaría un ahorro real de tiempo, porque tendría que vivir más lejos. ¿Cuál era la población en New Philly ahora? ¿Algo así como 63,000,000, no? Chicagee era mucho más pequeño, solo 38,000,000, este año.

(6) *Este* año. Harry sacudió la cabeza y dio un trago de Instantea. Sí, este año la población era de 38,000,000, y los límites de la comunidad se extendían al norte hasta lo que solía ser el viejo Milwaukee y al sur más allá de Gary. ¿Cómo sería *el próximo* año, y el año siguiente?

(7) Últimamente esa pregunta había empezado a atormentar a Harry. No podía entender por qué. Después de todo, no era realmente asunto suyo. Tenía un buen trabajo, seguridad, un lugar agradable a solo dos horas del centro. Incluso conducía su propio auto. ¿Qué más podría pedir?

34. Esta historia tiene lugar en algún momento del futuro. ¿Cuál de las siguientes pistas confirma que esta historia tiene lugar en el futuro?

(A) el número de habitaciones en su apartamento

(B) la población de Chicagee

(C) la asequibilidad de los coches

(D) el precio asequible de una comida en un restaurante

35. Esta historia se publicó en 1958. ¿Qué imagen tenía Bloch del futuro?

(A) increíblemente abarrotado

(B) sufriendo de escasez de alimentos

(C) desplazamientos bien organizados

(D) largas jornadas laborales

36. Además de los números de población, ¿cómo desarolla el autor la idea de un mundo abarrotado?

(A) descripciones de comida de mal sabor

(B) comunicación mediante telespantallas

(C) descripciones de ciudades enormes

(D) descripciones de largas y duras jornadas laborales

37. ¿Por qué a veces Harry desea trabajar en el área de New Philly?

(A) tiempos de desplazamiento más cortos

(B) horas de trabajo más cortas

(C) mejor salario

(D) mejor comida

38. ¿Por qué vive Harry en un apartamento de una habitación cuando podría permitirse uno de dos habitaciones?

(A) Le gusta la eficiencia del espacio pequeño.

(B) A sus amigas les gusta la conveniencia del apartamento.

(C) No está casado.

(D) No puede permitirse un apartamento más grande.

39. ¿Cuál es la población que menciona Harry para Chicagee?

  (A) 38 millones

  (B) 63 millones

  (C) 38 mil millones

  (D) 63 mil millones

40. ¿Cuál de las siguientes afirmaciones puede inferirse sobre Harry del Párrafo 7?

  (A) Se siente más afortunado que otros, pero aún tiene preocupaciones vagas.

  (B) No le gusta Chicagee y siente que su vida sería mejor en otra ciudad.

  (C) Se siente abrumado por los desafíos de la vida, pero aún se siente optimista.

  (D) Odia su vida, pero siente que el matrimonio mejorará su vida.

41. ¿Cuáles de los siguientes detalles apoyan la generalización de que Harry cree que la vida es difícil e insatisfactoria? Escribe las letras en el cuadro. ☐

  (A) viajar en trenes de cercanías

  (B) el sabor de su desayuno

  (C) el precio de las comidas en restaurantes

  (D) el sabor de Instantea

Las preguntas 42–47 se refieren al siguiente extracto tomado del sitio web de la Agencia de Protección Ambiental (www.epa.gov) y el pasaje subsiguiente sobre el cambio climático.

Clima versus Tiempo

- El tiempo es un evento o condición específica que ocurre durante un período de horas o días. Por ejemplo, una tormenta eléctrica, una tormenta de nieve y la temperatura de hoy describen el tiempo.

- El clima se refiere a las condiciones meteorológicas promedio en un lugar durante muchos años (generalmente al menos 30 años). Por ejemplo, el clima en Minneapolis es frío y nevado en invierno, mientras que el clima de Miami es cálido y húmedo en verano. El clima promedio en todo el mundo se llama "clima global".

Las condiciones meteorológicas pueden cambiar de un año al siguiente. Por ejemplo, Minneapolis podría tener un invierno cálido un año y un invierno mucho más frío al siguiente. Este tipo de cambio es normal. Pero cuando el patrón promedio durante muchos años cambia, podría ser una señal de cambio climático.

El Efecto Invernadero

El efecto invernadero es el proceso por el cual ciertos gases en la atmósfera atrapan el calor y lo irradian de regreso a la tierra. El efecto invernadero es un proceso natural que es necesario para la vida en la tierra. Esto se debe a que el efecto invernadero atrapa el calor que, de otro modo, se disiparía en el espacio exterior. El calor es atrapado por los gases de efecto invernadero, principalmente dióxido de carbono, metano y vapor de agua, en la atmósfera, que irradian calor en todas direcciones, incluso de regreso a la tierra. Sin el efecto invernadero, la tierra sería un lugar muy frío.

Entonces, ¿cuál es la relación entre el efecto invernadero y el calentamiento global? Cuando hay una cantidad normal de gases de efecto invernadero en la atmósfera, la tierra mantiene el clima cálido que conocemos. Los estudios muestran que el clima de la tierra ha quedado relativamente estable durante los últimos 10,000 años, hasta hace aproximadamente 200 años, cuando la tecnología resultó en más gases de efecto invernadero, especialmente dióxido de carbono, siendo liberados en la atmósfera. La cantidad de metano ha aumentado debido a otras actividades humanas. Por ejemplo, grandes cantidades de metano pueden liberarse de los pozos de petróleo y los vertederos utilizados para la eliminación de basura.

Esta sobreabundancia de gases de efecto invernadero causa que se atrape más calor que antes, lo que resulta en un aumento de las temperaturas. Esto ha llevado al cambio climático, que tiene todo tipo de consecuencias negativas, desde el aumento de las temperaturas oceánicas, hasta el incremento de tormentas tropicales y el aumento del nivel del mar. Ya estamos viendo formas en que el cambio climático está afectando el suministro de alimentos y agua en todo el mundo. Los científicos dicen que el cambio climático está vinculado a la liberación humana de gases de efecto invernadero y no al aumento de la energía del sol, que se ha mantenido constante.

42. ¿Qué período de tiempo consideran los científicos cuando evalúan el clima, según "Clima versus Tiempo"?

   (A) 30 años o más
   (B) una década
   (C) unos meses
   (D) el día de hoy

43. ¿Cuál de los siguientes es indicativo del cambio climático, según "Clima versus Tiempo"?

   (A) Chicago tiene dos semanas de tiempo bajo cero en enero.
   (B) Una ligera capa de nieve cae durante la noche en Tampa, Florida, en diciembre.
   (C) El norte de Maine experimenta uno o dos días de clima de 90 grados en agosto cada pocos años.
   (D) El número de huracanes atlánticos cada año ha ido aumentando constantemente durante décadas.

44. Según, "El Efecto Invernadero", ¿cuál de los siguientes es una causa del calentamiento global?

   (A) La cantidad de calor recibido del espacio exterior ha aumentado.
   (B) Los gases que atrapan el calor en la atmósfera han aumentado.
   (C) Los océanos están liberando más calor en la atmósfera.
   (D) La cantidad de energía que llega a la tierra desde el sol ha aumentado.

45. De "El Efecto Invernadero", ¿cuál de estas acciones puedes inferir que reduciría el calentamiento global?

   (A) aumentar la cantidad de basura enterrada en vertederos
   (B) reducir la cantidad de oxígeno liberado en la atmósfera por la fotosíntesis en las plantas
   (C) reducir la cantidad de metano liberado a la atmósfera por las bombas de petróleo
   (D) aumentar la cantidad de vapor de agua liberado en la atmósfera por los océanos

46. ¿Cuál de estas oraciones describe con mayor precisión la relación entre los dos pasajes?

   (A) "Clima versus Tiempo" define el tiempo el clima, y el cambio climático, mientras que "El Efecto Invernadero" explica la causa del cambio climático.
   (B) "Clima versus Tiempo" da la causa del cambio climático, mientras que "El Efecto Invernadero" explica sus consecuencias para la vida en la tierra.
   (C) "Clima versus Tiempo" contrasta el clima y el tiempo, mientras que "El Efecto Invernadero" explica que el cambio climático es un proceso natural del que no necesitamos preocuparnos.
   (D) "Clima versus Tiempo" dice que el cambio climático no es un problema, mientras que "El Efecto Invernadero" afirma que el cambio climático es una situación de crisis.

47. ¿Cuáles de estas conclusiones están respaldadas por ambos pasajes?

(A) El calentamiento global es una crisis que debemos abordar.

(B) El calentamiento global es la causa del cambio climático.

(C) No necesitamos preocuparnos por el cambio climático.

(D) El cambio climático puede observarse en los cambios a largo plazo en el clima que estamos viendo en todo el mundo.

Las preguntas 48–50 están basadas en este pasaje, que incluye un extracto de la Constitución de los Estados Unidos.

La Carta de Derechos es la primera decena de enmiendas a la Constitución de los Estados Unidos. Estas enmiendas se añadieron a la Constitución porque algunos estados eran recelosos de ratificar la Constitución sin ellas. Temían que el nuevo gobierno fuera demasiado poderoso. Sentían que la Constitución necesitaba garantizar libertades fundamentales y derechos que habían luchado por obtener y en los que creían. Algunos de los más importantes de estos derechos están en la Primera Enmienda.

El Congreso no promulgará ninguna ley respete al establecimiento de una religión, o que prohíba el libre ejercicio de la misma; o que restrinja la libertad de expresión, o de prensa; o el derecho del pueblo a reunirse pacíficamente, y a solicitar al gobierno la reparación de agravios.

48. ¿Cuáles de estas acciones es derecho de todos los estadounidenses, según la Primera Enmienda?

(A) quejarse ante su representante en el Congreso

(B) poseer un arma de fuego

(C) votar en elecciones

(D) tener un juicio por jurado

49. ¿Qué significa la palabra *recelosos* en esta oración del Párrafo 1?

Estas enmiendas se añadieron a la Constitución porque algunos estados eran recelosos de ratificar la Constitución sin ellas.

(A) aprensivos

(B) enojados

(C) desprevenidos

(D) confiados

50. Un website de noticias quiere publicar un reportaje crítico del gobierno. El gobierno cree que la información en el reportaje es falsa. ¿Cuál de estas oraciones describe una acción permitida bajo la Primera Enmienda en esta situación?

(A) El gobierno puede incautar el website para detener la difusión de mentiras.

(B) El website debe posponer el reportaje hasta que convenza a un tribunal de que la información es precisa.

(C) El website puede publicar el reportaje cuando quiera.

(D) El gobierno puede obligar al website a publicar otro reportaje que presente su punto de vista.

En este punto, puedes tomar un descanso de 10 minutos antes de comenzar la Respuesta Extendida.

Respuesta Extendida

Los dos artículos presentan ideas a favor y en contra de los videojuegos para todos. Analiza los argumentos presentados en los dos pasajes.

Luego desarrolla un argumento en el que expliques cómo una posición está mejor apoyada que la otra. En tu respuesta, incluye evidencia relevante y específica de ambos pasajes para apoyar tu argumento.

Puedes dedicar hasta 45 minutos en la planificación, redacción y revisión de su respuesta. Si es posible, escribe tu ensayo en una computadora con corrector ortográfico, de gramática y autocorrección desactivados. De lo contrario, utiliza las hojas de papel rayado que te proporciono para escribir tu respuesta. Asimismo, ten a mano una o dos hojas de papel para tomar notas y planear tu ensayo. Dedica hasta 45 minutos a leer los pasajes y planificar, escribir, revisar y repasar tu respuesta.

Artículo 1 **Los Videojuegos son Perjudiciales**

Aunque jugar a videojuegos puede considerarse un pasatiempo divertido, estos juegos en realidad son la raíz de varios problemas sociales.

Los estudios muestran que los videojuegos violentos fomentan la violencia y el comportamiento violento. De hecho, el alto nivel de violencia en estos juegos ha llamado incluso la atención de un juez de la Corte Suprema de EE. UU., quien se sorprendió por las muertes, lesiones y armas representadas en los juegos populares. Muchos expertos observan una correlación entre el aumento del tiempo dedicado a los videojuegos y la violencia en los Estados Unidos.

Los videojuegos también fomentan un estilo de vida sedentario. Con la obesidad en su punto más alto, la gente debería estar haciendo ejercicio, practicando deportes o entrenando. No deberían estar sentados frente a su computadora o acostados en su sofá, jugando durante horas y horas.

Los expertos advierten que los videojuegos pueden volverse adictivos y también causar lesiones. No es raro que los jugadores se sienten durante horas, día tras día, jugando. Los expertos creen que jugar para relajarse o desconectarse puede desviar tu atención de prioridades importantes, como el trabajo, la escuela, el hogar y la familia. Además, jugar videojuegos durante horas ha resultado en un gran aumento de lesiones por estrés repetitivo, que pueden ser dolorosas e incapacitantes. Una lesión común se llama "pulgar de videojuego", que ocurre porque los jugadores usan mucho los pulgares para jugar.

Por todas estas razones, las personas están mejor si reducen o eliminan los videojuegos, y se involucran en otros pasatiempos más positivos, como hacer deporte, escuchar música, disfrutar de hobbies o pasar tiempo con sus familias y amigos.

Artículo 2 **Los Videojuegos Puntúan Alto**

Mientras que muchas personas están en contra de los videojuegos, en realidad los videojuegos ofrecen muchos beneficios a quienes los juegan.

Los videojuegos enseñan valores importantes como el trabajo en equipo, la competencia y el juego limpio. Cuando juegas un videojuego, no juegas solo. Juegas con un amigo o amigos en la misma habitación, o conectados en línea. De esta manera, los jugadores aprenden habilidades valiosas necesarias para el trabajo en equipo, incluida la cooperación y la comunicación. Estas habilidades son muy valoradas en el lugar de trabajo hoy en día. Los jugadores también aprenden el valor de la competencia al competir entre sí para ganar. Y finalmente, los jugadores aprenden sobre el juego limpio. Jugar un videojuego implica seguir las reglas. Jugar limpio, ser un ganador amable y no ser un mal perdedor son habilidades valiosas que los jugadores pueden usar en otras áreas de sus vidas.

Los videojuegos también desarrollan la imaginación de los jugadores. Los videojuegos tienen lugar en una variedad de situaciones interesantes y exóticas. Mientras juegan, los jugadores se sumergen en un mundo imaginativo lleno de color, acción y aventura. Algunos videojuegos son tan imaginativos que han sido convertidos en películas o atracciones en parques de diversiones. Si bien la gente se queja de la violencia en los videojuegos, ningún estudio científico de renombre ha demostrado una conexión entre ver videojuegos y participar en violencia en el mundo real.

Los videojuegos también proporcionan mucha diversión y entretenimiento seguro. Jugar videojuegos ofrece horas de diversión sin tener que salir de casa. Hoy en día, esa es una consideración importante.

Los videojuegos también tienen un gran impacto económico. Generan miles de millones de dólares en ingresos y crean miles de empleos. Debido a que estos juegos son populares en el extranjero, también son una exportación importante.

Además, hay una cuestión importante de derechos. ¿Quién tiene derecho a detener los videojuegos o controlar su contenido? ¡Eso es censura! Los videojuegos vienen con calificaciones de madurez, y las familias necesitan monitorear el uso que sus hijos hacen de ellos. ¡Pero prohibirlos o prohibir cierto contenido perjudica nuestros derechos y probablemente contraviene la Constitución!

Finalmente, los videojuegos son simplemente divertidos. Para muchas personas, los videojuegos proporcionan momentos de entretenimiento y relajación. Pueden olvidar sus problemas y disfrutar de unos minutos de distracción. ¿Qué hay de malo en eso?

Por todas estas razones, los videojuegos son una parte divertida, útil e importante de nuestra cultura. Creo que todas las personas que no gustan de los videojuegos deberían probar uno. Podría cambiar su opinión.

Capítulo **16**

Respuestas del Examen de Práctica de Razonamiento a través de las Artes del Lenguaje

En este capítulo, proporciono las respuestas y explicaciones para cada pregunta del examen de práctica de Razonamiento a través de las Artes del Lenguaje en el Capítulo 15. Si solo quieres echar un vistazo rápido a las respuestas, revisa la clave de respuestas abreviada al final de este capítulo. Sin embargo, si tienes tiempo, asegúrate de leer las explicaciones de las respuestas. Hacerlo te ayudará a entender por qué algunas respuestas fueron correctas y otras no, especialmente cuando las opciones eran realmente similares. Puedes aprender tanto de tus errores como de las respuestas correctas.

Respuestas y Explicaciones

1. **C. descubrir los factores que contribuyen a la satisfacción de las personas en la vida.** La Opción (C) se aclara en las primeras oraciones del pasaje. Aunque la Opción (B) puede ser una conclusión del estudio, no era el propósito del mismo. La Opción (D) es incorrecta porque el estudio solo examina el efectos del las trampas a la felicidad. Aunque la gente de Harvard podría querer que creas la Opción (A), esta opción no es el propósito del estudio. De hecho, el estudio la contradice. El pasaje enfatiza que la felicidad está disponible para todos nosotros.

2. **B. 6, 2, 1, 5, 4, 3.** Solo la Opción (B) coloca las declaraciones en el orden correcto. Una buena manera de responder a artículos como este es encontrar el primer evento de la serie, en este caso, la oración (6). Esto te permite eliminar rápidamente las Opciones (A) y (C). De las opciones restantes, ambas dicen que la oración (2) vino después, por lo que solo necesitas averiguar cuál vino tercero, la oración (1) o (4). El pasaje dice que los investigadores recopilaron datos antes y después de la guerra, por lo que la Opción (B) es correcta.

CONSEJO

Preguntas de orden, como esta, pueden tomar mucho tiempo en responderse. Este tipo de preguntas aparecen frecuentemente en los exámenes de Artes del Lenguaje, Estudios Sociales y Ciencias, por lo que vale la pena saber cómo responderlas. El proceso de eliminación, como se describió anteriormente, puede ayudarte a responder rápidamente y seguir adelante. Otra buena manera de responder a preguntas de orden es escribir las opciones de respuesta en orden en la pizarra digital o borrable que te proporcionan. Sin embargo, si sientes que estás tardando demasiado, marca la pregunta para revisarla más tarde y pasa a una que sea más fácil de responder.

3. **C. Los investigadores podrían comparar personas de una variedad de antecedentes sociales.** La Opción (C) tiene más sentido porque más adelante en el pasaje se comparan los resultados de los dos grupos. Las Opciones (A) y (B) son incorrectas porque los investigadores evitan conclusiones anticipadas en sus estudios. La Opción (D) no está respaldada por información en el pasaje.

4. **B. El autor quiere mostrar que este estudio es valioso porque es inusual o único.** La siguiente oración en el pasaje muestra que el autor piensa que el estudio es valioso, por lo que la Opción (B) es correcta. Por lo tanto, la Opción (A) es incorrecta. La Opción (C) es incorrecta porque la oración trata de más que solo la dificultad de llevar a cabo el estudio. Aunque es cierto que el estudio fue tendencioso de esta manera al principio, esta oración no se refiere al sesgo, por lo que la Opción (D) es incorrecta.

5. **C. Las personas que están solas desarrollan problemas de salud antes en la vida que las personas que no se sienten solas.** Solo la Opción (C) respalda la generalización. Las Opciones (A) y (B) no apoyan la conclusión. La Opción (D) se contradice con la información en el pasaje.

6. **C. explicar el método de investigación y sus ventajas.** La Opción (C) es correcta porque la primera oración del párrafo 3 deja claro que el párrafo trata sobre métodos de investigación, y luego el párrafo compara diferentes métodos de investigación. Las otras opciones no se discuten en el párrafo.

7. **C. El estudio examina a los participantes a lo largo del tiempo.** La Opción (C) es correcta. Esta información se implica en la oración y se puede deducir de otras oraciones en el párrafo. Por ejemplo, el párrafo dice que el estudio continuó desde 1938 hasta el día de hoy. Por lo tanto, la Opción (B) es incorrecta. La Opción (A) contiene una opinión no implícita en el pasaje. La Opción (D) trata sobre las formas en que los investigadores recopilaron datos; no se trata del marco temporal del estudio.

La pregunta 7 te pide que uses el contexto (las palabras y oraciones circundantes) para averiguar el significado de una palabra. Esta habilidad se prueba a menudo en el GED. Además, usarla puede ayudarte a leer más rápido en general.

8. **A. un viudo que vive solo en una cabaña aislada en la montaña después de que su amada esposa muriera hace siete años.** La Opción (A) es correcta porque esta persona está sola y no se relaciona con la familia, amigos o la comunidad. Las personas en las otras opciones están positivamente comprometidas con la familia, amigos y comunidad y, por lo tanto, probablemente vivirán vidas largas, saludables y felices.

9. **C. alcoholismo.** La Opción (C) se menciona directamente en el párrafo 4. Por lo tanto, las otras opciones son incorrectas.

10. **C. el fin de la esclavitud.** Esta respuesta se menciona directamente en el párrafo 1. La Proclamación de Emancipación se emitió antes en la Guerra Civil, por lo que la Opción (A) es incorrecta. Las Opciones (B) y (D) ocurrieron alrededor del mismo tiempo que la festividad, pero no son las razones para ella.

11. **B. 19 de junio de 1866.** El pasaje indica que las primeras celebraciones tuvieron lugar un año después de la emisión de la Orden. Por lo tanto, la Opción (B) es correcta, y la Opción (A) es incorrecta. Las Opciones (C) y (D) se refieren al primer reconocimiento federal de la festividad, por lo que son incorrectas.

12. **C. Las personas anteriormente esclavizadas pueden convertirse en trabajadores empleados.** La Opción (C) se menciona solo en la Orden. Las Opciones (A), (B) y (D) se mencionan o se implican en la Proclamación de Emancipación.

13. **A. El presidente Abraham Lincoln.** La Opción (A) es correcta porque se refiere al presidente que emitió la Proclamación de Emancipación, Lincoln. El general Granger emitió la orden (Opción B). El presidente Biden firmó la ley que reconoce el Juneteenth como un feriado federal (Opción C). El Dr. King (Opción D) fue un líder vital del movimiento por los derechos civiles.

14. **A. 4, 3, 1, 5, 2.** Solo la Opción (A) coloca las declaraciones en el orden correcto. Analizar el elemento y encontrar la primera acción puede ayudarte a reducir las opciones. En esta pregunta, primero averigua qué evento ocurrió primero, la oración (3) o (4), ya que son los únicos eventos que se ordenan primero en las opciones de respuesta. Debido a que el pasaje dice que el general Granger emitió la orden un día después de llegar a Galveston (oración 3), puedes reducir la selección a las Opciones (B) y (C). Eso también te dice que la Opción (A) es correcta porque la celebración (oración 1) tuvo lugar después de que se emitió la orden (oración 4).

15. **C. El gobierno quería celebrar la festividad el mismo año en que se convirtió en un feriado.** La Opción (C) es correcta porque el breve tiempo entre la firma y la celebración de la festividad muestra que el gobierno quería actuar rápidamente y evitar esperar un año para la primera celebración. La Opción (A) es incorrecta porque la noticia de la Proclamación de Emancipación, no la ley, llegó tarde, según el pasaje. La Corte Suprema no se menciona en el pasaje, por lo que la Opción (B) es incorrecta. Aunque muchas personas creen que la Opción (D) es cierta, esta conclusión se contradice con la información. Si seleccionaste la Opción (D), ten en cuenta que en el GED, debes elegir tus respuestas basándote solo en la información del pasaje y no en tus propias creencias y opiniones.

16. **B. La Proclamación de Emancipación abolió la esclavitud en la Confederación, y la Orden lo anunció en Texas.** La Opción B se menciona directamente en el pasaje en esta oración: "El 19 de junio de 1865, el general del ejército de los EE. UU. Gordon Granger entró en Galveston, Texas, y emitió la Orden General Número 3, que anunció el fin de la Guerra Civil el 9 de abril de ese año y la abolición de la esclavitud en Texas." Por lo tanto, las otras opciones son incorrectas.

17. B. orgulloso. La Opción B es correcta porque el autor expresa sentimientos positivos sobre el fin de la esclavitud y la celebración de la festividad en varios lugares a lo largo del artículo. Por lo tanto, las otras opciones son incorrectas.

18. C. dispuesto a arriesgarse por un buen retorno. La Opción (C) es correcta porque Carter dejó su trabajo debido a la atracción del oro del Ártico. El pasaje indica que está dispuesto a arriesgarse por un retorno acorde. No es un romántico (Opción A) ni un nativo resistente (Opción B), y ciertamente no es un héroe (Opción D).

19. C. la monotonía de la vida como eoficinista. Carter quería escapar de su monotonía diaria en la vida como empleado. "Esclavitud del comercio" se refiere a su aversión a su rutina diaria en el mundo de los negocios. Por lo tanto, la Opción (C) es correcta. Su necesidad de retornos, o riqueza (Opción A), romance (Opción B) y tomar riesgos (Opción D) son factores diferentes que no se aplican a la pregunta.

20. B. llegar al Klondike. Según el texto, "Incluso su objetivo era el Klondike." Por lo tanto, la Opción (B) es correcta, y las otras opciones son incorrectas.

21. D. ominoso. La Opción (D) es correcta porque la ruta elegida al Klondike parece ominosa, ya que hay un presagio de mala fortuna a lo largo del pasaje. Palabras como *desafortunadamente*, *ominosamente*, y *estrella maligna en ascenso* le dan al pasaje una sensación de que algo malo sucederá. La ruta ciertamente no era placentera (Opción A) ni pintoresca (Opción C), y *resistente* (Opción B) se refiere a un nativo de la región, por lo que estas opciones son incorrectas.

22. D. Era un nativo del Noroeste. El hecho de que Jacques fuera nativo y criado en el Noroeste lo haría un buen guía para el grupo, por lo que la Opción (D) es correcta. Los hechos de que fuera un renegado voyageur (Opción B), nacido de una mujer Chippewa (Opción A) en una cabaña de piel de ciervo (Opción C), aunque se mencionan en el pasaje como ciertos, no son relevantes para su trabajo como guía.

CONSEJO

¿Seleccionaste la Opción A por error? No te dejes engañar cuando la primera Opción o todas se mencionan en el pasaje. Esto demuestra que realmente vale la pena tomarte el tiempo para leer la pregunta y todas las opciones de respuesta. Solo una de las opciones responderá la pregunta.

23. A. su ruta propuesta. La Opción (A) se menciona directamente en la segunda oración del párrafo 2. Según el párrafo 1, la búsqueda de oro motivó a las personas a ir al Klondike, por lo que las Opciones (B) y (C) son incorrectas. La Opción (D) no se describe como inusual en el pasaje, y en cualquier caso, contratar a un guía sería una acción probable para un grupo de viajeros inexpertos.

24. C. para buscar romance y aventura. El pasaje dice que Percy estaba buscando algo de romance y aventura en su vida mundana. La Opción (A) se menciona en el pasaje para describir su personalidad, pero no se da como razón para unirse al grupo. La Opción (B) es incorrecta porque el pasaje dice que tiene una estrella maligna, lo que significa que sufre de mala suerte, no que él mismo sea malvado. Aunque el pasaje indica que no es rico, no dice que busque hacerse rico.

25. C. Morirá en el viaje. El pasaje dice, "desafortunadamente para el bienestar de su alma, se unió a un grupo de hombres." Esta declaración implica que morirá en el viaje. Palabras como "ominosamente" y "estrella maligna" también implican un mal final para la aventura.

26. D. lo suficientemente grave como para requerir monitoreo. El texto afirma que la mezcla de cepas del virus es lo suficientemente grave como para requerir monitoreo. Ahora que se ha encontrado una nueva área de posible mezcla, el texto implica que también debería ser monitoreada. La Opción (A) no está respaldada por el texto, y aunque las Opciones (B) y (C) son posibles, no son tan claras e importantes como la Opción (D).

Tu preparación para la prueba de ciencias puede ayudarte con los pasajes y preguntas de RLA como estas, y viceversa. ¡Eso te da una ventaja en ambos exámenes!

27. **D. Pacífico Norte.** El texto afirma que este hallazgo muestra que el Atlántico Norte es tan significativo como un crisol para las aves y la gripe aviar como el Pacífico Norte. La Opción (B) no se menciona; y aunque se menciona *Eurasia*, no se menciona como un lugar donde las aves de Europa y América del Norte se mezclan.

28. **C. Demostró que los virus de la gripe aviar se habían mezclado en Islandia.** Según el texto, solo esta declaración es cierta. Las otras declaraciones se contradicen con la información en el texto.

29. **A. Puede llevar a una nueva cepa peligrosa de gripe aviar.** El texto afirma que el virus evoluciona fácilmente y que la mezcla de cepas de América del Norte y Eurasia puede llevar a nuevas variedades que son peligrosas para los humanos. Los virus del resfriado y los virus de la gripe no son lo mismo, por lo que la Opción (B) no tiene nada que ver con el tema de este texto. Las Opciones (C) y (D) no están respaldadas por información en el pasaje.

30. **C. factual y directa.** El tono del pasaje es muy tranquilo, muy factual. No es *alegre, profundamente preocupado* o *sombrío*.

31. **B. la cepa H5N1.** El texto se refiere solo a la cepa H5N1 como una posible gripe humana. El término *gripe aviar* se refiere a toda la categoría de enfermedades, no solo a la versión peligrosa para los humanos. No hay mención en el texto de una *gripe H5*, y *gripe aviar eurasiática* simplemente se refiere a una parte del mundo donde se originan muchas cepas de gripe aviar.

32. **D. Cambia el enfoque del riesgo para los humanos a la necesidad de un monitoreo continuo.** La Opción (D) es correcta porque el párrafo indica que la situación actualmente no representa un alto riesgo para los humanos, pero debe ser monitoreada más a fondo. Las otras opciones de respuesta no están respaldadas por información en el párrafo.

33. **Esencial: B, C; No Esencial: A, D.** La Opción (B) es uno de los hallazgos clave del estudio, y la Opción (C) es relevante para la salud pública en todo el mundo, por lo que ambas declaraciones son esenciales para el resumen. Los tipos de aves, las ubicaciones exactas en Islandia y el tipo de terreno donde se reunieron las aves son menos importantes, por lo que las Opciones (A) y (D) no son esenciales para el resumen.

La pregunta 33 es un ejemplo del formato de arrastrar y colocar. En el GED real, usarías tu cursor para arrastrar y colocar las opciones de respuesta en las partes correctas del gráfico.

34. **B. la población de Chicagee.** La población urbana listada está muy por encima de cualquier cosa existente hoy en día. Los otros detalles son posibles hoy y, por lo tanto, no indican que la historia tiene lugar en el futuro.

35. **A. increíblemente abarrotado.** La visión abrumadora que Bloch ve es un futuro de increíble hacinamiento. No parece haber escasez de alimentos basada en el contenido de la historia, por lo que la Opción (B) es incorrecta. Las horas de trabajo parecen ser más cortas, por lo que la Opción (D) también es incorrecta. Y el pasaje indica que los desplazamientos son largos y difíciles, por lo que la Opción (C) es incorrecta.

36. **C. descripciones de ciudades enormes.** El autor dice que las ciudades se han crecido enormemente desde sus límites originales, lo que es una indicación de un crecimiento masivo de la población. Los otros detalles se mencionan en el pasaje, pero no indican que la población haya crecido tanto.

37. B. horas de trabajo más cortas. Harry afirma que a veces desearía trabajar allí debido a las horas de trabajo más cortas, pero no dice nada sobre una mejor paga. El texto también indica que los tiempos de desplazamiento serían más largos allí.

38. C. No está casado. El texto menciona restricciones legales sobre alojamiento. Harry tendría que estar casado para tener derecho a un apartamento de dos habitaciones. Harry afirma que gana un buen ingreso, por lo que el dinero no es un problema, lo que significa que la Opción (D) es incorrecta. Sus amigas afirman que les gusta la conveniencia, pero Harry sabe que solo están siendo educadas, lo que descarta la Opción (B). Ciertamente no le gusta el espacio pequeño, a pesar de su eficiencia, por lo que la Opción (A) es incorrecta.

39. A. 38 millones. El texto afirma que la población es de 38,000,000 personas. La población de New Philly es de 63,000,000, lo que hace que la Opción (B) sea incorrecta. Las Opciones (C) y (D) son demasiado grandes.

40. A. Se siente más afortunado que otros, pero aún tiene preocupaciones vagas. La tercera y cuarta oraciones del párrafo dicen que Harry se siente afortunado por tener un buen trabajo, seguridad y un buen hogar, pero aún no puede averiguar qué le preocupa del futuro.

41. A, B. viajar en trenes de cercanías y el sabor de su desayuno. El pasaje dice que los trenes de cercanías y los huevos en polvo son "un infierno," por lo que las Opciones (A) y (B) respaldan la generalización. La Opción (C) no es posible porque puede permitirse comer en restaurantes. El pasaje no proporciona información sobre el sabor del Instantea, por lo que esta opción de respuesta no respalda la generalización.

42. A. 30 años o más. El texto afirma que el clima se refiere a las condiciones climáticas promedio a lo largo de muchos años.

Estos dos pasajes son ejemplos de los tipos de materiales de libros de texto que pueden aparecer en el componente de lectura del GED. En estos casos, las habilidades que desarrolles para los exámenes de estudios sociales y ciencias pueden ayudarte.

CONSEJO

43. D. El número de huracanes del Atlántico cada año ha ido aumentando constantemente durante décadas. Solo la Opción (D) muestra un cambio a lo largo del tiempo, por lo que solo esta opción de respuesta es posible.

Cuando te encuentres con lecturas con dos pasajes, las preguntas a menudo te dirán a qué pasaje(s) se refieren. Usa eso como una pista para ayudarte a buscar la respuesta en la lectura correcta.

CONSEJO

44. B. Los gases que atrapan el calor en la atmósfera han aumentado. La Opción (B) se menciona directamente en el pasaje como la causa del calentamiento global. Las otras opciones de respuesta no se nombran como causas o se contradicen con la información en el pasaje.

45. C. reducir la cantidad de metano liberado a la atmósfera por las bombas de petróleo. Según el pasaje, el metano es un gas de efecto invernadero. Reducir sus emisiones reduciría el calentamiento global. Por lo tanto, la Opción (C) es correcta. La Opción (A) probablemente aumentaría la liberación de gas metano, ya que el pasaje dice que este gas se libera de los vertederos. La Opción (B) es incorrecta porque el oxígeno no es un gas de efecto invernadero. Además, reducir la cantidad de oxígeno liberado al aire probablemente tendría otras consecuencias negativas. La Opción (D) es incorrecta porque el vapor de agua es un gas de efecto invernadero, por lo que liberar cantidades aumentadas aumentaría el calentamiento global, no lo reduciría.

46. **A. "Tiempo versus Clima" define el tiempo, el clima y el cambio climático, mientras que "El Efecto Invernadero" explica la causa del cambio climático.** De las opciones de respuesta, solo la Opción (A) es posible: El primer artículo contiene definiciones de los términos. El segundo artículo explica cómo funciona el efecto invernadero. Las otras opciones de respuesta se contradicen con la información en los pasajes.

47. **D. El cambio climático se puede observar en los cambios a largo plazo en el clima que estamos viendo en todo el mundo.** De las opciones de respuesta, solo la Opción (D) está respaldada por ambos pasajes. La Opción (A) no se menciona en ninguno de los pasajes. La Opción (B) se respalda solo en el segundo pasaje. La Opción (C) se contradice con el segundo pasaje.

48. **A. quejarse ante su representante en el Congreso.** Solo la Opción (A) se menciona en la Primera Enmienda, por lo que es correcta. Las otras opciones de respuesta se mencionan en otras partes de la Constitución.

CONSEJO

Este pasaje también es un ejemplo de los tipos de materiales de libros de texto que pueden aparecer en el componente de lectura del GED. En estos casos, las habilidades que desarrolles para los exámenes de estudios sociales y ciencias pueden ayudarte en la prueba de RLA, y viceversa. ¡Qué eficiencia!

49. **A. aprensivo.** Puedes deducir que *recelo* significa "aprensivo" (Opción A) por las oraciones que lo siguen, que indican que los estados temían perder estos derechos. La Opción (B) no tiene sentido, y las Opciones (C) y (D) son lo opuesto a los sentimientos de los estados.

CONSEJO

Muchas preguntas del GED te piden que averigües el significado de una palabra tal como se usa en el pasaje. Una buena manera de abordar estas preguntas es intercambiar en la oración cada una de las opciones de respuesta. La opción de respuesta que tenga más sentido probablemente sea correcta.

50. **C. El website puede publicar el reportaje cuando quiera.** La Primera Enmienda protege la libertad de prensa. La Opción (C) es la única opción de respuesta que refleja este derecho fundamental. Las acciones en las opciones de respuesta restantes están prohibidas por la Primera Enmienda, por lo que son incorrectas.

Respuesta Extendida de Muestra

El siguiente ensayo de muestra recibiría buenas calificaciones. No es perfecto, pero como el Servicio de Exámenes GED te dice, no se espera que escribas el ensayo perfecto. Se espera que escribas una buena respuesta de calidad de primer borrador. Cuando prepares tu ensayo, considera usar un horario similar a este: 5 minutos para leer y analizar los pasajes fuente, 10 minutos para prepararte, 20 minutos para escribir, y los 10 minutos restantes para revisar y editar.

Después de eso, compara el siguiente ejemplo con la respuesta que escribiste y luego compara tu ensayo con los criterios que el Servicio de Exámenes GED utiliza para evaluar tu escritura:

» Creación de un argumento y uso de evidencia

» Desarrollo y estructura organizativa

» Claridad y dominio de las convenciones del español

La gente sigue en desacuerdo sobre si los videojuegos son perjudiciales o no. Aunque hay evidencia en ambos lados, el artículo "Los Videojuegos Obtienen Alta Puntuación" presenta el argumento más fuerte.

El argumento de que los videojuegos causan violencia no es convincente. El primer artículo afirma que hay una correlación entre la violencia en los EE.UU. y el aumento de los juegos. Sin embargo, el segundo artículo indica que ningún estudio confiable ha demostrado que exista un vínculo. Además, la gente juega estos juegos en otros países donde la violencia no ha aumentado. Así que probablemente los videojuegos no sean la causa de la violencia.

El primer artículo dice que los videojuegos fomentan un estilo de vida sedentario. Es cierto que la gente se sienta para jugar, pero la mayoría de los jugadores que conozco se toman tiempo para practicar deportes y hacer ejercicio. Solo necesitan administrar su tiempo de juego.

Los videojuegos también parecen proporcionar muchos beneficios. Las personas aprenden deportividad con los juegos, así como otras habilidades valiosas, como el trabajo en equipo. Además, la gente se divierte jugando. No hay nada como llegar a casa después de un largo y frustrante día de trabajo y jugar un juego divertido con amigos en línea.

Por todas estas razones, el segundo artículo presenta un caso mucho más sólido. Seguiré jugando videojuegos sabiendo que no son dañinos ni malos.

Usa los recursos en www.ged.com/es/about_test/test_subjects/language_arts/ para revisar tu respuesta y encontrar formas de mejorar tu escritura. También puedes consultar los Capítulos 7 y 8 para revisar conceptos clave y mejorar tu escritura en español.

Clave de Respuestas

1.	C	14.	A	27.	D	38.	C
2.	B	15.	C	28.	C	39.	A
3.	C	16.	B	29.	A	40.	A
4.	B	17.	B	30.	C	41.	A, B
5.	C	18.	C	31.	B	42.	A
6.	C	19.	C	32.	D	43.	D
7.	C	20.	B	33.	Esencial: B, C; No Esencial: A, D	44.	B
8.	A	21.	D			45.	C
9.	C	22.	D			46.	A
10.	C	23.	A	34.	B	47.	D
11.	B	24.	C	35.	A	48.	A
12.	C	25.	C	36.	C	49.	A
13.	A	26.	D	37.	B	50.	C

Capítulo **17**
Examen de Práctica: Estudios Sociales

El examen de Estudios Sociales consiste en preguntas que miden conceptos generales de estudios sociales. Las preguntas se basan en lecturas breves que a menudo incluyen un mapa, gráfico, tabla, caricatura o figura. Estudia la información proporcionada y luego responde a la(s) pregunta(s) que la siguen. Consulta la información tantas veces como sea necesario al responder a las preguntas.

El examen de Estudios Sociales del GED consta de una sección. Tienes 70 minutos para completar el examen. Recuerda que, en el examen real, puedes usar la calculadora en pantalla (o tu propia calculadora TI-30XS MultiView si realizas el examen en un centro de exámenes).

Las respuestas y explicaciones a las preguntas de este examen se encuentran en el Capítulo 18. Revisa las explicaciones de todas las preguntas, incluso de las que respondiste correctamente. Las explicaciones son una buena revisión de las técnicas que discuto a lo largo del libro.

RECUERDA

En muchos estados, puedes tomar el examen GED en inglés o español y puedes combinar los dos idiomas para obtener tu credencial. Sin embargo, en otros estados, hay que tomar todo el examen en un solo idioma. Verifica las reglas exactas para tu estado usando la herramienta en: `https://www.ged.com/es/policies/`. La herramienta también te dirá si tu estado es uno de los que requiere un examen especial en gobierno o historia estatal. Usualmente tomas este examen junto con el de Estudios Sociales, pero también puedes tomarlo por separado. Si las reglas de tu estado no son convenientes para ti, usa la herramienta para ver si puedes hacer el examen en un estado vecino. No todos los estados requieren residencia para tomar el examen.

RECUERDA

A menos que necesites adaptaciones, tomarás el examen GED en una computadora. En lugar de marcar tus respuestas en una hoja de respuestas, como haces en los exámenes de práctica de este libro, verás óvalos clicables y cuadros de texto para llenar, y podrás hacer clic con el ratón y arrastrar y colocar elementos donde se indique. Formateé las preguntas y opciones de respuesta en este libro para que se parezcan lo más posible al examen real del GED, pero tuve que mantener algunas opciones A, B, C, D para marcar tus respuestas, y proporciono una hoja de respuestas para que lo hagas.

Hoja de Respuestas para el Examen de Estudios Sociales

1. _____

2. _____

3. _____

4. _____

5. _____

6. _____

7. _____

8. _____

9. _____

10. _____

11. _____

12. _____

13. _____

14. _____

15. _____

16. _____

17. _____

18. _____

19. _____

20. _____

21. _____

22. _____

23. _____

24. _____

25. _____

26. _____

27. _____

28. _____

29. _____

30. _____

31. _____

32. _____

33. _____

34. _____

35. _____

36. _____

37. _____

38. _____

39. _____

40. _____

41. _____

42. _____

43. _____

44. _____

45. _____

46. _____

47. _____

48. _____

49. _____

50. _____

Tienes 70 minutos para contestar las 50 preguntas de este examen. Puedes responder a las preguntas en cualquier orden. Marca tus respuestas en la hoja de respuestas proporcionada.

Las preguntas 1–5 se refieren a un extracto de un discurso sobre el derecho al voto de las mujeres que Mark Twain dio a un grupo de mujeres empleadas en fábricas de Nueva York y un extracto de la Constitución de EE.UU.

Votos para las Mujeres (1901)
Por Mark Twain

Refiriéndome al ámbito de la mujer en el mundo, diré que la mujer siempre tiene razón. Durante veinticinco años he sido un defensor de los derechos de la mujer. Siempre he creído, mucho antes de que mi madre muriera, que, con sus canas y admirable intelecto, tal vez sabía tanto como yo. Quizás sabía tanto sobre el voto como yo.

Me gustaría ver llegar el día en que las mujeres ayuden a hacer las leyes. Quisiera ver ese látigo, el voto, en manos de las mujeres. En cuanto al gobierno de esta ciudad, no quiero decir mucho, excepto que es una vergüenza, una vergüenza; pero si viviera veinticinco años más, y no hay razón para que no lo haga, creo que veré a las mujeres manejar el voto. Si las mujeres tuvieran el voto hoy, la situación en esta ciudad no existiría.

Si todas las mujeres de esta ciudad tuvieran un voto hoy, elegirían a un alcalde en las próximas elecciones, y se levantarían en su fuerza para cambiar el terrible estado de cosas que existe aquí ahora.

19ª Enmienda (1920)

El derecho de los ciudadanos de los Estados Unidos a votar no será negado ni restringido por los Estados Unidos ni por ningún Estado por razón de sexo. El Congreso tendrá poder para hacer cumplir este artículo mediante la legislación adecuada.

1. ¿Cuál era el propósito del discurso de Twain?

   (A) Quería acabar con la corrupción en Nueva York.

   (B) Quería mostrar apoyo al sufragio femenino.

   (C) Quería fomentar el acceso igualitario a la educación.

   (D) Quería elogiar a su madre.

2. ¿Cuál de las siguientes es una opinión?

   (A) Twain apoyaba el derecho al voto de las mujeres.

   (B) La 19ª Enmienda fue ratificada en 1920.

   (C) Las mujeres son mejores que los hombres para poner fin a la corrupción.

   (D) En 1901, la gente estaba preocupada por la corrupción en el gobierno de Nueva York.

3. ¿Qué quiere decir Twain cuando llama al voto "un látigo"?

   (A) Las elecciones son más problemáticas de lo que valen.

   (B) Las elecciones son una forma de controlar el gobierno.

   (C) Las elecciones son una buena manera de controlar a los ciudadanos.

   (D) Las elecciones conducen a la corrupción.

4. ¿Cuál de los siguientes detalles podría Twain añadir para fortalecer su caso a favor de extender el voto a las mujeres?

   (A) El lugar de la mujer es en el hogar.

   (B) Las mujeres no tenían derecho al voto en las democracias de la antigua Grecia.

   (C) Las mujeres carecen de la misma inteligencia y habilidades que los hombres.

   (D) Las mujeres en Nueva York trabajaban en fábricas inseguras, y si se les diera el voto, las trabajadoras mejorarían las condiciones.

5. ¿Qué demuestra la 19ª Enmienda?

   (A) Cuando las mujeres empezaron a votar, la corrupción en la política disminuyó.

   (B) Cuando las mujeres pudieron votar, sólo pudieron hacerlo en las elecciones federales.

   (C) Las mujeres recibieron el derecho al voto antes de lo que Twain predijo.

   (D) El gobierno federal no estaba dispuesto a hacer cumplir el derecho de las mujeres a votar.

6. En 1973, después de 19 años de participación directa, Estados Unidos terminó su participación en la Guerra de Vietnam. El presidente Richard Nixon calificó el tratado que puso fin a la guerra como "paz con honor". Para 1975, Vietnam, Camboya y Laos cayeron bajo el dominio comunista. ¿Cuál de estas afirmaciones es una conclusión que se puede extraer de esta información?

   (A) El capitalismo es un sistema mejor que el comunismo.

   (B) Las fuerzas comunistas en Vietnam respetaron el tratado.

   (C) El gobierno respaldado por Estados Unidos en Vietnam del Sur fue más fuerte que el régimen comunista del Norte.

   (D) La participación de Estados Unidos en la guerra fue un fracaso.

La pregunta 7 se refiere a la siguiente fotografía.

Unknown Lockheed U-2 pilot/Wikimedia Common/Public domain/https://commons.wikimedia.org/wiki/
File:Cuba_Missiles_Crisis_U-2_photo.jpg/last accessed on Nov 04, 2025.

7. En 1962, Rusia acordó con Cuba colocar armas nucleares en esa isla para disuadir una posible invasión estadounidense y contrarrestar los misiles estadounidenses en Turquía dirigidos a Rusia. Abundaban los rumores sobre los misiles, pero faltaban pruebas. Finalmente, una clara evidencia fotográfica provocó la Crisis de los Misiles en Cuba, un enfrentamiento entre la Unión Soviética y los Estados Unidos.

¿Cuál es el significado de la evidencia fotográfica?

(A) Las fotografías mostraron que los misiles no podían contrarrestar los misiles estadounidenses en Turquía.

(B) Las fotografías demostraron que los misiles podían llegar a los Estados Unidos.

(C) Las fotografías convencieron a la Unión Soviética para retirar los misiles.

(D) Las fotografías proporcionaron una prueba indiscutible de la presencia de los misiles en Cuba.

8. Los Federalist Papers fueron una serie de artículos de periódico publicados anónimamente en apoyo a la ratificación de la Constitución de los Estados Unidos. Los autores eran patriotas prominentes. El Federalista Número 10, de James Madison, decía: "La inestabilidad, injusticia y confusión introducidas en los consejos públicos han sido, en verdad, las enfermedades mortales bajo las cuales los gobiernos populares han perecido en todas partes; ya que continúan siendo los temas favoritos y fecundos de los que los adversarios de la libertad derivan sus más especiosas declamaciones."

¿Cuál de las siguientes opciones cree que Madison consideraría como una amenaza para la democracia?

(A) un informe de noticias de TV sobre controversias en el Congreso respecto a un nuevo proyecto de ley de gastos

(B) un artículo de periódico sobre la publicación de un estudio oficial del gobierno de EE. UU. sobre OVNIs

(C) una serie de publicaciones en redes sociales diciendo que el ejército se está preparando secretamente para invadir el Capitolio

(D) una noticia de Internet sobre las formas en que los estadounidenses diversos ejercen su libertad religiosa

9. Después de que estallara la guerra en Europa en 1914, Estados Unidos trató de mantenerse neutral. En enero de 1917, Alemania envió un telegrama al gobierno de México que decía: "Tenemos la intención de comenzar el primero de febrero la guerra submarina sin restricciones. Nos esforzaremos a pesar de esto por mantener neutrales a los Estados Unidos de América. En el caso de que esto no sea exitoso, hacemos a México una propuesta de alianza sobre la siguiente base: hacer la guerra juntos, hacer la paz juntos, apoyo financiero generoso y un entendimiento de nuestra parte de que México debe reconquistar el territorio perdido en Texas, Nuevo México y Arizona."

¿Cuál de las siguientes afirmaciones se puede inferir de este mensaje?

(A) Alemania confiaba en que podría ganar la guerra con apoyo adicional.

(B) Alemania no pensó que la guerra submarina sin restricciones ampliaría el conflicto.

(C) La disposición de Alemania a ampliar la guerra mostró que se estaba volviendo cada vez más desesperada.

(D) Alemania sintió que Estados Unidos no era una amenaza seria para ellos.

10. El 12 de octubre de 2000, el buque de la marina estadounidense USS *Cole* fue atacado por terroristas suicidas de Al-Qaeda mientras se reabastecía en un puerto de Yemen. Se abrió un gran agujero en el casco del barco y murieron 17 marineros. Posteriormente, el capitán del barco dijo que las reglas de la marina le impedían disparar contra los atacantes cuando se acercaban al barco.

¿Cuál de las siguientes es una opinión sobre el ataque?

(A) La decisión del presidente Clinton de no atacar directamente a Al-Qaeda después del ataque fue un error.

(B) La marina desarrolló nuevas reglas para defenderse de los ataques.

(C) El gobierno de EE.UU. desarrolló una nueva estrategia para lidiar con organizaciones terroristas.

(D) Al-Qaeda se sintió decepcionada de que Estados Unidos no respondiera militarmente y cambió su estrategia.

Las preguntas 11–14 se refieren al siguiente pasaje y tabla.

Las órdenes ejecutivas son instrucciones que el presidente puede emitir. La Constitución otorga al presidente el derecho de emitir órdenes ejecutivas sobre cómo hacer cumplir las leyes o cómo utilizar los recursos federales. Otras veces, leyes específicas dan al presidente libertad para implementar la ley. Esta tabla muestra el número de órdenes ejecutivas emitidas por los presidentes recientes de EE.UU.

Órdenes Ejecutivas Emitidas por los Presidentes Recientes de EE.UU.

Presidente	Mandatos	Número de Órdenes Ejecutivas	Promedio Por Año
William J. Clinton	2	305	38
George W. Bush	2	291	36
Barack H. Obama	2	276	35
Donald J. Trump	Primer Mandato Solamente	219	55

Adaptado del Registro Federal

11. Según la información, ¿qué puede hacer el presidente en una orden ejecutiva?

(A) crear una nueva ley que el Congreso no está dispuesto a aprobar

(B) ordenar al Departamento de Estado que aumente el escrutinio de las solicitudes de visa

(C) declarar la guerra a un país enemigo

(D) ordenar a un funcionario del gobierno que realice una acción ilegal

12. ¿Cuál de las siguientes afirmaciones se puede concluir de esta información?

(A) Las órdenes ejecutivas tienden a subvertir la voluntad del Congreso.

(B) El presidente Trump emitió más órdenes ejecutivas por año que los otros tres presidentes de la tabla.

(C) Los presidentes tienden a emitir más órdenes ejecutivas en sus primeros mandatos que en sus segundos mandatos.

(D) Las órdenes ejecutivas han disminuido con los años.

13. ¿Cuál es el número promedio de órdenes ejecutivas emitidas por estos cuatro presidentes por año?

(A) 36

(B) 41

(C) 273

(D) 1,091

14. ¿Cuál presidente emitió la mayor cantidad de órdenes ejecutivas?

(A) William J. Clinton

(B) George W. Bush

(C) Barack H. Obama

(D) Donald J. Trump

15. Los derechos civiles y los derechos políticos son dos formas de clasificar los derechos de las personas. Los derechos civiles garantizan la vida y la seguridad de las personas, así como las libertades de religión, expresión y otros derechos importantes. Los derechos políticos incluyen los derechos legales de las personas (como el derecho a un juicio justo) y los derechos de participar en el gobierno (como el derecho a votar o a protestar contra las acciones del gobierno). ¿Cuál de las siguientes personas está ejerciendo sus derechos civiles?

(A) Mandy reparte folletos en apoyo de un candidato a la junta escolar.

(B) Seema asiste a oraciones semanales en su mezquita local.

(C) David escribe una carta a su representante en el Congreso para quejarse de una nueva ley propuesta.

(D) Francisco está visitando a su hija en otro estado, por lo que vota utilizando una boleta de voto en ausencia.

16. En 1971, la Constitución de los EE. UU. fue enmendada para otorgar el derecho al voto a cualquier persona a partir de los 18 años. Antes de eso, los estados establecían diferentes edades para votar. Algunos estados permitían votar a las mujeres a los 18 años, pero los hombres tenían que esperar hasta los 21 años. Esta situación resultó en que los hombres fueran reclutados para el ejército antes de tener la edad suficiente para votar. ¿Cuál de las siguientes creencias apoyó este cambio?

(A) Debería detenerse la discriminación contra las mujeres.

(B) Las mujeres deberían tener derecho a desempeñar roles de combate en el ejército.

(C) Los miembros de las fuerzas armadas son patriotas.

(D) Los soldados deberían tener la oportunidad de elegir a sus funcionarios electos.

17. Los patrones de votación estatales a menudo se discuten en términos de estados rojos o azules, dependiendo de por quién suelen votar.

¿Qué afirmación se puede concluir del mapa?

Estados Rojos y Azules in 2016, 2020, y 2024

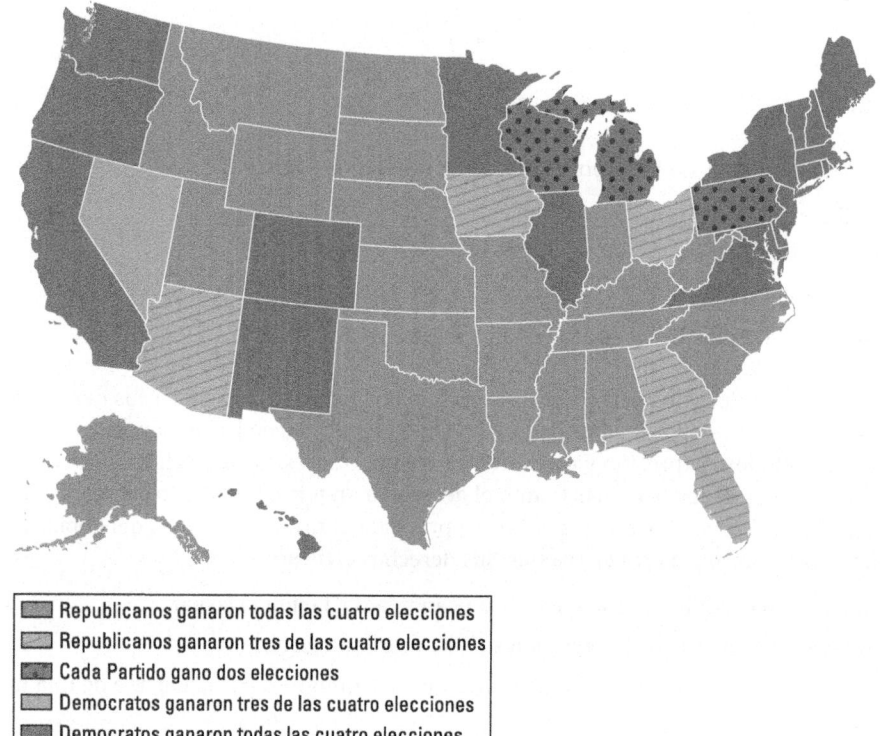

- ▦ Republicanos ganaron todas las cuatro elecciones
- ▦ Republicanos ganaron tres de las cuatro elecciones
- ▦ Cada Partido gano dos elecciones
- ▦ Democratos ganaron tres de las cuatro elecciones
- ▦ Democratos ganaron todas las cuatro elecciones

Mad Mismagius/Map of red states and blue states in the U.S./https://en.wikipedia.org/wiki/Red_states_and_blue_states/CC0 1.0/last accessed on october 31,2025.

(A) Los votantes estadounidenses están muy preocupados por el futuro del país.

(B) Los demócratas son fuertes en áreas rurales y agrícolas.

(C) Los estados púrpura son desleales a sus partidos.

(D) Los patrones de votación muestran que Estados Unidos está muy dividido políticamente.

18. La Constitución de los Estados Unidos implementa un sistema de separación de poderes entre tres (1) _____ ramas del gobierno. La rama ejecutiva (2) _____ la ley.

(1A) divididas

(1B) iguales

(1C) relacionadas

(1D) similares

(2A) hace cumplir

(2B) hace

(2C) interpreta

(2D) elimina

19. Según la Constitución de EE.UU., la rama legislativa (1) _____ leyes y la rama (2) _____ interpreta las leyes.

    (1A) hace cumplir

    (1B) promulga

    (1C) interpreta

    (1D) elimina

    (2A) legislativa

    (2B) judicial

    (2C) ejecutiva

    (2D) militar

Las preguntas 20–25 se refieren a la siguiente carta.

Queridos Residentes de los Apartamentos Johnson-Earl:

Este es un momento muy importante para que se unan a la Asociación de Residentes de los Apartamentos Johnson-Earl. Como saben, nuestro edificio de apartamentos está enfrentando cambios sin precedentes debido a los nuevos propietarios. Los servicios han disminuido mientras que la renta ha aumentado. Algunos de nuestros miembros han recibido aumentos de alquiler de más del 10 por ciento al renovar sus contratos de arrendamiento. Cuando se mudan, la administración renueva sus apartamentos y los convierte en apartamentos de lujo que se alquilan por mucho más. La administración ha retenido con frecuencia los depósitos por daños de los inquilinos, a pesar de que su plan era desmantelar completamente el apartamento. Claramente, el objetivo de la administración es expulsarnos a todos de nuestros hogares de toda la vida y quedarse con nuestros depósitos por daños.

Como saben, la Asociación cree que las acciones de la administración violan las leyes de la ciudad y del estado. Hasta ahora, la asociación ha presentado cinco demandas en nombre de inquilinos individuales que están siendo forzados a abandonar sus hogares, además de una demanda colectiva contra los propietarios del edificio en nombre de todos los residentes. Puede encontrar todas las últimas noticias y actualizaciones sobre la asociación en nuestro sitio web. El sitio web también contiene los nombres, números de teléfono y direcciones de correo electrónico de los principales funcionarios del gobierno en caso de que desee contactarlos. Puede descargar nuestro boletín semanal, que también colocamos bajo la puerta de cada apartamento.

Como saben, la vivienda asequible es escasa en el área capitalina, por lo que es esencial que luchemos por nuestros hogares. Los ex inquilinos que se han mudado se han visto obligados a vivir en viviendas inferiores en áreas inseguras. ¡No dejes que esto te pase a ti!

Ahora es el momento de apoyar a la asociación. La membresía cuesta solo $20 al año. Unirse ahora nos ayudará a garantizar que se respeten nuestros derechos como residentes. Ayúdanos a detener a la administración de quitarte tu hogar. ¡Únete hoy!

Sinceramente,

Marta Obredor,

Presidenta, Asociación de Residentes de Johnson-Earl

20. ¿Cuál es el tema principal de la carta?

    (A) La asociación ha presentado demandas contra el edificio.

    (B) Los apartamentos en el edificio son inseguros y necesitan renovación.

    (C) La asociación está compuesta por vecinos que viven en el edificio.

    (D) La asociación está trabajando para detener las acciones ilegales de la administración.

21. ¿Por qué la presidenta de la asociación añade información sobre los problemas que enfrentan los inquilinos después de mudarse?

(A) para que los inquilinos pidan al gobierno que construya más viviendas asequibles

(B) para añadir urgencia a su mensaje

(C) para hacer que la administración sea consciente de las preocupaciones de la asociación

(D) para convencer a la administración de abandonar su plan para el edificio

22. ¿Qué derecho o libertad en la Constitución de los EE. UU. apoya a la asociación y sus actividades?

(A) libertad de religión

(B) el derecho a portar armas

(C) el derecho a solicitar la reparación de agravios

(D) el derecho a un juicio justo y rápido

23. ¿Cuál otro derecho constitucional apoya a la asociación y su trabajo?

(A) libertad de expresión y de prensa

(B) libertad de registros e incautaciones indebidos

(C) el derecho a un juicio con jurado

(D) el derecho a evitar la autoincriminación

24. ¿Cuál de las siguientes acciones podría realizar legalmente la asociación utilizando sus derechos constitucionales?

(A) establecer una línea de piquete en la acera frente al edificio

(B) hacer múltiples informes falsos a la policía

(C) negarse a pagar su alquiler

(D) escribir un artículo con información falsa sobre el administrador del edificio

25. ¿Cuál de estas ideas adicionales podría añadir la presidenta de la asociación para fortalecer su argumento?

(A) La administración ya convirtió otros dos edificios asequibles en apartamentos de lujo.

(B) Un arquitecto destacado diseñó los nuevos apartamentos.

(C) Todos los apartamentos en el edificio tienen vistas hermosas.

(D) Los robos han aumentado, por lo que los inquilinos deben asegurarse de cerrar con llave sus puertas.

La pregunta 26 se refiere a este extracto de una orden ejecutiva emitida por el presidente Donald J. Trump el 7 de marzo de 2025. En 2026, la Copa del Mundo se llevará a cabo en los Estados Unidos, México y Canadá.

Estados Unidos es una nación anfitriona de la Copa Mundial de la FIFA 2026, que será el evento deportivo más grande de la historia. Este importante evento, que se lleva a cabo durante la ocasión trascendental del 250 aniversario de nuestro país, presenta una oportunidad para mostrar el orgullo y la hospitalidad de la Nación mientras se promueve el crecimiento económico y el turismo a través del deporte. Mi Administración apoyará los preparativos mediante un esfuerzo coordinado del Gobierno.

26. ¿Cuál de los siguientes es un efecto probable de esta orden ejecutiva?

(A) La parte de la Copa del Mundo en EE.UU. se devolverá a Qatar porque el evento es demasiado grande para que EE.UU. lo maneje.

(B) La atención se desviará de la Copa del Mundo a la celebración del 250 aniversario.

(C) Dos eventos importantes *estarán alineados y coordinados*.

(D) Un equipo estadounidense tiene un lugar garantizado en la Copa del Mundo.

27. Todos saben que si el presidente muere o renuncia, el vicepresidente se convierte en presidente. Pero, ¿qué pasa después de eso? La línea de sucesión está definida en varias partes de la Constitución y las leyes. Después del vicepresidente, el Presidente de la Cámara de Representantes se convierte en presidente. Si esa persona no está disponible o calificada, entonces el presidente pro tempore del Senado se convierte en presidente. La siguiente persona en línea es el secretario de Estado.

¿En cuál de estos principios se basa la línea de sucesión?

(A) una persona, un voto

(B) separación de poderes

(C) continuidad del gobierno

(D) federalismo

28. El presidente George W. Bush dando la bienvenida al presidente electo Barack Obama a la Casa Blanca poco después de las elecciones de 2008, el 10 de noviembre de 2008, parte de una característica fundamental de la democracia estadounidense, _____.

The White House/Eric Draper/Wikimedia Common/Public domain/https://en.wikipedia.org/wiki/
Presidential_transition_of_Barack_Obama#/media/File:President_George_W._Bush_
and_Barack_Obama_meet_in_Oval_Office.jpg/last accessed on Nov 04, 2025.

(A) un debate electoral

(B) una ceremonia de inauguración

(C) una transición pacífica del poder

(D) una celebración de victoria

Las preguntas 29–33 se refieren a la siguiente información.

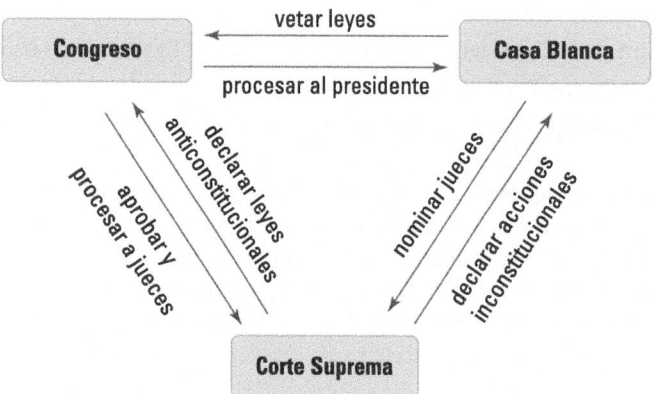

29. El sistema de _____ y balances es una parte clave de la separación de poderes en el sistema constitucional de EE. UU.

   (A) pesos

   (B) medidas

   (C) controles

   (D) contrapesos

30. ¿Cuál de estos poderes es una limitación al poder del presidente, según el diagrama?

   (A) El Congreso puede aprobar una ley.

   (B) El Presidente puede vetar una ley.

   (C) El Congreso puede anular un veto.

   (D) La Corte Suprema puede declarar una ley inconstitucional.

31. ¿Cuál de los siguientes individuos o comités tiene como papel principal un control sobre el Poder Ejecutivo?

   (A) el Presidente de la Cámara, que es el oficial que preside la Cámara

   (B) el Comité de Supervisión de la Cámara, que revisa las acciones presidenciales

   (C) el Líder de la Minoría de la Cámara, que lidera el partido que está fuera del poder

   (D) el Comité de Ética de la Cámara, que asegura que los representantes en la Cámara actúen adecuadamente

32. ¿Cuál es el propósito de este sistema?

   (A) asegurar que el presidente no se vuelva demasiado poderoso

   (B) asegurar que el presupuesto esté equilibrado

   (C) prevenir que una parte del gobierno se vuelva demasiado poderosa

   (D) asegurar el estado de derecho

33. ¿Qué tienen en común este sistema y la Carta de Derechos?

   (A) Ambos están en la Declaración de Independencia.

   (B) Ambos apoyan la libertad de religión.

   (C) Ambos dan al gobierno demasiado poder.

   (D) Ambos son limitaciones al poder del gobierno federal.

Las preguntas 34 y 35 se refieren a este dibujo, atribuido a Benjamin Franklin, que se cree que es la primera caricatura política. Se utilizó por primera vez en las Guerras Franco-Indias y luego se utilizó durante la Guerra de la Independencia.

Unirse o Morir

Benjamin Franklin/Wikimedia Common/Public domain/https://en.wikipedia. org/wiki/Join,_or_Die#/media/File:Benjamin_Franklin_-_Join_ or_Die.jpg/last accessed on Nov 04, 2025.

34. ¿El origen de cuál de estos principios del gobierno estadounidense se puede observar en esta caricatura?

(A) separación de poderes

(B) federalismo

(C) libertad de portar armas

(D) estado de derecho

35. ¿Con cuál de estas otras frases de la Revolución Americana está relacionada esta caricatura?

(A) No disparen hasta que vean el blanco de sus ojos.

(B) Debemos, de hecho, permanecer todos juntos o, con toda seguridad, a todos nos ahorcan por separado.

(C) No a los impuestos sin representación.

(D) Dame libertad o dame muerte.

Las preguntas 36–38 se refieren al siguiente pasaje y tabla.

La ley federal de salario mínimo establece el pago mínimo por hora para la mayoría de los trabajadores en los Estados Unidos. Los trabajadores que reciben propinas reciben un salario más bajo, pero la diferencia debe compensarse con propinas. Los estados pueden establecer un salario mínimo más alto. En 2021, 29 estados tenían salarios mínimos más altos que el salario mínimo federal. Aquí hay información sobre la historia del salario mínimo federal.

Aumentos Recientes del Salario Mínimo en EE.UU.

Año de Aumento	Salario Mínimo Federal
1981	$3.35
1990	$3.80
1991	$4.25
1996	$4.75

Año de Aumento	Salario Mínimo Federal
1997	$5.15
2007	$5.85
2008	$6.65
2009	$7.25

36. Para los años 1981 a 2008, ¿cuál es el mayor número de años que el salario mínimo se ha mantenido igual?

(A) 5

(B) 9

(C) 10

(D) 12

37. ¿Qué año vio el mayor aumento en el salario mínimo?

(A) 1997

(B) 2007

(C) 2008

(D) 2009

38. El salario mínimo en Wyoming es de $5.15 por hora, a partir de 2022. ¿Cuánto deberían ganar los trabajadores en este estado en 2025?

(A) $2.10

(B) $5.15

(C) $7.25

(D) $15.00

Las preguntas 39 y 40 se refieren al siguiente pasaje.

La Gran Recesión fue una desaceleración económica global generalizada que ocurrió entre 2007 y 2009. Los economistas consideran este evento como el segundo mayor descenso en la historia desde la Gran Depresión de la década de 1930. La Gran Recesión fue desencadenada en gran parte por un colapso de los precios de las viviendas en Estados Unidos. Muchas hipotecas estaban respaldadas por hipotecas de alto riesgo emitidas a compradores no calificados en casas que frecuentemente tenían un valor inflado. Cuando los propietarios no pudieron pagar, los precios de las viviendas disminuyeron y el valor de los bonos que respaldaban esas hipotecas colapsó. El resultado fue una dramática recesión económica que se sintió especialmente en América del Norte, Europa y América del Sur.

39. ¿Cuál es una de las razones por las que los valores respaldados por hipotecas fueron un problema?

(A) Proporcionaron financiamiento para hipotecas.

(B) Se basaron en hipotecas emitidas a personas con mal crédito.

(C) Su garantía era bienes raíces.

(D) Eran un nuevo tipo de valor de inversión.

40. ¿Cuáles de los siguientes serían efectos probables de la Gran Recesión en las empresas?

(A) incumplimiento de las hipotecas de viviendas

(B) pérdida de automóviles por recuperación por impago

(C) pérdida de empleos

(D) ventas en declive

41. Un monopolio es una empresa que controla un gran segmento de un producto o mercado en particular en detrimento de otras empresas, consumidores y la economía en su conjunto. Ciertas empresas, como las de servicios públicos, están exentas de las leyes diseñadas para prevenir monopolios.

¿Cuál de las siguientes sería considerada un monopolio ilegal?

(A) una empresa de agua que proporciona agua a cada hogar y negocio en cierta ciudad

(B) un proveedor de anuncios en línea que controla la mayoría de la publicidad en Internet

(C) la cadena de televisión mejor calificada en los Estados Unidos

(D) una carretera de peaje operada públicamente que es la única ruta práctica entre tres estados

42. La oferta y la demanda muestran cómo los mercados libres determinan los precios. La alta demanda y la baja oferta llevan a precios altos, mientras que la baja demanda y la gran oferta llevan a precios bajos.

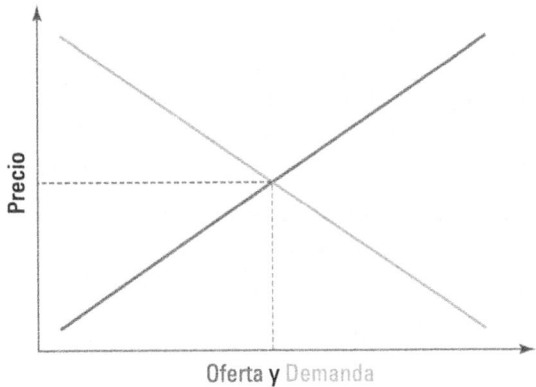

¿Qué se necesita para que la ley de oferta y demanda funcione correctamente?

(A) alta oferta

(B) un mercado libre

(C) baja demanda

(D) una economía fuerte

Las preguntas 43–46 se refieren al siguiente extracto de un discurso que el ex primer ministro Winston Churchill pronunció en Fulton, Missouri, en 1946, poco después del final de la Segunda Guerra Mundial.

Una sombra ha caído sobre los escenarios iluminados recientemente por la victoria aliada. Nadie sabe qué pretende hacer la Rusia Soviética y su organización internacional comunista en el futuro inmediato o cuáles son los límites, si es que hay alguno, a sus tendencias expansivas y proselitistas. Tengo una gran admiración y estima por el valiente pueblo ruso y por mi camarada de guerra, el mariscal Stalin. Hay simpatía y buena voluntad en Gran Bretaña, y no dudo que aquí también, hacia los pueblos de toda Rusia y una determinación de preservar a través de muchas diferencias y rechazos en el establecimiento de amistades duraderas. Entendemos la necesidad de seguridad de Rusia en sus fronteras occidentales mediante la eliminación de toda posibilidad de agresión alemana. Damos la bienvenida a Rusia a su lugar legítimo entre las naciones líderes del mundo. Sobre todo, damos la bienvenida a contactos constantes, frecuentes y crecientes entre el pueblo ruso y nuestro propio pueblo a ambos lados del Atlántico. Sin embargo, es mi deber, porque estoy seguro de que desearán que les exponga los hechos tal como los veo, presentarles ciertos hechos sobre la posición actual en Europa.

Desde Stettin en el Báltico hasta Trieste en el Adriático, una "cortina de hierro" ha descendido sobre el continente. Detrás de esa línea se encuentran todas las capitales de los antiguos estados de Europa Central y Oriental. Varsovia, Berlín, Praga, Viena, Budapest, Belgrado, Bucarest y Sofía; todas estas famosas ciudades y las poblaciones que las rodean se encuentran en lo que debo llamar la esfera soviética, y todas están sujetas de una forma u otra, no solo a la influencia soviética, sino a un grado muy alto y, en muchos casos, creciente de control desde Moscú. Solo Atenas, Grecia con sus glorias inmortales, es libre de decidir su futuro en una elección bajo la observación de británicos, estadounidenses y franceses. Al gobierno polaco dominado por los rusos se le ha alentado a hacer incursiones enormes e injustas en Alemania, y ahora están ocurriendo expulsiones masivas de millones de alemanes a una escala grave e inimaginable. Los partidos comunistas, que eran muy pequeños en todos estos estados de Europa del Este, han sido elevados a un poder y preeminencia mucho más allá de sus números y están buscando en todas partes obtener el control totalitario. Los gobiernos policiales prevalecen en casi todos los casos, y hasta ahora, excepto en Checoslovaquia, no hay verdadera democracia.

43. ¿De qué trata principalmente el discurso de Churchill?

   (A) celebrando el final de la Segunda Guerra Mundial

   (B) advirtiendo sobre la expansión del comunismo

   (C) celebrando la democracia en Grecia

   (D) anunciando su retiro como primer ministro

44. ¿Qué opción describe mejor la relación entre Churchill y Stalin en el momento de este discurso?

   (A) Churchill respeta a Stalin como aliado, pero teme sus intenciones actuales.

   (B) Churchill cree que Stalin conoce el mejor camino a seguir para Europa.

   (C) Churchill siempre ha desconfiado de Stalin.

   (D) Churchill cree que los Aliados nunca deberían haber aceptado a la Unión Soviética como aliado en la guerra.

45. ¿Cuál de los siguientes países ya ha caído en manos del comunismo en el momento del discurso, según Churchill?

   (A) Francia

   (B) Polonia

   (C) Checoslovaquia

   (D) Grecia

46. ¿Qué quiere decir Churchill cuando habla de una "cortina de hierro"?

   (A) Rusia construyó un muro de acero entre los países que controlaba y el resto de Europa.

   (B) Europa se ha dividido en un área con gobiernos democráticos y otra bajo dictaduras comunistas.

   (C) La Unión Soviética ha incorporado varios países antiguos de Europa en sus fronteras.

   (D) Los países bajo el régimen comunista son tan libres como los países en el resto de Europa.

El número de refugiados en el mundo está en un máximo histórico. Esta década comenzó con casi el doble de refugiados que solo diez años antes. La mayoría de los refugiados huyen de la guerra o la violencia, pero otros buscan seguridad alimentaria o de agua. Los principales países de los que huyen los refugiados incluyen Burundi, Eritrea, República Centroafricana, Sudán, República Democrática del Congo, Somalia, Birmania, Sudán del Sur, Afganistán y Siria. Mientras que los gobiernos, organizaciones internacionales y ONGs (organizaciones no gubernamentales) trabajan para ayudar a los refugiados, estos migrantes a menudo se encuentran viviendo en circunstancias difíciles en sus nuevos lugares. Muchos están en grandes campamentos viviendo en malas condiciones. Además de estos refugiados, también hay un número récord de personas desplazadas internamente, como las personas en el este de Ucrania que huyen de los invasores apoyados por Rusia.

47. De los países mencionados en la información, ¿en qué continente se encuentran la mayoría de ellos?

   (A) Medio Oriente

   (B) Asia

   (C) Europa

   (D) África

48. ¿Cuál de las siguientes afirmaciones es verdadera sobre la crisis de refugiados?

   (A) El número de refugiados en todo el mundo ha crecido a un nivel histórico.

   (B) Los refugiados buscan principalmente seguridad alimentaria y de agua.

   (C) Los refugiados están bien atendidos una vez que huyen.

   (D) Los refugiados son personas desplazadas internamente.

49. La Atenas antigua es a menudo considerada el origen e inspiración de la democracia al estilo occidental. Una democracia directa, Atenas no elegía representantes. En cambio, cada hombre adulto podía participar personalmente. La democracia ateniense duró unos 300 años, hasta que Macedonia invadió Grecia.

   ¿Por qué es significativa hoy en día la democracia ateniense?

   (A) Proporciona una base para la democracia occidental actual.

   (B) Demuestra el poder del gobierno representativo.

   (C) Muestra que la democracia está condenada al fracaso.

   (D) Muestra que la democracia no es un sistema de gobierno usual o común.

50. Kazajistán, un país vasto y escasamente poblado al sur de Rusia en la relativamente aislada Asia Central, tiene una tremenda riqueza de recursos naturales. Además de combustibles fósiles, como carbón, gas y petróleo, este enorme país tiene importantes depósitos de hierro, cobre, tungsteno y uranio. También cuenta con vastos recursos en metales de tierras raras, muy valorados y encontrados en cantidades muy pequeñas. Estas sustancias son clave para las baterías recargables, así como para muchos dispositivos electrónicos pequeños comunes, como teléfonos móviles y computadoras. Aunque las reservas de combustibles fósiles probablemente se agotarán pronto, los recursos minerales crecerán en importancia.

   ¿Cuál de las siguientes afirmaciones es probablemente cierta sobre Kazajistán?

   (A) Su riqueza mineral es inutilizable debido a su ubicación aislada.

   (B) La riqueza mineral le da a este país importancia estratégica y económica.

   (C) La riqueza de Kazajistán disminuirá a medida que se agoten sus combustibles fósiles.

   (D) La población de Kazajistán es demasiado pequeña para que pueda utilizar plenamente sus recursos.

Capítulo **18**

Respuestas del Examen de Práctica de Estudios Sociales

En este capítulo, proporciono las respuestas y explicaciones para cada pregunta del examen de práctica de Estudios Sociales en el Capítulo 17. Si solo quieres echar un vistazo rápido a las respuestas, consulta la clave de respuestas resumida al final de este capítulo. Sin embargo, si tienes tiempo, es más útil para fines de estudio leer detenidamente todas las explicaciones de las respuestas. Hacerlo te ayudará a entender por qué algunas respuestas fueron correctas y otras no, especialmente cuando las opciones estaban muy cerca. También te señalará áreas donde podrías necesitar revisar más. Recuerda, aprendes tanto de tus errores como de las respuestas correctas.

Respuestas y Explicaciones

1. **B. Quería mostrar su apoyo al sufragio femenino.** En varias partes del texto, Twain menciona su apoyo a la extensión del derecho al voto a las mujeres, por lo que la Opción (B) es correcta. Menciona la corrupción (Opción A) solo en relación a que los votos de las mujeres la acabarían. La Opción (C) no se menciona en el texto. Aunque habla de su madre (Opción D), es solo para apoyar su argumento de que las mujeres merecen votar.

2. **C. Las mujeres son mejores que los hombres para poner fin a la corrupción.** Aunque Twain estaba convencido de que las mujeres deberían votar, la idea de que las mujeres son mejores que los hombres para acabar con la corrupción es una opinión de Twain (Opción C). Las otras opciones son hechos expresados en los extractos.

3. **B. Las elecciones son una forma de controlar el gobierno.** La Opción (B) es correcta. Sugiere que el castigo de perder una elección reduciría la corrupción. Las opciones restantes son lo opuesto a lo que cree Twain.

4. **D. Las mujeres en Nueva York trabajaban en fábricas inseguras y, si se les diera el voto, las mujeres trabajadoras mejorarían las condiciones.** Twain podría usar la idea de que las mujeres votantes trabajarían para hacer las fábricas más seguras para fortalecer su argumento, por lo que la Opción (D) es correcta. Las otras opciones debilitarían su argumento.

5. **C. Las mujeres recibieron el derecho a votar antes de lo que Twain predijo.** La Opción (C) es correcta porque en el texto, Twain predice que tomará 25 años para que las mujeres obtengan el derecho a votar. Habló en 1901, y la enmienda entró en vigor en 1920, cinco o seis años antes de lo que Twain predijo. La Opción (A) no está respaldada por el texto. La Opción (B) es contradicha por la enmienda. La enmienda establece que el gobierno hará cumplir este nuevo derecho (Opción D).

6. **D. La participación de EE. UU. en la guerra fue un fracaso.** La Opción (D) es correcta porque Estados Unidos no impidió que Vietnam se volviera comunista. Por lo tanto, las Opciones (B) y (C) son incorrectas. Estados Unidos luchó en Vietnam porque creían que la Opción (A) era cierta, pero no es una conclusión que se pueda extraer de la información.

7. **D. Las fotografías proporcionaron una prueba indiscutible de la presencia de los misiles en Cuba.** La Opción (D) es correcta porque la foto proporciona una prueba clara que confirmó los rumores. Las Opciones (A) y (B) son incorrectas porque no se necesitan fotos para llegar a estas conclusiones. La Opción (C) es incorrecta porque la confrontación, no las fotos, convenció a Cuba de retirar los misiles.

8. **C. una serie de publicaciones en redes sociales diciendo que el ejército se está preparando secretamente para invadir el Capitolio.** De todas las opciones, solo la Opción (C) es deliberadamente falsa o engañosa, por lo tanto, cae en el peligro que Madison advirtió. Las opciones restantes tratan sobre temas que se informan de forma rutinaria o reciente y no son falsos ni engañosos.

9. **C. La disposición de Alemania a ampliar la guerra mostró que se estaba volviendo cada vez más desesperada.** La Opción (C) es correcta porque Alemania sintió que necesitaba aumentar la guerra submarina, lo que arriesgaba atraer a Estados Unidos a la guerra. Involucrar a México contrarrestaría a Estados Unidos. Esta creciente disposición a asumir riesgos sugiere que Alemania se estaba volviendo más desesperada. Por lo tanto, las Opciones (A) y (B) son incorrectas. La Opción (D) es incorrecta porque el telegrama muestra que la participación de EE. UU. era lo suficientemente preocupante como para que necesitara ser contrarrestada involucrando a México en la guerra.

Aunque puedas tener mucho conocimiento previo sobre un tema en particular, asegúrate de que tu respuesta esté respaldada por la información proporcionada.

CONSEJO

10. **A. La decisión del presidente Clinton de no atacar directamente a Al-Qaeda después del ataque fue un error.** Solo la Opción (A) expresa una opinión. Las otras opciones son hechos.

11. **B. ordenar al Departamento de Estado que aumente el escrutinio de las solicitudes de visas.** Según la información, una orden ejecutiva puede usarse para dirigir los recursos federales de ciertas maneras, por lo que la Opción (B) es correcta. Las Opciones (A) y (D) no se mencionan en la información como formas en que el presidente puede usar órdenes ejecutivas. De hecho, el poder de declarar la guerra pertenece al Congreso (Opción C). La Opción (D) es incorrecta porque en Estados Unidos, ninguna persona está por encima de la ley.

12. **B. El presidente Trump emitió más órdenes ejecutivas por año que los otros tres presidentes en la tabla.** La Opción (B) es correcta porque la tabla muestra que el presidente Trump emitió 55 órdenes ejecutivas, lo cual es más que los tres presidentes anteriores. Por lo tanto, la Opción (D) es incorrecta. La Opción (A) puede ser cierta pero no puede concluirse de la información. La Opción (C) puede ser cierta pero no puede concluirse de la tabla porque no separa las órdenes por primer o segundo mandato.

13. **B. 41.** Para determinar el número promedio de órdenes emitidas por año, suma los promedios de cada presidente y divide por el número de presidentes, 4: (38 + 36 + 35 + 55)/4 = 41. Por lo tanto, la Opción (B) es correcta. La Opción A es el número mediano de órdenes emitidas por los presidentes y, por lo tanto, es incorrecta. (El mediano es el valor en el medio cuando organizas los valores de menor a mayor). La Opción (C) es el número promedio de órdenes emitidas por los cuatro presidentes durante sus mandatos. La Opción (D) es el número total de órdenes emitidas por los cuatro presidentes redondeado al número entero más cercano.

Se te permite usar la calculadora en pantalla o tu propia calculadora TI-30XS MultiView (solo en un centro de exámenes) en preguntas como esta. La calculadora está disponible en los exámenes de estudios sociales y ciencias, no solo en matemáticas. Siempre que la calculadora esté disponible, aparecerá el ícono de Calculadora en la pantalla del examen.

RECUERDA

14. **A. William J. Clinton.** Los datos muestran que William J. Clinton (Opción A) emitió más órdenes ejecutivas, 305, que los otros tres presidentes. Por lo tanto, las otras opciones son incorrectas. Ten en cuenta que aunque Donald J. Trump emitió el mayor número promedio de órdenes por año en su primer mandato, aún emitió menos órdenes ejecutivas que Clinton.

15. **B. Seema asiste a oraciones semanales en su mezquita local.** Todas las opciones excepto la Opción (B) son derechos políticos, por lo que esta opción es correcta.

En preguntas como esta, el proceso de eliminación puede ayudarte. Si eliminas todas las opciones que son derechos políticos (Opciones A, C y D), solo queda la Opción B, que es correcta. Incluso si solo puedes eliminar dos de las opciones, eso mejora tus posibilidades a 50/50.

CONSEJO

16. **D. Los soldados deberían tener la oportunidad de elegir a sus funcionarios electos.** Solo la Opción (D) da una razón por la cual los jóvenes de 18 años deberían votar. La Opción (A) es incorrecta porque las mujeres no fueron discriminadas en esta situación. La información dice que las mujeres podían votar a una edad más temprana que los hombres. La Opción (B) no es relevante para esta situación. La Opción (C) puede ser cierta pero no es relevante.

17. **D. Los patrones de votación muestran que Estados Unidos está muy dividido políticamente.** La Opción (D) es correcta porque el patrón muestra que los estados del sur, así como los estados predominantemente agrícolas, son rojos, y los estados más urbanos e industriales son azules. Además, solo unos pocos estados son morados, lo que muestra que la mayoría de los estados

están alineados con un partido. Aunque uno espera que los estadounidenses estén interesados en el futuro del país (Opción A), esta declaración no se puede concluir del mapa. La Opción (B) es contradicha por el mapa. Algunas personas pueden creer que la Opción (C) es cierta, pero no se puede concluir del mapa. Además, en el sistema de EE. UU., no hay un requisito de que los votantes permanezcan leales a un partido, aunque tienen el derecho de hacerlo.

18. **1B, 2A. iguales, hace cumplir.** Según la Constitución, los tres poderes son iguales y utilizan un sistema de "equilibrio de poderes" para evitar que un poder se vuelva demasiado fuerte. Por lo tanto, la respuesta al Artículo (1) es iguales. El papel del poder ejecutivo es implementar, o hacer cumplir, las leyes aprobadas por el Congreso (Artículo 2).

19. **1B, 2B. promulga, judicial.** El papel del poder legislativo es aprobar, o promulgar (Artículo 1), nuevas leyes. El poder judicial (Artículo 2) interpreta las leyes y asegura que se apliquen adecuadamente.

20. **D. La asociación está trabajando para detener las acciones ilegales de la administración.** La Opción (D) resume mejor el propósito de la carta, por lo que es correcta. La Opción (A) es una de las formas en que la asociación está luchando contra la administración, pero es solo un detalle que apoya la idea principal. La Opción (B) es parcialmente cierta: los apartamentos se están convirtiendo en apartamentos de lujo. La carta no dice que sean inseguros. La Opción (C) es solo un detalle sobre la asociación.

21. **B. para añadir urgencia a su mensaje.** La información sobre los problemas que experimentan los antiguos inquilinos animará a los inquilinos actuales a tomarse en serio el asunto, por lo que la Opción (B) es correcta. La Opción (A) no es consistente con el propósito de la carta. La carta está dirigida a los inquilinos, no a la administración, por lo que las Opciones (C) y (D) son incorrectas.

22. **C. el derecho a solicitar la reparación de agravios.** La asociación es un grupo de vecinos que reclama sus derechos, por lo que la respuesta es la Opción (C). Por lo tanto, las otras opciones son incorrectas.

23. **A. libertad de expresión y de prensa.** Al publicar boletines informativos y un sitio web, la asociación está ejerciendo su derecho a la libertad de expresión y de prensa, por lo que la Opción (A) es correcta. Por lo tanto, las otras opciones son incorrectas.

24. **A. Establecer una línea de piquete en la acera frente al edificio.** La Opción (A) es otro tipo de libertad de expresión protegida. (Los piqueteros, sin embargo, deben permanecer en las aceras públicas y no caminar en la propiedad de la asociación). Las otras opciones no son ejemplos de libertad de expresión protegida.

25. **A. La administración ya convirtió otros dos edificios asequibles en apartamentos de lujo.** La Opción (A) ofrece más evidencia para exponer los planes de la administración, y por lo tanto fortalecería el argumento. La Opción (B) podría alentar a los inquilinos adinerados a mudarse al edificio, pero no fortalece el argumento de la carta. Las Opciones (C) y (D) no son relevantes para la carta, por lo que estas ideas no deberían incluirse.

26. **C. Dos eventos importantes estarán alineados y coordinados.** La Opción (C) es correcta. Esta información se declara directamente en el extracto. Las Opciones (A) y (D) no están respaldadas por la información. La Opción (B) es lo opuesto a lo que el presidente Trump pretendía que sucediera al emitir la orden ejecutiva.

27. **C. continuidad del gobierno.** La Opción (C) es correcta porque tener una línea definida de sucesión presidencial es parte de la planificación para la continuidad del gobierno en caso de emergencia. Los otros principios no tienen sentido.

28. **C. una transición pacífica de poder.** La foto muestra la primera reunión entre los dos candidatos después de las elecciones, lo que hace que esta reunión sea parte de una transición pacífica de poder. Los debates electorales (Opción A) tienen lugar antes de las elecciones, no después. La ceremonia de inauguración (Opción B) se lleva a cabo en enero. La celebración de la victoria (Opción D) ocurre la noche de las elecciones o poco después, y el candidato ganador asiste a su propia celebración.

29. **C. controles.** El sistema en el cual cada poder tiene facultades para contrarrestar, o "controlar", el poder de los demás se llama sistema de controles y equilibrios.

30. **C. El Congreso puede anular un veto.** La Opción (C) es correcta porque el Congreso puede anular el veto de un presidente con una mayoría de dos tercios. La Opción (A) es un poder del Congreso. Las Opciones (B) y (D) son controles sobre el poder del Congreso.

31. **B. El Comité de Supervisión de la Cámara, que revisa las acciones presidenciales.** El Comité de Supervisión de la Cámara (Opción B) es la única opción que examina al presidente y por lo tanto es correcta. Las Opciones (A) y (C) son líderes de la Cámara. Sus roles principales son liderar este poder co-igual, pero no son controles en sí mismos. La Opción (D) proporciona supervisión de los miembros de la Cámara.

CONSEJO

¡No te dejes engañar por las Opciones (B) (Comité de Supervisión de la Cámara) y (D) (Comité de Ética de la Cámara)! Cuando dos opciones son muy similares, una puede ser correcta o ambas serán incorrectas. Puedes eliminar fácilmente la Opción (D), ya que el Comité de Ética de la Cámara no examina otro poder del gobierno. Las Opciones (A) (Presidente de la Cámara) y (C) (Líder de la Minoría de la Cámara) también son muy similares. Ambos son líderes de una parte del poder legislativo del gobierno. Dado que ya sabes que la Opción (B) examina otro poder del gobierno, puedes eliminar fácilmente las Opciones (A) y (C) también.

32. **C. prevenir que una parte del gobierno se vuelva demasiado poderosa.** La Opción (C) es correcta porque el sistema limita los poderes de cada poder. La Opción (A) es solo parcialmente correcta, por lo que no puede ser la respuesta. La Opción (A) es un buen ejemplo de por qué es útil leer todas las opciones de respuesta antes de seleccionar una respuesta; esto puede ayudarte a evitar seleccionar rápidamente una opción que es solo parcialmente correcta. Las Opciones (B) y (D) no son relevantes para la separación de poderes.

RECUERDA

¡Las opciones de respuesta parcialmente verdaderas nunca son correctas! Siempre lee todas las opciones de respuesta para evitar seleccionar una opción parcialmente verdadera demasiado apresuradamente.

33. **D. Ambos son limitaciones al poder del gobierno federal.** La Opción (D) es correcta porque definen y limitan los poderes del gobierno. La Opción (A) es incorrecta porque ambas están en la Constitución. La Opción (B) es incorrecta porque la libertad de religión está solo en la Declaración de Derechos. La Opción (C) es contradicha por la información.

34. **B. federalismo.** La caricatura muestra la tensión entre las colonias actuando juntas y manteniendo su libertad y autonomía. Este es el mismo problema abordado por el federalismo, que define claramente los poderes estatales y federales. Por lo tanto, la Opción (B) es correcta. Las opciones restantes no son relevantes para la caricatura.

35. **B. Debemos, de hecho, permanecer todos juntos o, con toda seguridad, nos ahorcan por separado.** La Opción (B), atribuida a Benjamin Franklin, refleja el mismo sentimiento que la caricatura: alentar a las personas europeas de América del Norte a unirse contra un enemigo común. Por lo tanto, las otras opciones son incorrectas.

36. **C. 10.** El período más largo en el rango indicado sin un aumento fue entre 1997 y 2007, o 10 años (Opción C). Por lo tanto, la Opción (A) es incorrecta. La Opción (B) cubre el segundo período más largo, 1981–1990, o 9 años. La Opción (D) cubre el período de 2009–2021 pero no está en el rango especificado (1981–2008) en la pregunta. Esta es una buena ilustración de por qué es importante leer y comprender la pregunta.

37. **C. 2008.** El mayor aumento fue de 0.80, que ocurrió en 2008 (Opción C). El aumento en 1997 fue de 0.40 (Opción A). El aumento en 2007 fue $0.70 (Opción B) El aumento en 2009 fue de 0.60 (Opción D). Al momento de preparar este examen de práctica, el salario mínimo no ha subido.

RECUERDA

Ten en cuenta que puedes usar la calculadora en pantalla o tu propia calculadora TI-30XS (cuando realices la prueba en un centro de exámenes) para preguntas como esta.

38. **C. $7.25.** Según la información, los trabajadores tienen derecho al menos al salario mínimo federal, por lo que la Opción (C) es correcta. Por lo tanto, las otras opciones son incorrectas. La Opción (A) es la diferencia entre los dos salarios. La Opción (B) es el salario mínimo estatal. La Opción (D) es el salario mínimo en algunas jurisdicciones y un nuevo salario mínimo federal propuesto. ¡Esperemos que todos reciban este aumento!

Gráficos, tablas y gráficos aparecen en tres de los cuatro exámenes GED: Ciencia, Estudios Sociales y Matemáticas. Si las preguntas 36 a 38 son difíciles para ti, revisa la información sobre gráficos, tablas y gráficos en el Capítulo 10.

39. **B. Se basaron en hipotecas emitidas a personas con mal crédito.** La Opción (B) se menciona directamente en el texto. Las opciones restantes por sí solas no son suficientes para causar un problema.

40. **D. ventas en declive.** Las empresas probablemente verían una disminución en las ventas durante una recesión, por lo que la Opción (D) es correcta. Las opciones restantes son efectos en los consumidores.

41. **B. un proveedor de anuncios en línea que controla la mayor parte de la publicidad en Internet.** La Opción (B) es la única opción que cumple con la definición de un monopolio: una empresa que controla una parte excesiva de un mercado o producto. La Opción (A) es incorrecta porque es un servicio público y por lo tanto está exento de las leyes contra monopolios. La Opción (C) es incorrecta porque aunque esa red es de alto rating, hay muchas otras redes disponibles en el aire y por cable. La Opción (D) es incorrecta porque las leyes no se aplican a la carretera de peaje ya que no está en manos de una empresa privada sino pública.

42. **B. un mercado libre.** La información indica que la ley de la oferta y la demanda explica el funcionamiento de los precios en los mercados libres. Por lo tanto, la Opción (B) es correcta. Las Opciones (A) y (C) son condiciones que determinan cómo funciona la ley de la oferta y la demanda. La ley funcionará en cualquier tipo de economía siempre y cuando sea un mercado libre, por lo que la Opción (D) es incorrecta.

43. **B. advirtiendo sobre la expansión del comunismo.** La Opción (B) es correcta porque Churchill nombra repetidamente lugares donde la influencia comunista se está expandiendo. Aunque la guerra había terminado recientemente, el tono no es celebratorio, por lo que la Opción (A) es incorrecta. Churchill menciona Grecia solo como una excepción menor a lo que está sucediendo con la democracia en el resto de Europa, por lo que la Opción (C) es incorrecta. La Opción (D) es incorrecta porque Churchill ya era un ex primer ministro cuando dio el discurso.

44. **A. Churchill respeta a Stalin como aliado, pero teme sus intenciones actuales.** Está claro por la información que aunque Churchill reconoce a Stalin como aliado, desconfía de las acciones actuales de Stalin en Europa, por lo que la Opción (A) es correcta. Por esta razón, las Opciones (C) y (D) son incorrectas. La Opción (B) es contradicha por la información.

45. **B. Polonia.** Según Churchill, de estos países, solo Polonia (Opción B) ha caído bajo el control comunista hasta ahora (aunque Checoslovaquia luego caerá bajo la dominación soviética). Por lo tanto, las otras opciones son incorrectas.

46. **B. Europa se ha dividido en un área con gobiernos democráticos y otra bajo dictaduras comunistas.** Está claro que Churchill cree que los nuevos gobiernos comunistas son dictaduras, por lo que la Opción (B) es correcta. La Opción (A) confunde el significado literal con el figurado de la frase y por lo tanto es incorrecta. La Opción (C) es incorrecta porque los países permanecen intactos, solo sus gobiernos han cambiado. La Opción (D) es contradicha por la información.

CONSEJO

Con pasajes largos como este, puede ser útil leer las preguntas antes de leer el pasaje, para ahorrar tiempo. También recuerda usar la barra de desplazamiento o las pestañas para ver todo el texto. ¡La respuesta que buscas puede estar en la siguiente pantalla!

47. **D. África.** De los países principales para refugiados mencionados en la información, siete están en África. Por lo tanto, la Opción (D) es correcta y las otras opciones son incorrectas.

48. **A. El número de refugiados en todo el mundo ha crecido a un nivel histórico.** La Opción (A) se menciona directamente en el texto y por lo tanto es correcta. La Opción (B) es contradicha por la información; la mayoría de los refugiados huyen de la violencia o la guerra. La Opción (C) también es contradicha por la información; la mayoría de los refugiados viven en circunstancias difíciles. La Opción (D) es incorrecta porque los refugiados huyen a otro país y las personas desplazadas internamente huyen dentro de sus propios países.

49. **A. Proporciona una base para la democracia occidental actual.** La Opción (A) es correcta porque la democracia occidental rastrea sus orígenes en Atenas. La Opción (B) es incorrecta porque Atenas fue una democracia directa. Las Opciones (C) y (D) son contradichas por la información.

50. **B. La riqueza mineral le da a este país importancia estratégica y económica.** La Opción (B) es correcta porque todos estos recursos son importantes para la economía global. Las otras opciones no están respaldadas por la información.

Clave de Respuestas

1.	B	14.	A	27.	C	40.	D
2.	C	15.	B	28.	C	41.	B
3.	B	16.	D	29.	C	42.	B
4.	D	17.	D	30.	C	43.	B
5.	C	18.	1B, 2A	31.	B	44.	A
6.	D	19.	1B, 2B	32.	C	45.	B
7.	D	20.	D	33.	D	46.	B
8.	C	21.	B	34.	B	47.	D
9.	C	22.	C	35.	B	48.	A
10.	A	23.	A	36.	C	49.	A
11.	B	24.	A	37.	C	50.	B
12.	B	25.	A	38.	C		
13.	B	26.	C	39.	B		

Capítulo **19**

Examen de Práctica: Ciencia

El examen de Ciencia consiste en preguntas que miden conceptos generales de ciencias. Las preguntas se basan en lecturas breves que a menudo incluyen un mapa, gráfico, tabla o figura. Estudia la información proporcionada y luego responde a la(s) pregunta(s) que la siguen. Consulta la información tantas veces como sea necesario al responder a las preguntas, pero recuerda que tienes un límite de tiempo, y debes intentar dedicar el menor tiempo posible a cada pregunta y aún así obtener la respuesta correcta.

Tienes 90 minutos para completar esta sección del examen GED. Las respuestas y explicaciones de las preguntas de este examen se encuentran en el Capítulo 20. Revisa las explicaciones de todas las preguntas, incluso de aquellas que respondiste correctamente. Las explicaciones son una buena revisión de las técnicas que discuto a lo largo del libro.

Recuerda, se te permite usar una calculadora en el examen de Ciencia del GED. Para este examen está bien usar la calculadora de tu teléfono, pero en algún momento querrás acostumbrarte a la calculadora TI-30XS MultiView que se usa en el examen.

RECUERDA

En muchos estados, puedes tomar el examen GED en inglés o español y puedes combinar los dos idiomas para obtener tu credencial. Sin embargo, en otros estados, hay que tomar todos los exámenes en un solo idioma. Verifica las reglas exactas para tu estado usando la herramienta en https://www.ged.com/es/policies/ para consultar los precios y las reglas. Si las reglas para tu estado no son convenientes para ti, usa la herramienta para ver si puedes hacer el examen en un estado vecino. No todos los estados requieren residencia para tomar el examen.

RECUERDA

En el GED real, realizarás el examen en una computadora. En lugar de marcar tus respuestas en una hoja de respuestas, como haces en los exámenes de práctica de este libro, usarás el teclado y el ratón para indicar tus respuestas. Formateé las preguntas y opciones de respuesta en este libro para que aparezcan lo más similar posible a lo que verás en la pantalla de la computadora, pero tuve que mantener algunas opciones A, B, C y D y proporcionar una hoja de respuestas para marcar tus respuestas.

Usa el reloj de tu teléfono para controlar el tiempo. Si te quedas sin tiempo, marca la última pregunta que respondiste. Luego responde el resto de las preguntas. Esto te ayudará a calcular cuánto más rápido tendrás que trabajar para completar todo el examen en el tiempo permitido.

Hoja de Respuestas para el Examen de Ciencia

1. _____

2. _____

3. _____

4. _____

5. _____

6. _____

7. _____

8. _____

9. _____

10. _____

11. _____

12. _____

13. _____

14. _____

15. _____

16. _____

17. _____

18. _____

19. _____

20. _____

21. _____

22. _____

23. _____

24. _____

25. _____

26. _____

27. _____

28. _____

29. _____

30. _____

31. _____

32. _____

33. _____

34. _____

35. _____

36. _____

37. _____

38. _____

39. _____

40. _____

41. _____

42. _____

43. _____

44. _____

45. _____

46. _____

47. _____

48. _____

49. _____

50. _____

1. La polinización ocurre cuando los granos de polen se trasladan de la parte masculina de una flor a la parte femenina de otra flor de la misma especie. La polinización es necesaria para que las plantas se reproduzcan y produzcan frutos o semillas. Algunas plantas se autopolinan, o el polen se mueve a través del aire. Otras requieren polinización por otro organismo que transfiera el polen. Las abejas son los polinizadores más conocidos. Muchos cultivos alimentarios dependen de la polinización por abejas u otros polinizadores.

   ¿Cuál de los siguientes sería el resultado más probable si la población de abejas colapsara repentinamente?

   (A) Más plantas se autopolinizarían.

   (B) Más plantas usarían el aire para polinizarse.

   (C) La producción de alimentos caería.

   (D) El precio de la miel bajaría.

Las preguntas 2–4 se refieren a la siguiente información.

Dos padres tienen los siguientes genotipos para el color de ojos.

El progenitor con el genotipo Bb tiene ojos marrones. El progenitor con el genotipo bb tiene ojos azules.

	b	b
B	B b	B b
b	b b	b b

Cuadro de Punnett para el Color de Ojos

2. ¿Cuál alelo es dominante para el color de ojos?

   (A) verde

   (B) marrón

   (C) azul

   (D) avellana

3. ¿Cuáles son las probabilidades de que los padres tengan un hijo con ojos marrones?

   (A) 1:4

   (B) 2:4

   (C) 3:4

   (D) 4:4

4. Aproximadamente el 89 por ciento de las personas de un cierto país báltico tienen ojos azules. ¿Cuál de las siguientes afirmaciones explica mejor este dato?

   (A) El alelo para ojos azules es dominante allí.

   (B) El alelo para ojos avellana es poco común en ese país.

   (C) El clima frío en los países bálticos influye en el color de ojos.

   (D) El alelo para ojos azules es muy común allí.

Las preguntas 5-7 se refieren a la siguiente tabla.

Esta tabla describe la reproducción de los reptiles:

Reproducción de Reptiles

Tipo de Reproducción	Explicación	Ejemplo
Ovíparo	Se reproducen poniendo huevos.	Serpientes y lagartos (cáscaras correosas) Cocodrilos (cáscaras duras)
Ovovivíparo	Dan a luz crías vivos que eclosionan de huevos dentro de la madre. Los crías obtienen la mayor parte de su sustento del huevo.	Serpientes de cascabel y boas constrictoras
Vivíparo	Dan a luz crías vivos.	Eslizones (un tipo de lagarto)

5. ¿Cuál de los siguientes reptiles pone huevos con cáscaras duras?

   (A) eslizones

   (B) cocodrilos

   (C) serpientes de cascabel

   (D) serpientes de hierba

6. ¿Cuál de estos animales es ovíparo?

   (A) gallinas

   (B) gatos

   (C) murciélagos

   (D) boas constrictoras

7. Se ha observado que las hembras de ciertas especies de serpientes de cascabel permanecen con sus crías en nidos. Estas mismas serpientes venenosas también se turnan para cuidar y defender a sus crías. En Australia, los científicos han observado serpientes que ponen huevos cuidando de sus crías también.

   ¿Cuál de estas afirmaciones puede concluirse de esta información?

   (A) Los reptiles no son verdaderamente animales sociales.

   (B) Solo las serpientes ovovivíparas cuidan a sus crías.

   (C) Los reptiles vivíparos tienen instintos parentales.

   (D) Si ves una serpiente de cascabel muy joven, puede haber una serpiente madura cerca.

8. El chorlitejo silbador es un pequeño ave playera que anida en las playas. Esta especie se encuentra principalmente en humedales en las Dakotas, los Grandes Lagos y la costa atlántica. En invierno, estas aves migran a la costa del Golfo pero también se han visto más al sur. Los científicos estiman que su población es de entre 7,800 y 8,400 individuos. Se consideran en peligro en la región de los Grandes Lagos y amenazados en la región de la costa atlántica.

   ¿Cuál de los siguientes ayudaría a conservar la población de chorlitejos silbadores?

   (A) Disminuir el número de humedales en las Dakotas.

   (B) Proteger a otros animales que viven en los hábitats de anidación.

   (C) Realizar un día de información sobre chorlitejos en los sitios de anidación.

   (D) Evitar que las personas entren en los hábitats de anidación de los chorlitejos silbadores.

Los protozoos son organismos unicelulares capaces de moverse. Dos formas en las que se mueven son usando cilios y flagelos. *Cilios* son protrusiones cortas en el exterior de la célula. Los cilios laten juntos para moverse. Un *flagelo* es una protrusión única, parecida a una cola, que late para moverse.

9. Escribe *cilios* o *flagelo* para describir la ilustración:

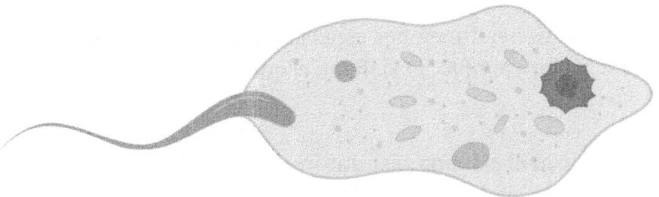

10. Escribe *cilios* o *flagelo* para describir la ilustración:

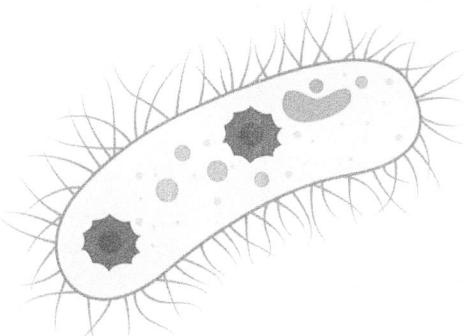

11. La falta de vitamina C puede causar una enfermedad llamada escorbuto. Los síntomas incluyen cansancio, dolor en los huesos, problemas de piel, enfermedad de las encías y cambios emocionales. El escorbuto era común en los barcos donde los marineros tenían poco acceso a alimentos frescos. Finalmente, en 1795, la Armada Británica se dio cuenta de que beber jugo de limón prevenía el escorbuto. Sin embargo, no fue hasta la década de 1930 cuando los científicos descubrieron que un químico, el ácido ascórbico, era el nutriente que prevenía el escorbuto.

¿Cuál de las siguientes conclusiones se puede extraer de esta información?

(A) La correlación no muestra causa.

(B) La vitamina C es perjudicial porque es un ácido.

(C) La vitamina C es útil, por lo que las personas deberían tomar dosis muchas veces la RDA (dosis diaria recomendada) oficial.

(D) La causa del escorbuto aún se desconoce.

12. Aunque la pérdida de peso es una industria de miles de millones de dólares, la manera para que las personas sanas pierdan peso no es ningún secreto: usar más calorías de las que consumen.

¿Cuál es la forma más económica de usar más calorías?

(A) Comprar una membresía de gimnasio.

(B) Caminar, correr y andar en bicicleta más.

(C) Pedir comidas dietéticas ofrecidas en la tele.

(D) Comer dulces como recompensa por hacer ejercicio.

13. Los sistemas del cuerpo humano tienen funciones especializadas. Estos sistemas trabajan juntos para realizar tareas específicas. Por ejemplo, el sistema esquelético y el sistema muscular trabajan juntos para mover el cuerpo.

¿Cuál de estos sistemas trabaja con el sistema respiratorio?

(A) el sistema esquelético

(B) el sistema digestivo

(C) el sistema circulatorio

(D) el sistema inmunológico

14. El VIH afecta a cuál de estos sistemas del cuerpo?

(A) el sistema inmunológico

(B) el sistema endocrino

(C) el sistema circulatorio

(D) el sistema esquelético

Las preguntas 15 y 16 se refieren a la siguiente información.

Un parásito es un organismo que toma nutrientes de otro organismo, un huésped, mientras no le devuelve nada. Un parásito puede causar un gran daño a su huésped.

15. ¿Cuál de estos es un parásito?

(A) Un hongo melena de león, que crece en tocones de árboles tomando nutrientes de los tocones.

(B) Una trufa, que crece en las raíces de un árbol, tomando azúcar y dando nutrientes al árbol.

(C) La roya del trigo, un hongo que toma su nutrición de las plantas de trigo y las mata.

(D) Un castaño, que está muriendo por el hongo del chancro del castaño.

16. El hongo *Septobasidium* forma una relación inusual con ciertos insectos que se alimentan de la corteza de los árboles. Cuando el hongo se asienta sobre un insecto, el insecto se adhiere permanentemente al árbol y comienza a beber savia. Luego, el hongo extrae nutrientes del insecto sin matarlo.

¿Cuál de los siguientes es o son parásitos?

(A) el hongo

(B) el insecto

(C) el hongo y el árbol

(D) el hongo y el insecto

Los estudiantes en una clase de ciencias de la vida están estudiando los efectos del fertilizante. Plantan dos plantas de frijol en macetas. Añaden un fertilizante de jardín bien conocido a una de las macetas. Les dan a las plantas la misma cantidad de agua y luz solar cada día. Miden las plantas cada semana y grafican los resultados.

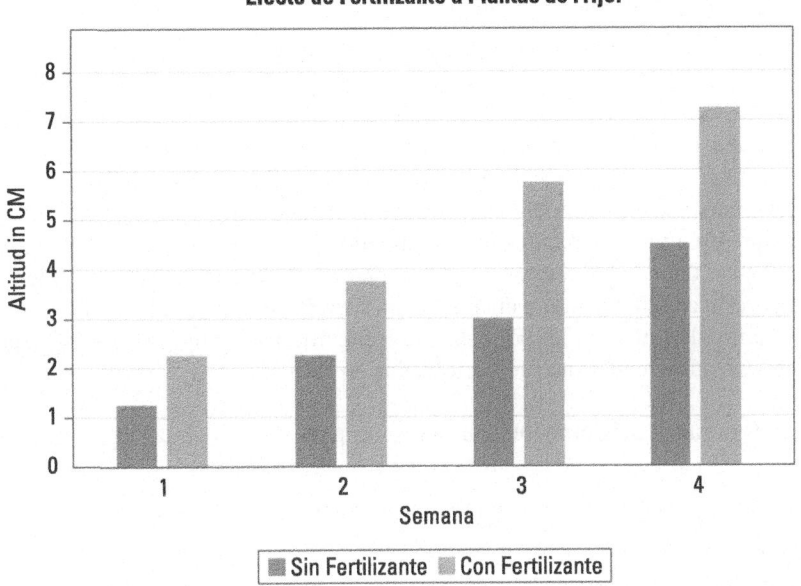

Efecto de Fertilizante a Plantas de Frijol

17. ¿Qué afirmación se puede concluir de los datos en la tabla?

    (A) El fertilizante tiene un efecto positivo en el crecimiento de las plantas.

    (B) El fertilizante no funcionará sin agua y luz solar.

    (C) El fertilizante no tiene efecto en el crecimiento de las plantas.

    (D) El fertilizante tiene un efecto negativo en el crecimiento de las plantas.

18. ¿Cuáles son las variables dependientes e independientes en este experimento?

    (A) independiente — fertilizante, agua, luz solar; dependiente — altura de la planta

    (B) independiente — altura de la planta; dependiente — fertilizante

    (C) independiente — fertilizante; dependiente — agua y luz solar

    (D) independiente — fertilizante; dependiente — altura de la planta

19. Imagina que después de medir las plantas en la Semana 4, uno de los estudiantes nota que la planta sin fertilizante no recibe luz solar completa por la tarde después de que termina la escuela. Por la tarde, la sombra de un árbol afuera cae solo sobre esa planta. La clase va a repetir el experimento. ¿Qué deberían hacer los estudiantes de manera diferente?

    (A) Girar las macetas 180 grados cada día.

    (B) Aumentar la cantidad de agua dada a la planta sin fertilizante.

    (C) Colocar ambas plantas en lugares donde la luz no será bloqueada y cambiar las posiciones de las plantas la una con la otra una vez al día.

    (D) Colocar las plantas en una ventana cubierta por una sombra translúcida para evitar que se sequen por la luz solar excesiva.

20. Una cierta especie de insecto norteamericano, la cigarra, pasa la mayor parte de su ciclo de vida como ninfas en pequeñas cámaras subterráneas. Solo emergen una vez cada 13 o 17 años. Cuando las cigarras emergen, su sonido agudo anuncia su breve regreso a la superficie.

¿Qué ventaja da este ciclo de vida a las cigarras?

(A) Pueden evitar a los depredadores.

(B) Sus cámaras subterráneas airean el suelo.

(C) Su sonido agudo puede atraer depredadores.

(D) Pueden vivir con sus parejas en las cámaras subterráneas.

21. La enfermedad de la leche fue la causa de numerosas muertes entre los colonos en el Medio Oeste estadounidense. Las personas se enfermaban y morían después de beber leche, pero nadie sabía la causa. Anna Pierce Hobbs Bigsby, una respetada experta médica local, creía que una planta venenosa era la responsable porque la enfermedad nunca ocurría en los meses de invierno. Finalmente, una anciana Shawnee le dijo que la causa era una cierta planta, la raíz de serpiente blanca. Cuando las vacas comían esa planta, el veneno entraba en su leche. Bigsby probó esta hipótesis con un ternero y encontró una correlación entre las vacas que consumían la planta y los animales que morían por beber su leche. Intentó compartir sus hallazgos con las personas, pero sus advertencias no fueron tomadas en serio.

¿Cuál de estas es la razón más probable por la que las personas no tomaron en serio la advertencia de Bigsby?

(A) En ese momento, las personas no creían que ciertas plantas fueran venenosas.

(B) Bigsby no usó buenos métodos de investigación.

(C) En ese momento, la mayoría de la comunidad médica no estaba dispuesta a prestar atención a una mujer.

(D) A las personas no les gustaba Bigsby.

Las preguntas 22–24 se refieren al siguiente pasaje y la imagen.

El agua tiene algunas propiedades inusuales. Por ejemplo, como sólido, el hielo, flota en agua líquida. Con la mayoría de las otras sustancias, la materia sólida se hunde cuando se coloca en materia líquida.

22. ¿Cuál de las siguientes es la explicación más lógica de esta característica del hielo?

   (A) El hielo es más denso que el agua líquida.

   (B) El agua líquida es más densa que el hielo.

   (C) El agua y el hielo tienen la misma densidad.

   (D) El hielo flota porque es más ligero que el aire.

23. ¿Qué afirmación también está relacionada con esta propiedad del agua?

   (A) Los lagos y estanques se congelan de arriba hacia abajo.

   (B) Los lagos y estanques se congelan de abajo hacia arriba.

   (C) La lluvia helada puede cubrir las aceras con hielo.

   (D) La niebla helada puede causar la formación de escarcha en arbustos y árboles.

24. La masa de 4 centímetros cúbicos de agua destilada es de 4 gramos.

   ¿Cuál es la densidad del agua destilada?

   (A) 1g/cm³

   (B) 2g/cm³

   (C) 4g/cm³

   (D) 16g/cm³

Las preguntas 25–28 se refieren al siguiente texto y gráfico.

La cantidad de una sustancia que puede disolverse en un líquido cambia según la temperatura del líquido. El gráfico muestra las curvas de solubilidad de cuatro sustancias.

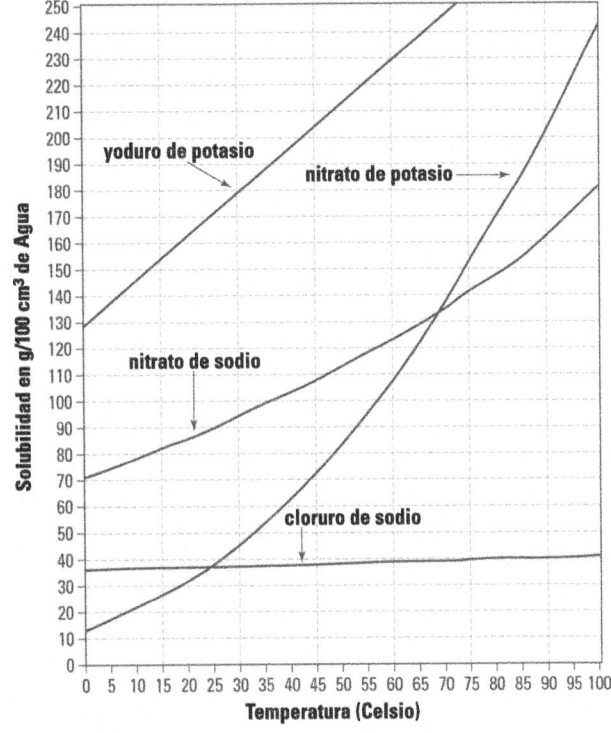

Curva de Solubilidad

25. ¿Cuál de las siguientes afirmaciones se puede inferir de la información en el gráfico?

(A) La solubilidad de las cuatro sustancias aumenta a medida que la temperatura sube.

(B) La solubilidad de las cuatro sustancias aumenta al mismo ritmo.

(C) La temperatura no afecta la solubilidad.

(D) Después de 100° C, la solubilidad continuará aumentando.

26. ¿A qué temperatura es la solubilidad del nitrato de potasio y el nitrato de sodio la misma?

(A) 25° C

(B) 45° C

(C) 70° C

(D) 75° C

27. ¿La solubilidad de qué sustancia aumenta menos a medida que la temperatura sube?

(A) yoduro de potasio

(B) nitrato de sodio

(C) nitrato de potasio

(D) cloruro de sodio

28. ¿Cuánto cloruro de sodio se disuelve a 60° C?

(A) 40 g

(B) 110 g

(C) 125 g

(D) 230 g

Las preguntas 29–31 se refieren al siguiente pasaje.

El elemento carbono es el elemento común de todas las formas de vida conocidas. Es muy abundante en el universo, cuarto, después del hidrógeno, helio y oxígeno. Alrededor del 18.5 por ciento del cuerpo humano es carbono. Los átomos de carbono suelen aparecer en una serie de *alótropos*, que son arreglos de los átomos. Tres alótropos que se encuentran en la naturaleza son el carbono amorfo (encontrado en el carbón y el hollín), el grafito y los diamantes. Cada alótropo tiene diferentes características físicas. En el grafito, los átomos de carbono están dispuestos en hojas bidimensionales en anillos hexagonales. En los diamantes, los átomos de carbono están dispuestos en anillos tridimensionales. En el carbono amorfo, los átomos no están en un arreglo particular. Los diamantes y el grafito tienen características físicas muy diferentes. Por ejemplo, los diamantes son una de las sustancias más duras que existen, y el grafito es muy suave y res-baladizo. De hecho, el grafito es un buen lubricante; es muy útil en la lubricación de cerraduras en lugar de aceite. El grafito también puede conducir electricidad, mientras que los diamantes son un mal conductor. Y los diamantes son claros, mientras que el grafito es negro. La claridad y estructura cristalina de los diamantes los hace útiles en joyería. Es por eso que los diamantes se pueden cortar en formas que brillan con luz reflejada. Otros alótropos, como los fullerenos, se han creado en laboratorios. Cada fullereno tiene un arreglo único de átomos de carbono.

29. ¿Qué alótropo de carbono se muestra en la ilustración?

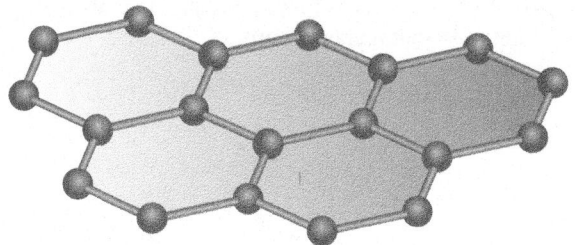

(A) diamante

(B) grafito

(C) fullereno

(D) carbono amorfo

30. Según la información en el pasaje, ¿qué alótropo de carbono sería más útil en una herramienta de corte?

(A) diamante

(B) grafito

(C) fullereno

(D) carbono amorfo

31. ¿Qué característica de los diamantes permite que se corten en formas que brillan?

(A) estructura cristalina

(B) suavidad

(C) opacidad

(D) resbalosidad

32. La primera ley de Newton dice que un objeto en reposo permanecerá en reposo y un objeto en movimiento permanecerá en movimiento a menos que sea actuado por otra fuerza.

¿Cuál de los siguientes es un ejemplo de un objeto siendo actuado por otra fuerza?

(A) Un bateador de béisbol hace un swing a un lanzamiento y falla.

(B) Un niño lanza una bola de boliche, y se detiene a mitad del camino por la pista.

(C) Un comerciante de antigüedades guarda un valioso jarrón antiguo en una vitrina cerrada.

(D) Un meteoro en el espacio continúa viajando en la misma dirección durante millones de millas.

33. Una máquina simple cambia la dirección y/o la fuerza de un esfuerzo. Las máquinas simples incluyen una palanca, una rueda y eje, una polea, un plano inclinado, una cuña y un tornillo.

Un huésped de hotel sube una maleta con ruedas por una rampa hacia el hotel. ¿Qué máquina simple está utilizando además de una rueda y un eje?

(A) plano inclinado

(B) cuña

(C) polea

(D) palanca

34. La escala de pH mide cuán ácida o básica es una sustancia. La escala varía de 0 a 14. Un pH de 7 es neutro. Un valor de pH superior a 7 es básico, y un pH inferior a 7 es ácido. La escala de pH es logarítmica. Una sustancia con un pH de 5 es diez veces más ácida que una sustancia con un pH de 6. Aquí están los valores de pH de algunas sustancias comunes:

- Blanqueador 12.5
- Amoníaco 11
- Agua destilada 7
- Leche 6.5
- Café negro 5
- Vinagre 2.5

¿Cuál de las siguientes es más ácida que el café negro?

(A) vinagre

(B) leche

(C) amoníaco

(D) blanqueador

35. La luz ultravioleta (UV) es un tipo de luz no visible que tiene tanto efectos beneficiosos como perjudiciales para los humanos. Alrededor del 10 por ciento de la emisión electromagnética del Sol es UV. La mayor parte de la emisión del Sol, incluida la UV, es absorbida o reflejada de vuelta al espacio antes de llegar a la superficie de la Tierra. Solo una pequeña cantidad de UV llega a la superficie de la Tierra. El UV es necesario para la formación de vitamina D, un nutriente necesario, en humanos y otros vertebrados. Sin embargo, la exposición excesiva al UV puede provocar quemaduras solares. Mientras que una quemadura solar ocasional es simplemente una experiencia dolorosa, las quemaduras solares repetidas, especialmente para personas con piel clara, pueden llevar al cáncer de piel más tarde en la vida.

¿Cuál de estas ideas apoya la idea principal de la información?

(A) La luz solar también contiene radiación infrarroja.

(B) Sin vitamina D, los vertebrados terrestres no pueden absorber el calcio necesario para la salud ósea.

(C) La luz visible se descompone en colores de rojo a violeta: los colores del arco iris.

(D) Si toda la energía dirigida desde el Sol a la Tierra llegara a la superficie del planeta, la vida en la Tierra sería imposible.

36. La masa es la medida de la cantidad de materia de un objeto. El peso es la medida de la atracción de la gravedad sobre ese objeto.

¿Qué sucede con el peso y la masa de una sonda espacial cuando sale de la Tierra y aterriza en la Luna? (El peso en la Luna es el 16.5 por ciento del peso en la Tierra.)

(A) El peso es mayor y la masa es menor.

(B) La masa es mayor y el peso es menor.

(C) El peso es menor y la masa es la misma.

(D) La masa y el peso permanecen constantes.

La velocidad es la tasa a la que se mueve un objeto. Un estadístico recopiló las 5 velocidades promedio más altas en las 500 Millas de Indianápolis de años recientes.

Velocidades Promedio Más Altas en las 500 Millas de Indianápolis

Año	Velocidad Promedio (mph)
2021	190.69
2013	187.43
2014	186.56
1990	185.98
1991	176.46

37. ¿Cuál fue la velocidad promedio de los 5 años en la tabla?

    (A) 185.42

    (B) 185.98

    (C) 186.56

    (D) 927.12

38. ¿Cuál fue la velocidad media de esos 5 años?

    (A) 185.42

    (B) 186.56

    (C) 187.43

    (D) 190.69

39. El calor es una forma de energía. El calor puede transferirse de un objeto a otro. Imagina que has estado afuera en una fría mañana de invierno sin guantes. De vuelta adentro, preparas una taza de chocolate caliente y la envuelves con tus dedos hasta que dejen de sentir frío.

    ¿Cuál de las siguientes afirmaciones se puede inferir de esta información?

    (A) El calor puede transferirse, pero no el frío.

    (B) El calor y el frío pueden transferirse.

    (C) El calor y el frío se contrarrestan entre sí.

    (D) La circulación sanguínea, no el chocolate caliente, calentó los dedos.

40. Peter se ha mudado recientemente a un nuevo apartamento en el quinto piso de un edificio. Una noche, se da cuenta de que puede escuchar la música de la discoteca en el primer piso perfectamente en su dormitorio. Su dormitorio está en la parte trasera del apartamento, y la discoteca está en la parte delantera del edificio. No escucha la música en ninguna otra parte de su apartamento, en el ascensor o en las escaleras.

    ¿Cuál de estas afirmaciones explica por qué Peter puede escuchar la música en su apartamento?

    (A) Las ondas sonoras están viajando a través del aire hacia su apartamento por la ventana.

    (B) Las ondas sonoras pueden viajar a través del agua.

    (C) Las ondas sonoras están viajando a través de la escalera hacia su apartamento.

    (D) Las ondas sonoras pueden viajar a través de materiales sólidos.

41. Los océanos absorben dióxido de carbono en el aire. A medida que ha aumentado la cantidad de dióxido de carbono en la atmósfera, también ha aumentado la cantidad de este gas disuelta en las aguas oceánicas. En el océano, el dióxido de carbono reacciona para formar ácido carbónico.

¿Cuál es un efecto lógico de esta situación?

(A) La acidez del agua de mar disminuirá.

(B) La acidez del agua de mar aumentará.

(C) La cantidad de dióxido de carbono en la atmósfera aumentará.

(D) La acidez del agua de mar permanecerá constante.

Las preguntas 42 y 43 se refieren al siguiente pasaje e imágenes.

El Cráter Kerid es un enorme cráter volcánico y lago en el sur de Islandia. Situado en una región de frecuente actividad volcánica, el cráter tiene alrededor de 3,000 años de antigüedad. Al principio, los científicos creían que, como otros dos cráteres en la región, una gran explosión volcánica creó este cráter. Sin embargo, la evidencia geológica no mostró evidencia de una explosión. Los científicos ahora creen que el cráter se formó después de la erupción del volcán. Creen que después de la erupción, el cono del volcán colapsó en la cámara de magma vacía.

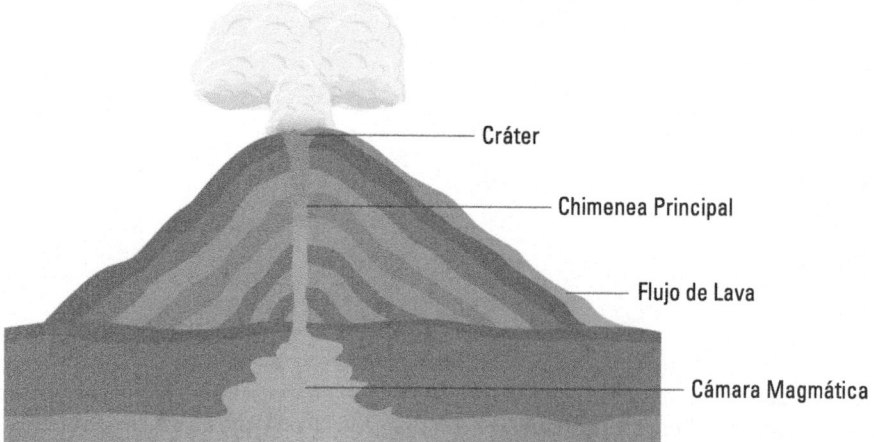

Partes Principales de un Volcán

Scoundrelgeo/Wikimedia Commons/CC BY-SA 4.0.

42. ¿Cuál fue la primera explicación de los científicos sobre cómo se formó el cráter?

(A) El volcán se vació en una erupción y luego colapsó en la cámara de abajo.

(B) El volcán explotó y luego colapsó en el cráter.

(C) Una gran explosión volcánica creó el cráter.

(D) La erupción desencadenó una explosión que formó el cráter.

43. ¿Por qué los científicos cambiaron su teoría sobre el cráter?

(A) No pudieron encontrar ninguna evidencia de una explosión.

(B) Los volcanes solo forman cráteres cuando explotan.

(C) Otros cráteres cercanos fueron formados por explosiones.

(D) Los científicos concluyeron que las explosiones no crean cráteres.

Las preguntas 44 y 45 hacen referencia al texto e imágenes.

La sonda New Horizons es una sonda espacial interplanetaria diseñada para volar y estudiar el planeta Júpiter, el planeta enano Plutón, una de las lunas de Plutón y otros cuerpos cercanos. Cuando la NASA la lanzó el 19 de enero de 2006, era el objeto más rápido lanzado desde la Tierra al espacio. En el momento del lanzamiento, Plutón, un objeto espacial muy querido, todavía se consideraba un planeta. Fue degradado a un planeta enano más tarde en 2006, pero los astrónomos continúan en desacuerdo sobre esta designación. El cambio de estatus aparentemente no disuadió a la sonda de completar su misión. El viaje a Plutón, el primero de su tipo, tomó alrededor de 9 años, y los científicos pudieron recopilar datos sobre Plutón, su luna Caronte y otros grandes objetos en la vecindad. Aparentemente, estos datos no ayudaron a resolver la controversia, ya que los científicos continúan en desacuerdo sobre el estatus de Plutón. La sonda proporcionó importantes datos sobre la atmósfera de Plutón y permitió a los científicos medir su tamaño con más precisión que nunca antes. Después del sobrevuelo de Plutón, la sonda continuó viajando y ahora se dirige hacia la constelación de Sagitario. En 2021, seguía completamente operativa y continuaba enviando datos sobre los confines exteriores del sistema solar. Se espera que la sonda continúe viajando y salga del sistema solar.

NASA/NASA/JHUAPL/SwRI/Public domain/https://science.nasa.gov/
dwarf-planets/pluto/facts//last accessed on Nov 04, 2025.

NASA/Public domain/https://www.nasa.gov/missions/new-horizons-color-images-reveal-two-distinct-faces-of-pluto-series-of-spots-that-fascinate//last accessed on Nov 04, 2025

44. ¿Por qué es importante la sonda New Horizons?

(A) Con esta sonda, los astrónomos pudieron estudiar Plutón de cerca por primera vez.

(B) Proporcionó datos que probaron que Plutón era un planeta.

(C) Fue la primera sonda en estudiar Júpiter.

(D) Su propósito era restaurar la designación de Plutón como planeta.

45. ¿Qué opción describe mejor el tono del artículo con respecto a la decisión de reclasificar a Plutón?

(A) enojado y molesto

(B) divertido y decepcionado

(C) sin emociones y directo

(D) científico y técnico

Las preguntas 46–48 se refieren al siguiente pasaje.

Los cinco Grandes Lagos — Lago Superior, Lago Hurón, Lago Michigan, Lago Ontario y Lago Erie — comprenden uno de los sistemas de agua dulce más grandes del mundo. Según estadísticas del gobierno de EE. UU., contienen el 84 por ciento del agua dulce superficial de América del Norte y el 12 por ciento del agua dulce del mundo. Millones de personas dependen del agua de estos lagos. Además de consumir el agua, las personas usan esta agua para generación de energía y transporte. Los niveles de los lagos son cuidadosamente monitoreados por organismos gubernamentales en los Estados Unidos y Canadá. Los niveles del lago fueron inusualmente altos en varios años recientes. En agosto de 2020, el Lago Michigan estaba 33 pulgadas por encima de su nivel promedio a largo plazo. Aunque eso puede no parecer mucho, los niveles de agua tan altos pueden causar daños a edificios, muelles, puertos, playas y carreteras. Para 2021, los niveles de agua habían bajado, pero seguían siendo 22 pulgadas por encima del promedio. El nivel bajó más en 2022, pero se esperaba que volviera a subir. Si bien un suministro abundante de agua dulce es bueno, demasiada agua también es perjudicial. Los científicos atribuyen el aumento al cambio climático y advierten que ciudades como Milwaukee y Chicago sufrirán consecuencias a largo plazo si los niveles del lago continúan aumentando.

46. ¿Cuál es la idea principal del pasaje?

(A) Millones de personas dependen de los Grandes Lagos.

(B) Los altos niveles de agua están causando problemas en una fuente valiosa de agua dulce.

(C) Los niveles crecientes de los lagos aseguran abundante agua para todos.

(D) En 2021, el nivel del Lago Michigan estaba en un nivel récord.

47. ¿Cuál de los siguientes hechos fortalecería el argumento del autor?

(A) La vida marina continúa floreciendo en los lagos.

(B) Hace solo unos años, el nivel del Lago Michigan estaba en un mínimo histórico, y las ciudades tuvieron que dragar puertos para que los barcos pudieran descargar.

(C) El alto nivel del lago ha causado inundaciones porque el agua de lluvia de las tormentas fuertes no tiene dónde ir.

(D) El alto nivel del lago asegura abundantes suministros de agua para millones de personas que dependen de él.

48. ¿Cuál de las siguientes conclusiones se puede sacar del pasaje?

(A) Los gobiernos necesitan tomar medidas para gestionar los altos niveles de agua en el Lago Michigan.

(B) Los niveles de agua continuarán bajando de su máximo en 2020.

(C) Los altos niveles de agua son una preocupación mayor que los niveles bajos.

(D) Las personas que viven a lo largo del Lago Michigan no necesitan preocuparse por la seguridad del agua.

49. Una científica estudia el comportamiento de una gran colonia de murciélagos que vive en una enorme caverna en Borneo. La investigación ya ha determinado que los murciélagos no volarán si el tiempo es lluvioso. La científica quiere averiguar si más murciélagos volarán en noches secas después de tiempo lluvioso que en noches secas después de otras noches secas. Planea filmar a los murciélagos cada noche mientras salen de la cueva para estimar el número de murciélagos que vuelan cada noche. También cree que la temperatura del aire puede afectar cuántos murciélagos vuelan, por lo que registran la temperatura del aire cada día a la hora en que los murciélagos suelen salir de la caverna.

¿Cuántas variables independientes tiene este experimento? Escribe el número. ☐

50. La corriente del golfo es una corriente cálida en el Océano Atlántico. Comienza cerca de la península de Yucatán y sigue la costa este de los Estados Unidos. Luego se dirige hacia Europa.

¿Cuál de los siguientes es un efecto probable de la corriente del golfo?

(A) Enfría la costa este de los Estados Unidos.

(B) Ayuda a los barcos a navegar más rápido desde Europa a los Estados Unidos.

(C) Calienta áreas de Europa y los océanos cercanos.

(D) Ayuda a los aviones a volar más rápido desde los Estados Unidos a Europa.

Capítulo **20**

Respuestas del Examen de Práctica: Ciencia

En este capítulo, proporciono las respuestas y explicaciones para cada pregunta del examen de práctica de Ciencia en el Capítulo 19. Si solo quieres echar un vistazo rápido a las respuestas, consulta la clave de respuestas abreviada al final de este capítulo. Sin embargo, si tienes tiempo, es más útil para fines de estudio leer cuidadosamente todas las explicaciones de las respuestas. Hacerlo te ayudará a entender por qué algunas respuestas son correctas y otras no, especialmente cuando las opciones eran realmente cercanas. También te señalará áreas donde podrías necesitar repasar más. Recuerda, aprendes tanto de tus errores como de las respuestas correctas.

Revisa las explicaciones de todas las preguntas, incluso de aquellas que respondiste correctamente. Las explicaciones ofrecen una buena revisión de las técnicas que discuto a lo largo del libro.

Respuestas y Explicaciones

1. **C. La producción de alimentos caería.** El resultado de un colapso de la población de abejas sería una disminución drástica en la producción de alimentos (Opción C), porque muchas plantas dependen de la polinización por abejas. Las opciones (A) y (B) son contradichas por la información. Las plantas dependen de los polinizadores para reproducirse o producir frutos. La opción (D) no tiene sentido. El precio de la miel subiría y/o la miel desaparecería por completo a medida que se agotaran las reservas.

CONSEJO

Esta pregunta evalúa tu comprensión de las relaciones causa-efecto. Las relaciones causa-efecto aparecen frecuentemente en el examen de Ciencia, así como en Estudios Sociales y Artes del Lenguaje. ¡Entender las relaciones causa-efecto puede ayudarte a mejorar tus puntuaciones en los tres exámenes!

2. **B. marrón.** Según la información, el padre con ojos marrones tiene una copia de un alelo azul y una copia de un alelo marrón. Por lo tanto, marrón (Opción B) es dominante.

3. **B. 2:4.** El cuadro de Punnett muestra que 2 de los 4 genotipos posibles para los hijos de estos padres tienen al menos una copia del alelo para ojos marrones. Por lo tanto, la Opción (B) es correcta.

4. **D. El alelo para ojos azules es muy común allí.** La Opción (D) es correcta porque para que este rasgo regresivo sea tan común, muchas personas tendrían que tener este alelo. Por lo tanto, la Opción (A) es incorrecta. La Opción (B) no es relevante. La Opción (C) no tiene sentido.

5. **B. cocodrilos.** La Opción (B) está directamente en la tabla. Los eslizones (Opción A) y las serpientes de cascabel (Opción C) no ponen huevos. Los huevos de serpiente de hierba (Opción D), al igual que los huevos de otras serpientes, son correosos.

6. **A. gallinas.** Las gallinas (Opción A) ponen huevos, por lo que son ovíparas. Los gatos (Opción B) dan a luz crías vivas. No te confundas con la Opción (C), murciélagos. Aunque los murciélagos vuelan, son mamíferos y dan a luz crías vivas. La Opción (D) es incorrecta porque las boas son ovovivíparas y dan a luz crías vivas de huevos.

7. **D. Si ves una serpiente de cascabel muy joven, puede haber una serpiente madura cerca.** La Opción (D) puede inferirse de la información. Debido a que las serpientes de cascabel hembras cuidan a sus crías, es posible que una serpiente madura pueda estar cerca de una juvenil. La Opción (A) no puede concluirse de la información. De hecho, los científicos están cada vez más conscientes del comportamiento social entre reptiles. La Opción (B) es contradicha por la información. La especie de serpiente australiana es ovípara, por lo que esta opción no puede ser verdadera. La Opción (C) no puede concluirse de la información, que trata sobre serpientes ovovivíparas y ovíparas.

8. **D. Evitar que las personas entren en los hábitats de anidación de los chorlitejos silbadores.** La Opción (D) es correcta porque esta medida garantizará que las aves no sean perturbadas. La Opción (A) reducirá aún más la población al reducir los sitios de anidación. La Opción (B) resultará en un aumento de depredadores, lo que causará más reducciones en la población. La Opción (C) probablemente aumentará el tráfico en los hábitats de anidación y perturbará a las aves. Sin embargo, las comunidades organizan eventos informativos lejos de los sitios de anidación, para que la gente sepa evitar las áreas de anidación. En 2019, un festival de música en Chicago fue cancelado porque estaba demasiado cerca del sitio de anidación del primer par de chorlitos silbadores visto en Chicago en generaciones. ¡Esas aves recibieron un trato de estrellas del rock!

9. **Flagelos.** La estructura larga y en forma de cola es un flagelo.

10. **Cilios.** Las múltiples protuberancias cortas son cilios.

11. **A. La correlación no muestra causa.** La Opción (A) es correcta porque a partir de 1795, los oficiales de la marina sabían que consumir jugo de limón prevenía el escorbuto, pero los científicos no supieron que la causa era la falta de ácido ascórbico hasta la década de 1930. Las opciones (B) y (D) son contradichas por la información. La Opción (C) no puede concluirse de la información, y la mayoría de los expertos están de acuerdo en que tomar tales dosis altas no es necesario o recomendable.

12. **B. Caminar, correr y andar en bicicleta más.** La Opción (B) aumentará las calorías que quemas a bajo costo o sin costo, por lo que es una buena manera para que las personas pierdan peso. La Opción (A) puede resultar en pérdida de peso, pero es más cara que la Opción (B). Además, comprar una membresía de gimnasio no garantiza que las personas la usarán. La Opción (C) puede reducir las calorías que las personas consumen, pero la pregunta es sobre las calorías que las personas usan. La Opción (D) puede aumentar el ejercicio, pero las calorías de la recompensa contrarrestarán las calorías quemadas al hacer ejercicio.

13. **C. el sistema circulatorio.** El sistema respiratorio y el sistema circulatorio (Opción C) trabajan juntos para llevar oxígeno al cuerpo y eliminar el dióxido de carbono.

14. **A. el sistema inmunológico.** El VIH afecta la capacidad de defenderse contra enfermedades. Por lo tanto, la Opción (A) es correcta.

15. **C. Roya del trigo, un hongo que obtiene su nutrición de las plantas de trigo y las mata.** Solo la Opción (C) describe un parásito. La roya obtiene nutrición de la planta pero no le devuelve nada a cambio. El hongo melena de león (Opción A) está creciendo en un tocón de árbol muerto, por lo que no es un parásito. Una trufa (Opción B) no es un parásito porque también contribuye al árbol. En la Opción (D), el árbol de castaño es el huésped; el parásito es el hongo.

16. **D. el hongo y el insecto.** La Opción (D) es correcta porque el insecto obtiene su nutrición del árbol y el hongo obtiene su nutrición del insecto. Si seleccionaste las Opciones (A) o (B), ten en cuenta que estas respuestas solo son parcialmente correctas. Esta es una buena ilustración de por qué siempre debes leer todas las opciones de respuesta. La Opción (C) es incorrecta porque el árbol es el huésped.

17. **A. El fertilizante tiene un efecto positivo en el crecimiento de las plantas.** Los resultados muestran que durante las 4 semanas, las plantas con fertilizante eran más altas que las plantas sin fertilizante. Por lo tanto, la Opción (A) es correcta, y las Opciones (C) y (D) son incorrectas. La Opción (B) es verdadera, pero no es un resultado de este experimento en particular — una buena manera de recordar que debes evitar usar conocimientos previos para responder y solo usar la información del pasaje y/o ilustración.

18. **D. independiente — fertilizante; dependiente — altura de la planta.** La Opción (D) es correcta porque el fertilizante es la variable que el investigador puede controlar. La variable dependiente es el resultado. Por lo tanto, la Opción (B) es incorrecta. La Opción (A) es incorrecta porque el agua y la luz solar no fueron variables en este experimento. La Opción (C) es incorrecta porque la altura de la planta, no el agua y la luz solar, es la variable dependiente.

La variable dependiente se llama así porque su cambio depende de los cambios en la(s) variable(s) independiente(s).

RECUERDA

19. C. Colocar ambas plantas en lugares donde la luz no sea bloqueada y cambiar las posiciones de las plantas la una con la otra una vez al día. El problema en esta situación es que las dos plantas recibieron diferentes cantidades de luz solar al final de la tarde. Solo la Opción (C) garantizará que la posición de las plantas no afecte la cantidad promedio de luz solar que reciben durante el experimento. La Opción (A) ayudaría a que las plantas crezcan más rectas, pero no garantizaría que reciban cantidades iguales de luz solar. La Opción (B) daría a una de las plantas una ventaja extra sobre la otra y haría que los resultados sean poco fiables. La Opción (D) probablemente disminuiría la luz disponible para ambas plantas, pero aún así no garantizaría que ambas reciban la misma cantidad de luz solar.

20. A. Pueden evitar a los depredadores. La Opción (A) es correcta porque vivir bajo tierra durante tanto tiempo y emerger en grandes cantidades aumenta su tasa de supervivencia. La Opción (B) no es una ventaja para las cigarras. La Opción (C) es una desventaja para las cigarras. La Opción (D) no puede concluirse de la información.

21. C. En ese momento, la mayoría de la comunidad médica no estaba dispuesta a prestar atención a una mujer. La Opción (C) es correcta porque en ese momento, la mayoría de los médicos eran hombres, y la gente no creía que las mujeres fueran buenas doctoras o científicas. La Opción (A) no está respaldada por la información. La gente en ese momento sabía que había plantas venenosas, pero Bigsby no pudo averiguar cuál era responsable de la enfermedad de la leche. La Opción (B) es incorrecta porque Bigsby desarrolló una hipótesis y la probó con la planta identificada por la mujer Shawnee. La Opción (D) es contradicha por la información, que dice que la gente la respetaba.

22. B. El agua líquida es más densa que el hielo. El hielo flota porque su densidad es menor que la del agua, por lo que la Opción (B) es correcta. Por lo tanto, las Opciones (A) y (C) son incorrectas. La Opción (D) no tiene sentido. El hielo es un sólido, no un gas.

23. A. Los lagos y estanques se congelan de arriba hacia abajo. Debido a que el hielo flota en el agua, los lagos y estanques se congelarán de arriba hacia abajo (Opción A). Por lo tanto, la Opción (B) es incorrecta. Las Opciones (C) y (D) son incorrectas porque no están relacionadas con el hielo flotando en el agua.

24. A. 1g/cm³. Para calcular la densidad, divide la masa por el volumen en centímetros cúbicos (cm³): $4/4 = 1g/cm^3$ (Opción A). La Opción (B) es la raíz cuadrada de 4. La Opción (C) es la masa de la muestra. La Opción (D) es el cuadrado de la masa.

Ten en cuenta que para esta pregunta no necesitas usar la calculadora en pantalla, pero está disponible cuando la necesites.

RECUERDA

25. A. La solubilidad de las cuatro sustancias aumenta a medida que la temperatura sube. El gráfico muestra que la solubilidad de todas las sustancias aumenta a medida que la temperatura sube, por lo que la Opción (A) es correcta y la Opción (C) es incorrecta. Las curvas son diferentes para cada sustancia, por lo que la Opción (B) es incorrecta. La Opción (D) no está respaldada por la información en el gráfico. De hecho, a 100° C, el agua comenzará a hervir, y al convertirse en gas, las sustancias disueltas precipitarán.

26. C. 70° C. La Opción (C) es correcta. Las curvas para estas dos sustancias se cruzan aproximadamente en este punto. La Opción (A) es el punto en el que las curvas para el cloruro de sodio y el nitrato de potasio se cruzan. Las opciones restantes son incorrectas.

27. D. cloruro de sodio. La curva para el cloruro de sodio sube menos, por lo que la Opción (D) es correcta.

28. **A. 40 g.** El gráfico muestra que a 60° C, se disuelven 40 g de cloruro de sodio, por lo que la Opción (A) es correcta. Las otras opciones muestran las cantidades de las otras sustancias disueltas a esta temperatura. La Opción (B) es la cantidad de nitrato de potasio disuelto, la Opción (C) la cantidad de nitrato de sodio, y la Opción (D) la cantidad de yoduro de potasio.

CONSEJO

Gráficos, tablas y cuadros aparecen en tres de los cuatro exámenes del GED: Ciencia, Estudios Sociales y Matemáticas. Si las preguntas 25 a 28 son difíciles para ti, revisa la información sobre gráficos, tablas y cuadros en el Capítulo 10.

29. **B. grafito.** La Opción (B) es correcta porque el pasaje dice que en el grafito, el carbono está dispuesto en un patrón hexagonal en láminas planas. En el carbono amorfo (Opción D), los átomos de carbono no tienen una disposición particular. Los alótropos en las opciones restantes tienen arreglos diferentes.

30. **A. diamante.** Según la información, la Opción (A), el diamante, es una de las sustancias más duras que existen, por lo que sería útil para fabricar una herramienta de corte. El pasaje no da información sobre la dureza de los fullerenos (Opción C).

31. **A. estructura cristalina.** La Opción (A) está directamente en el pasaje. Las opciones restantes son características del grafito, por lo que son incorrectas.

32. **B. Un niño lanza una bola de boliche, y se detiene a mitad del camino por la pista.** La Opción (B) es correcta porque la fricción y la gravedad hicieron que la bola se detuviera a mitad del camino a lo largo de la pista. Un jugador adulto probablemente lanzaría la bola con suficiente fuerza para superar la fricción y la gravedad. La Opción (A) es incorrecta porque no se aplicó otra fuerza a la bola — el jugador hizo un pleno. La Opción (C) no es posible porque el jarrón está a salvo de tener una fuerza aplicada mientras está encerrado en el armario. La Opción (D) es incorrecta porque el meteorito sigue viajando en el espacio, donde no hay fricción o viento en contra para frenarlo.

33. **A. plano inclinado.** La Opción (A) es correcta porque una rampa es un plano inclinado. Una rampa dirige la fuerza horizontal hacia arriba. Por lo tanto, las otras opciones son incorrectas.

34. **A. vinagre.** Solo el vinagre es más ácido que el café negro, por lo que la Opción (A) es correcta. Las otras opciones son menos ácidas que el café, o más básicas.

35. **B. Sin vitamina D, los vertebrados terrestres no pueden absorber el calcio necesario para la salud ósea.** La Opción (B) es correcta porque este detalle proporciona más información sobre el principal beneficio de los rayos UV para los humanos. Las Opciones (A) y (C) no son relevantes porque se refieren a otros tipos de luz. La Opción (D) agrega un detalle sobre la luz del Sol, pero no fortalece la idea principal del pasaje, que trata sobre los beneficios y efectos dañinos de la luz UV.

36. **C. El peso es menor y la masa es la misma.** La Opción (C) es correcta porque la masa es la medida de la materia, que permanece igual. El peso de la sonda es el 16.5 por ciento de lo que era en la Tierra.

37. **A. 185.42.** La Opción (A) es correcta. Puedes intentar redondear las cinco velocidades en esta pregunta, pero dado que las opciones de respuesta están tan cerca, es mejor calcular la respuesta exacta. Ten en cuenta que puedes usar una calculadora en esta pregunta.

Para calcular la velocidad promedio, suma los 5 valores y divide por 5:

190.69 + 187.43 + 186.56 + 185.98 + 176.46 = 927.12

927.12/5 = 185.42

La Opción (B) fue la velocidad promedio en 1990. La Opción (C) es la velocidad media. La Opción (D) es la suma de las 5 velocidades en la tabla.

RECUERDA

Se te permite usar la calculadora en pantalla o tu propia calculadora TI-30XS MultiView (solo en un centro de exámenes) en preguntas como esta. La calculadora está disponible en los exámenes de Estudios Sociales y Ciencia, no solo en el examen de Matemáticas. Usa el ícono de calculadora en la parte superior de la pantalla del examen para acceder a la calculadora en pantalla.

CONSEJO

El GED sigue las convenciones de EE. UU. para escribir fracciones decimales. Usa un punto decimal, no una coma, para las fracciones decimales (como 185.42).

38. **B. 186.56.** La mediana es el valor en el medio cuando los valores están ordenados de mayor a menor. Los valores ya están ordenados en la tabla, por lo que solo necesitas encontrar el del medio. Ese es la velocidad promedio en 2014, 186.56. La Opción (B) es la velocidad promedio. La Opción (C) es la velocidad promedio en 2013. La Opción (D) es la velocidad promedio en 2021.

RECUERDA

La media, la mediana y la moda son frecuentemente evaluadas en el GED, por lo que vale la pena conocer la diferencia. La media es el promedio. Para calcular la media, sumas todos los valores y divides por el número de valores. La mediana es el valor en el medio cuando los valores están ordenados. Si hay un número par de valores, promedia los dos del medio. La moda es el valor más común. La moda solo es relevante en conjuntos de datos grandes y no se evalúa con tanta frecuencia como *media* y *mediana*.

39. **A. El calor puede transferirse, pero no el frío.** La Opción (A) es correcta porque el calor es una forma de energía que puede moverse de objeto a objeto. Por lo tanto, la Opción (B) es incorrecta. La Opción (C) no tiene sentido. La Opción (D) es solo parcialmente correcta. Aunque la circulación de la sangre lleva calor a diferentes partes del cuerpo, el calor transferido de la taza de chocolate caliente también calentó los dedos.

40. **D. Las ondas sonoras pueden viajar a través de materiales sólidos.** La Opción (D) es correcta porque las ondas sonoras pueden viajar a través de materiales sólidos. Lo más probable es que los sonidos estén viajando a través de una viga en la pared que se extiende desde el primer piso y la discoteca. La Opción (A) no es correcta porque el club nocturno está en el frente del edificio y el apartamento está en la parte trasera. Las ondas sonoras no pueden salir de la discoteca por el frente del edificio y entrar por una ventana en la parte trasera del edificio. La Opción (B) es verdadera, pero no explica por qué Peter puede escuchar música en su dormitorio. La Opción (C) no es posible porque escucharía la música en la escalera, y la información dice que no lo hace.

41. **B. La acidez del agua de mar aumentará.** El efecto del aumento del ácido carbónico en el océano es que la acidez del océano aumentará, por lo que la Opción (B) es correcta y las Opciones (A) y (D) son incorrectas. La Opción (C) no tiene sentido porque la quema de combustibles fósiles es la causa del aumento del gas de dióxido de carbono en la atmósfera.

42. **C. Una gran explosión volcánica creó el cráter.** La Opción (C) está directamente en la información, por lo que es correcta. La Opción (A) es la teoría revisada, o segunda, de los científicos. Las otras opciones no son teorías mencionadas en el pasaje.

43. **A. No pudieron encontrar ninguna evidencia de una explosión.** La Opción (A) está directamente en la información, por lo que es correcta. Las Opciones (B) y (D) son contradichas por la información. La Opción (C) respalda la teoría original, no la nueva.

44. **A. Con esta sonda, los astrónomos podrían estudiar Plutón de cerca por primera vez.** La Opción (A) está directamente en la información, por lo que es correcta. La Opción (B) es contradicha por la información. La Opción (C) no está respaldada por la información. De hecho, al menos 7 sondas han sido enviadas a Júpiter desde 1973. La Opción (D) es contradicha por la información. La sonda fue lanzada antes de que cambiara la designación de Plutón.

45. **B. divertido y decepcionado.** Palabras como "muy querido" muestran que el autor se siente algo triste o decepcionado por el cambio. Además, frases irónicas, como la decisión no "disuadió a la sonda de completar su misión," muestran un tono irónico pero divertido. Por lo tanto, la Opción (B) es correcta. Las otras opciones no describen el tono con precisión.

46. **B. Los altos niveles de agua están causando problemas en una fuente valiosa de agua dulce.** La Opción (B) es correcta porque el pasaje se centra tanto en la importancia del sistema de lagos como en los desafíos que plantean los altos niveles de agua. Las otras opciones son todas verdaderas o mencionadas en el pasaje, pero no son la idea principal. La Opción (A) no es la idea principal. La Opción (C) solo establece una parte de la idea principal. La Opción (D) es un detalle en el pasaje que apoya la idea principal.

47. **C. El alto nivel del lago ha causado inundaciones porque el agua de lluvia de las tormentas fuertes no tiene dónde ir.** La Opción (C) es otro problema causado por los altos niveles de agua, por lo que fortalecería el argumento del autor. Las opciones restantes debilitarían el argumento, por lo que son incorrectas.

    Para determinar cuáles de los hechos fortalecen un argumento, ten en cuenta la idea principal de la lectura. La respuesta siempre estará relacionada con la idea principal del pasaje. En este caso, determinaste la idea principal en la pregunta anterior. Tu respuesta a esa pregunta puede ayudarte con esta.

48. **A. Los gobiernos necesitan tomar medidas para gestionar los altos niveles de agua en el Lago Michigan.** Dada la amenaza que los altos niveles de agua representan para tantas personas, la Opción (A) es una conclusión lógica. No hay evidencia en el pasaje para respaldar las Opciones (B) o (C). La Opción (D) es contradicha por la información en el pasaje.

49. **dos.** La respuesta es dos. Las dos variables independientes son el tiempo (seco o lluvioso) y la temperatura. Si pensaste que la respuesta era uno (número de murciélagos), entonces confundiste la variable dependiente (número de murciélagos) con una variable independiente.

    En preguntas como esta, puedes responder *dos* o 2. Ambas serán calificadas correctamente. Si escribes mal una palabra, un lector la verificará para ver si está lo suficientemente cerca para considerarse respuesta correcta. Pero si escribes el número incorrecto, será marcado como incorrecto.

50. **C. Calienta áreas de Europa y los océanos cercanos.** La Opción (C) es la única opción que tiene sentido. El agua cálida de la corriente del golfo probablemente elevaría las temperaturas en esos lugares. Por lo tanto, la Opción (A) es incorrecta. La Opción (B) es incorrecta porque la corriente del golfo ayudaría a los barcos a navegar desde Estados Unidos a Europa, no al revés. La Opción (D) confunde la corriente en chorro (una corriente en el aire) con la corriente del golfo (una corriente en el agua). La corriente en chorro, que también fluye de Estados Unidos a Europa, ayuda a que los aviones vuelen más rápido en esa dirección que en el viaje de regreso.

Clave de Respuestas

1.	C	14.	A	27.	D	40.	D
2.	B	15.	C	28.	A	41.	B
3.	B	16.	D	29.	B	42.	C
4.	D	17.	A	30.	A	43.	A
5.	B	18.	D	31.	A	44.	A
6.	A	19.	C	32.	B	45.	B
7.	D	20.	A	33.	A	46.	B
8.	D	21.	C	34.	A	47.	C
9.	Flagelos	22.	B	35.	B	48.	A
10.	Cilios	23.	A	36.	C	49.	2/dos
11.	A	24.	A	37.	A	50.	C
12.	B	25.	A	38.	B		
13.	C	26.	C	39.	A		

Capítulo 21
Examen de Práctica: Razonamiento Matemático

El Examen de Razonamiento Matemático consiste en una serie de preguntas diseñadas para medir habilidades generales en matemáticas y la capacidad de resolver problemas. Las preguntas se basan en lecturas breves que pueden incluir un gráfico, una tabla o una figura.

Tienes 115 minutos para completar esta sección. Las respuestas y explicaciones a las preguntas de esta sección se encuentran en el Capítulo 22. Revisa las explicaciones de todas las preguntas, incluso las que contestaste correctamente. Las explicaciones son una buena revisión de las técnicas matemáticas que discuto a lo largo del libro.

La hoja de fórmulas del GED está en la página antes de la primera pregunta del examen. Solo algunas preguntas requieren que uses una fórmula, y puede que no necesites todas las fórmulas proporcionadas. Si estás familiarizado con las fórmulas y entiendes cómo usarlas, ahorrarás tiempo en el examen; entonces podrás usar ese tiempo para revisar o para las preguntas más difíciles.

CONSEJO

Si tienes tiempo antes del examen, memoriza las fórmulas más comúnmente evaluadas: área de un cuadrado o rectángulo, área de un círculo, circunferencia y el Teorema de Pitágoras. Preguntas que requieren estas fórmulas suelen aparecer en el examen GED.

En el examen real, podrás usar una pizarra digital (o una tableta borrable, si tomas el examen en un centro de exámenes). Por ahora, ten a mano algunas hojas de papel para hacer cálculos, anotar fórmulas o hacer bocetos simples que te ayuden a visualizar una pregunta. Y recuerda usar tu calculadora cuando creas que puede ayudarte a trabajar más rápido y con precisión. Para estas preguntas, puedes usar cualquier calculadora, incluida la de tu teléfono, aunque usar una calculadora

TI-30XS MultiView real es la mejor preparación para el examen real. Usa el reloj de tu teléfono para llevar la cuenta del tiempo. Si te quedas sin tiempo, marca la última pregunta que contestaste. Luego responde a las preguntas restantes. Esto te dará una idea de cuánto más rápido deberías trabajar para responder a todas las preguntas en el examen real.

RECUERDA

En muchos estados, puedes tomar el examen GED en inglés o español y puedes combinar los dos idiomas para obtener tu credencial. Sin embargo, en otros estados, hay que tomar todo el examen en un solo idioma. Verifica las reglas exactas para tu estado usando la herramienta en: `https://www.ged.com/es/policies/`. Si las reglas de tu estado no son convenientes para ti, usa la herramienta para ver si puedes tomar el examen en un estado vecino. No todos los estados requieren residencia para tomar el examen.

RECUERDA

En el GED real, responderás en una computadora. En lugar de marcar tus respuestas en una hoja de respuestas separada, como lo haces para las secciones de práctica en este libro, verás óvalos clicables y cajas de texto para completar. Podrás hacer clic con el ratón y arrastrar y colocar elementos donde se indique. Las preguntas y opciones de respuesta en este libro están formateadas para parecerse lo más posible a lo que verás en el examen real, pero tuve que mantener algunas opciones A, B, C y D para marcar tus respuestas, y te proporciono una hoja de respuestas para que lo hagas.

Hoja de Respuestas para Razonamiento Matemático

1. _____

2. _____

3. _____

4. _____

5. _____

6. _____

7. _____

8. _____

9. _____

10. _____

11. _____

12. _____

13. _____

14. _____

15. _____

16. _____

17. _____

18. _____

19. _____

20. _____

21. _____

22. _____

23. _____

24. _____

25. _____

26. _____

27. _____

28. _____

29. _____

30. _____

31. _____

32. _____

33. _____

34. _____

35. _____

36. _____

37. _____

38. _____

39. _____

40. _____

41. _____

42. _____

43. _____

44. _____

45. _____

46. _____

47. _____

48. _____

49. _____

50. _____

FORMULAS MATEMATICAS

El área de un:

cuadrado	$A = s^2$
rectángulo	$A = lw$
paralelogramo	$A = bh$
triángulo	$A = \frac{1}{2} bh$
trapezoide	$A = \frac{1}{2} h(b_1 + b_2)$
círculo	$A = \pi r^2$

Perímetro de un(a):

cuadrado	$P = 4s$
rectángulo	$P = 2l + 2w$
triángulo	$P = s_1 + s_2 + s_3$
circunferencia de un círculo	$C = 2\pi r$ OR $C = \pi d$; $\pi \approx 3.14$

El área de superficie y volumen de un(a):

prisma rectangular	$SA = 2lw + 2lh + 2wh$	$V = lwh$
prisma recto	$SA = ph + 2B$	$V = Bh$
cilindro	$SA = 2\pi rh + 2\pi r^2$	$V = \pi r^2 h$
pirámide	$SA = \frac{1}{2} ps + B$	$V = \frac{1}{3} Bh$
cono	$SA = \pi rs + \pi r^2$	$V = \frac{1}{3} \pi r^2 h$
esfera	$SA = 4\pi r^2$	$V = \frac{4}{3} \pi r^3$

(p = perímetro de la base, cuya área es B; $\pi \approx 3.14$)

Datos

media
: la media es igual a la suma de los valores de un conjunto de datos dividida entre el número de elementos en el conjunto de datos

mediana
: la mediana es el valor a la mitad de un número impar de datos ordenados o la media de los dos valores a la mitad de un número par de datos ordenados de un conjunto de datos

Álgebra

pendiente de una recta	$m = \frac{y_2 - y_1}{x_2 - x_1}$
forma de intersección pendiente de la ecuación de la recta	$y = mx + b$
forma de punto-pendiente de la ecuación de la recta	$y - y_1 = m(x - x_1)$
forma estándar de una ecuación cuadrática	$y = ax^2 + bx + c$
fórmula cuadrática	$x = \frac{-b \pm \sqrt{b^2 - 4ac}}{2a}$
Teorema de Pitágoras	$a^2 + b^2 = c^2$
Interés simple	$I = Prt$ (I = interés, P = capital, r = tasa, t = tiempo)
fórmula de distancia	$d = rt$
costo total	costo total = (número de unidades) × (precio unitario)

1. Jacob Smith buscó su nombre en línea para ver cuántos resultados aparecerían. La búsqueda produjo 354,000,000 resultados (¡y en menos de medio segundo!). Si Jacob escribiera este total como 3.54×10^x, el valor de x sería [ ].

2. Eres una de las 300 personas que entran a una lotería para obtener dos entradas para ver a tu artista favorito. Los boletos de lotería están numerados del 1 al 300. Los oficiales de la lotería seleccionan a cada persona número 15 para obtener entradas, comenzando con el boleto número 8. ¿Cuál de los siguientes números de boleto también obtendrá entradas?

(A) 18

(B) 88

(C) 98

(D) 108

3. $a = b\,2 - (3 + 2c)$. Encuentra a si $b = -3$, $c = -2$

(A) −10

(B) −9

(C) 8

(D) 10

4. Mercedes y Chen recolectan fresas para hacer mermelada para el próximo otoño e invierno. Recogen muchísimas fresas, lo suficiente para hacer 255 onzas de mermelada. Tienen una variedad de frascos de 3, 6, 12 y 24 onzas para poner la mermelada. ¿Qué combinación de frascos contendría toda la mermelada que hicieron?

(A) 15 frascos de 3 oz. y 18 frascos de 12 oz.

(B) 7 frascos de 6 oz. y 9 frascos de 24 oz.

(C) 13 frascos de 3 oz. y 36 frascos de 6 oz.

(D) 13 frascos de 18 oz. y 4 frascos de 24 oz.

5. La tienda local de donas cobra $0.89 por una sola dona, $4.99 por media docena de donas y $9.49 por una docena de donas. Si necesitas comprar 36 donas, ¿cuánto ahorrarías si compras 3 docenas de donas en lugar de 36 donas individuales, antes de impuestos?

6. Maripaz ve una nueva blusa en la tienda con un precio de $20. En la caja, paga $21.20 con los impuestos. ¿Cuál es la tasa de impuestos?

(A) 1.2%

(B) 5%

(C) 6%

(D) 12%

7. El recorrido normal de Caleb al trabajo lleva aproximadamente media hora cuando conduce su coche a una velocidad promedio de 40 mph (millas por hora). Si decide participar en el Día de ir en bicicleta al trabajo, ¿cuánto tiempo le tomaría llegar al trabajo si promedia 16 mph montando su bicicleta?

(A) 1 hora, 15 minutos

(B) 1 hora, 25 minutos

(C) 1 hora, 40 minutos

(D) 2 horas, 30 minutos

8. La siguiente línea intercepta el eje *y* en 4 y el eje *x* en 5. ¿Cuál es la pendiente de la línea?

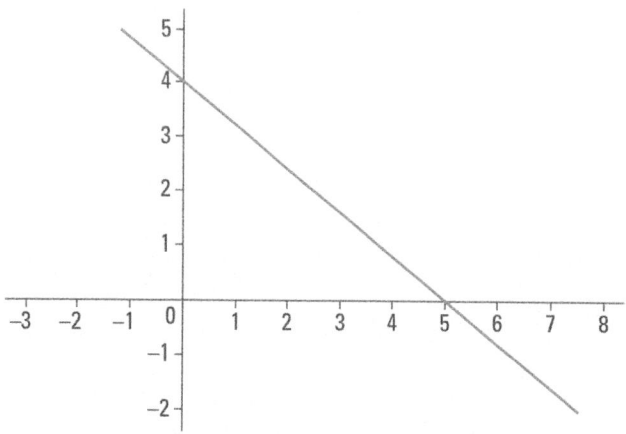

(A) 4/5

(B) −5/4

(C) −4/5

(D) 5/4

9. La pizzería del barrio ofrece los siguientes tamaños de pizzas:

- Pizza redonda de 12 pulgadas: $12.99

- Pizza redonda de 14 pulgadas: $15.99

- Pizza rectangular de 10 × 16 pulgadas: $17.99

Cada ingrediente adicional cuesta $1. Bebidas cuestan $2, $2.50 y $3 para P, M y G, respectivamente.

Si Anthony tiene $20 por gastar, ¿cuál de los siguientes pedidos NO puede hacer? (Se supone que no hay impuesto ni propina en el pedido).

(A) una pizza de queso rectangular con una bebida pequeña

(B) una pizza de pepperoni de 14 pulgadas con una bebida mediana

(C) una pizza de 12 pulgadas de pimiento verde, cebolla y champiñones con una bebida grande

(D) una pizza de piña y jamón de 14 pulgadas con una bebida mediana

10. A Erica le pagan $12 por hora por trabajar en el puesto de hotdogs del parque. Si trabaja más de 40 horas en una semana en particular, le pagan un 50% más por hora por esas horas adicionales.

Supongamos que Erica trabaja 50 horas en una semana. ¿Cuánto le pagarán por esa semana?

(A) $180

(B) $480

(C) $600

(D) $660

11. ¿Cuál es el mínimo común múltiplo de 24 y 32?

(A) 8

(B) 96

(C) 128

(D) 192

Las preguntas 12–13 se refieren a la siguiente imagen.

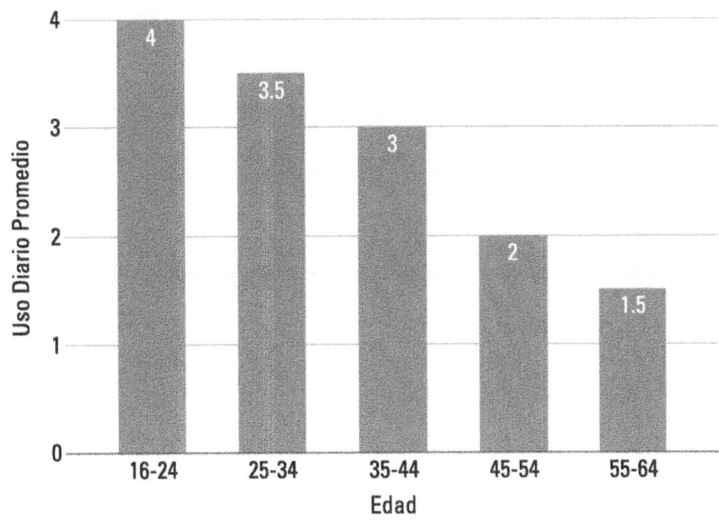

Uso Diario Promedio de Internet por Edad (en horas)

12. ¿Cuántas horas esperas que una persona de 30 años esté en línea durante un fin de semana de 3 días?

(A) 7

(B) 9

(C) 10.5

(D) 12

13. ¿Entre cuáles dos grupos de edad hubo la mayor diferencia en el uso promedio diario de Internet?

(A) 16–24 y 25–34

(B) 25–34 y 35–44

(C) 35–44 y 45–54

(D) 45–54 y 55–64

14. El cilindro en la figura mostrada aquí está inscrito en el prisma cuadrado. Ambos tienen una altura de 12 pulgadas. El cilindro tiene un radio de 5 pulgadas. ¿Cuál es la diferencia de volumen entre el prisma y el cilindro?

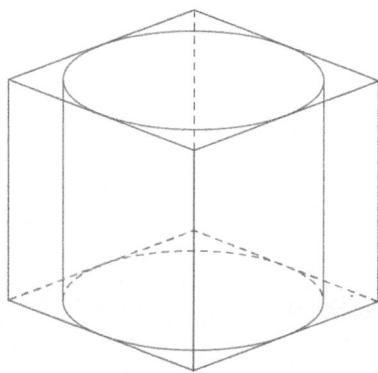

(A) 257.5 pulgadas cúbicas

(B) 942.5 pulgadas cúbicas

(C) 1,200 pulgadas cúbicas

(D) 2,142.5 pulgadas cúbicas

15. Las calificaciones de las 6 pruebas de Elena en su clase de higiene dental fueron las siguientes:

84, 77, 98, 86, 95, 76

¿Cuál es el promedio de las calificaciones de Elena?

(A) 77

(B) 85

(C) 86

(D) 103.2

16. Mario está preparando salsa para pasta para la cena. La receta familiar incluye los siguientes ingredientes:

- $\frac{3}{4}$ libras de carne molida

- 1 lata de tomates triturados

- $\frac{1}{2}$ taza de cebolla picada

- $1\frac{1}{2}$ cdtas. de albahaca seca

Mario decide duplicar la receta porque está cocinando para una gran reunión familiar. ¿Cuál de las siguientes porciones es la cantidad *incorrecta* para las nuevas proporciones?

(A) 1.5 libras de carne molida

(B) 2 latas de tomates triturados

(C) .25 taza de cebolla picada

(D) 3 cdtas. de albahaca seca

17. Nelda tiene que caminar de un lugar en un parque a otro punto. Si se mantiene en los caminos pavimentados, caminará 2 cuadras hacia el sur, luego 3 cuadras hacia el este y luego otras 2 cuadras hacia el sur. Si en lugar de eso simplemente hubiera caminado en línea recta de un lugar a otro, ¿cuál sería la distancia?

(A) 3 cuadras

(B) 4 cuadras

(C) 5 cuadras

(D) 7 cuadras

18. En una baraja estándar de 52 cartas, cuatro de ellas son ases. Si quitas ocho cartas dela baraja y ninguna de ellas es un as, ¿cuál es la probabilidad de que la novena carta que saques sea un as?

(A) 1:44

(B) 1:13

(C) 1:11

(D) 1:9

Las preguntas 19–20 se refieren a la siguiente figura.

Objecto	Volumen (decibelios)
Biblioteca	40
Cepillo de dientes eléctrico	50
Trafico de la carretera	70
Cigarras	80
Tractor	90
Motonieve	100
Ambulancia	120
Petardo	150
Rifle	160

19. Si tu despertador suena a 75 decibelios, ¿qué fracción de los elementos son más ruidosos que tu despertador?

(A) 2/9

(B) 1/3

(C) 75/160

(D) 2/3

20. Las cigarras son insectos que aparecen más o menos cada siete años y viven una o dos semanas. Son conocidas por su canto agudo. Si las cigarras fueran un 50% más ruidosas, ¿serían tan fuertes como cuál objeto?

    (A) una ambulancia

    (B) un rifle

    (C) una biblioteca

    (D) un cepillo de dientes eléctrico

21. Considera la ecuación para el volumen de una esfera. Si tienes dos esferas y una de ellas tiene un radio que es triple del radio de la otra esfera, ¿cuánto mayor es el volumen de esa primera esfera?

    (A) 3 veces más grande

    (B) 9 veces más grande

    (C) 12 veces más grande

    (D) 27 veces más grande

22. Durante su reunión familiar, 36 niños de la familia Montemayor van al parque acuático local para refrescarse. Mientras están allí, pueden ir a los toboganes acuáticos, al río lento, a ambos o a ninguno. Si 10 niños hacen ambos paseos, 25 niños solo hacen el río lento, y 4 niños no hacen ninguno de los paseos, ¿cuántos niños se suben solo a los toboganes acuáticos?

    (A) 7

    (B) 17

    (C) 21

    (D) 32

23. Jessie se está entrenando para un triatlón local. Quiere poder terminarlo en 3 horas. Si hace la parte de natación en 45 minutos, la parte de correr en 1 hora y la parte de ciclismo en 1.2 horas, ¿cómo terminará en relación con su objetivo?

    (A) No alcanzará su objetivo por 3 minutos.

    (B) Alcanzará su objetivo exactamente a tiempo.

    (C) Alcanzará su objetivo con 3 minutos de sobra.

    (D) No alcanzará su objetivo por 5 minutos.

24. Mary tiene una foto que mide 24 pulgadas de ancho por 36 pulgadas de alto que quiere colgar en una pared que mide 10 pies de ancho por 8 pies de alto. Si quiere que la parte superior de la foto esté a dos pies del techo de la habitación, y los ganchos para colgarla están a seis pulgadas de la parte superior de la foto, ¿a qué distancia del techo tendrá que colocar los clavos para colgar la foto?

    (A) 24 pulgadas

    (B) 30 pulgadas

    (C) 36 pulgadas

    (D) 42 pulgadas

25. El Sr. y la Sra. Bueno están poniendo baldosas cuadradas de 2 pies en un camino rectangular en su jardín delantero. Si el camino mide 4 pies de ancho y 30 pies de largo, ¿cuántas baldosas necesitarán?

(A) 8.5

(B) 30

(C) 60

(D) 80

26. Durante el tiempo de Darnell en el colegio comunitario local, la matrícula tenía los siguientes números.

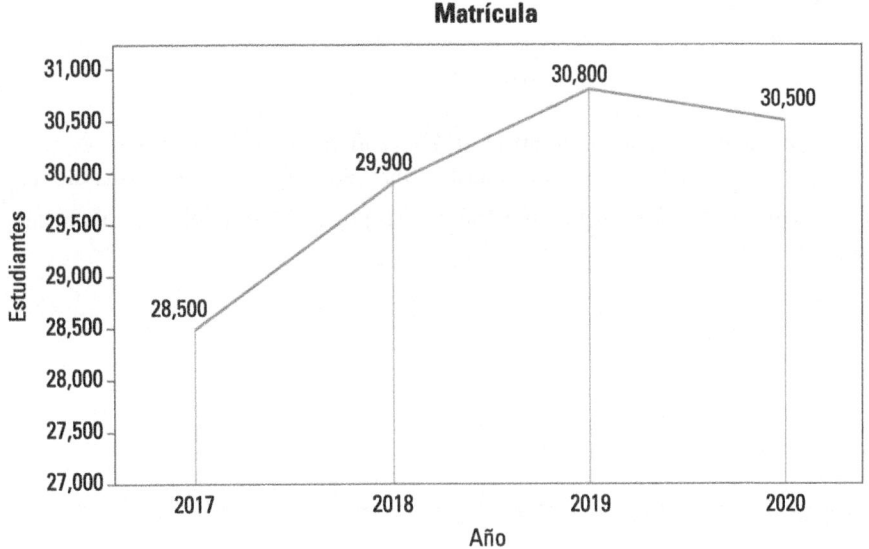

Matrícula

¿Cuál fue el aumento porcentual en la matrícula del colegio desde que Darnell ingresó a la escuela en 2017 hasta que salió en 2020?

(A) 0.07%

(B) 4.9%

(C) 7.0%

(D) 8.1%

27. Kelly está tratando de caminar un promedio de 10,000 pasos al día. Los primeros tres días, caminó 8,523, 11,378 y 7,906 pasos. ¿Cuántos pasos debe caminar Kelly el cuarto día para estar en ritmo con su promedio diario?

(A) 2,193 pasos

(B) 9,269 pasos

(C) 10,000 pasos

(D) 12,193 pasos

28. Stefan tiene que llenar cuatro botellas de agua de 10 galones antes de la práctica del equipo de fútbol. Si el grifo al aire libre tiene una tasa de flujo de 11 a 12 galones por minuto, ¿cuánto tiempo le tomará a Stefan llenar las cuatro botellas?

   (A) menos de 2 minutos

   (B) entre 2 y 3 minutos

   (C) entre 3 y 4 minutos

   (D) más de 4 minutos

29. ¿Cuál de los siguientes está en forma de rectángulo?

   (A) una lata de guisantes

   (B) la etiqueta de una lata de guisantes

   (C) un cono de helado

   (D) el envoltorio de papel de un cono de helado

30. A Sam le gusta seguir cuánto kilometraje obtiene con un tanque de gasolina. Ve que para el tanque actual, ha conducido 288 millas hasta ahora. Su indicador de gasolina dice que ha usado $\frac{3}{4}$ de su tanque de 16 galones. ¿Cuántas millas más puede esperar conducir antes de quedarse sin gasolina?

   (A) 12

   (B) 24

   (C) 96

   (D) 384

Las preguntas 31 y 32 se refieren a la siguiente información.

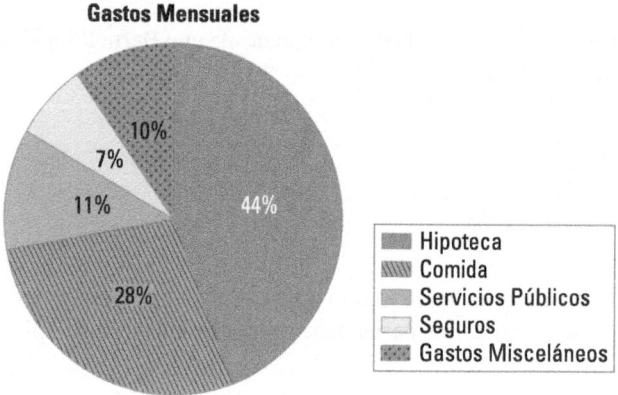

Gastos Mensuales

- ▨ Hipoteca
- ▨ Comida
- ▨ Servicios Públicos
- ▨ Seguros
- ▨ Gastos Misceláneos

31. Makayla escribió sus gastos mensuales en la figura.

   ¿Cuál de las siguientes afirmaciones sobre sus gastos mensuales es verdadera?

   (A) Gasta más en seguros que en servicios públicos.

   (B) Gasta más de una cuarta parte de su dinero en cosas que no son la hipoteca y la comida.

   (C) Después de la hipoteca, lo que más gasta es en servicios públicos.

   (D) Sus gastos misceláneos son una cuarta parte de lo que gasta en comida.

32. Supongamos que el presupuesto mensual de Makayla es $3,500. Si decide alquilar en lugar de pagar una hipoteca, y su alquiler es $1,175 al mes y los servicios públicos son de $350 al mes, ¿cuánto podría ahorrar cada mes al alquilar en lugar de ser propietaria? ☐

33. ¿Cuál es el área del siguiente triángulo?

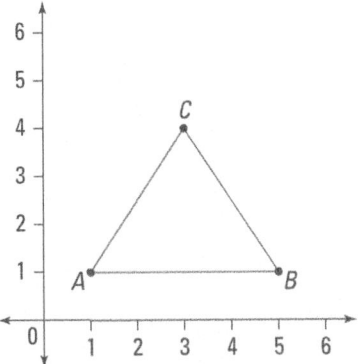

(A) 3.5

(B) 6

(C) 12

(D) 24

34. A Brianna y Rachael les gusta viajar, pero a Brianna le gusta volar mientras que Rachael prefiere tomar el tren.

Cuando Brianna vuela, el avión promedia 300 mph, pero le toma a Brianna media hora llegar al aeropuerto, otras 2 horas pasar por seguridad y esperar abordar el avión, y luego una hora adicional después de que el avión aterrice para recoger su equipaje, salir del aeropuerto y llegar a su destino.

Para Rachael, también le toma media hora llegar a la estación de tren, pero solo tiene que llegar 30 minutos antes para registrarse, y solo le toma 45 minutos desde que el tren llega a la estación hasta llegar a su destino. Sin embargo, el tren solo promedia 125 mph.

Si ambas salieran al mismo tiempo, ¿para qué distancia de viaje Rachael llegaría a su destino primero?

(A) 300 millas

(B) 400 millas

(C) 500 millas

(D) 600 millas

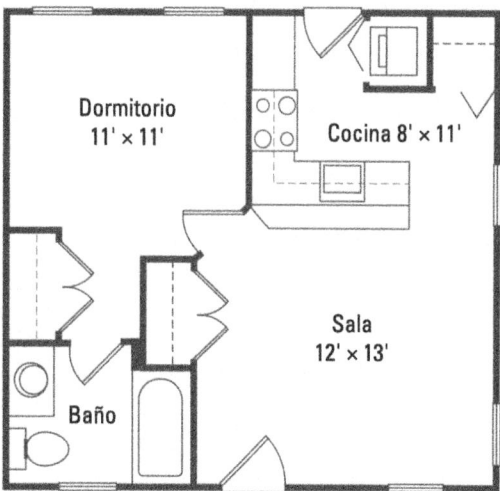

35. Vives en un apartamento de 1 dormitorio con las dimensiones mostradas en la ilustración.

Si quieres alfombrar parte de tu apartamento, ¿cuál de estos escenarios puedes hacer según los siguientes precios?

Tamaño	Materiales	Con Instalación
10' × 10'	$200 – $700	$350 – $1,100
10' × 12'	$240 – $840	$420 – $1,320
12' × 12'	$290 – $1,000	$500 – $1,600
15' × 15'	$450 – $1,575	$800 – $2,500
Una sala grande	$800 – $2,800	$1,400 – $4,400

(A) Instalar alfombra en el dormitorio por $400.

(B) Instalar alfombra en la sala de estar por $400.

(C) Comprar materiales para la sala de estar por $275.

(D) Comprar materiales tanto para el dormitorio como para la sala de estar por $640.

36. Si quisieras embaldosar la cocina, ¿cuánto ahorrarías en costos de materiales optando por un azulejo de cerámica en lugar de un azulejo de mármol?

Material	Precio Promedio por pie cuadrado
Cerámica	$4.60
Porcelana	$5.05
Mármol	$6.20
Caliza	$6.20

37. ¿Cuál es el valor de y_2 para el punto A si punto A tiene coordenadas $(-3, y_1)$, A está en una línea con el punto B $(3, -1)$, y la línea que contiene A y B tiene una pendiente de $\frac{5}{2}$?

   (A) −16

   (B) −14

   (C) 14

   (D) 16

38. Si un cuadrado tiene un área de 36 pulgadas cuadradas, ¿cuál es su perímetro?

   (A) 6

   (B) 12

   (C) 24

   (D) 36

39. ¿Cuál es el área del trapezoide?

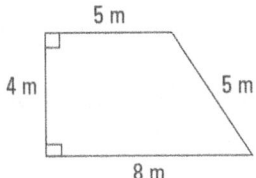

   (A) 20

   (B) 26

   (C) 32

   (D) 40

40. Un aro de baloncesto estándar tiene un diámetro de 18 pulgadas. Redondeando a la décima de pulgada más cercana, ¿cuál es la circunferencia de un aro de baloncesto estándar?

   (A) 28.3

   (B) 56.5

   (C) 113.1

   (D) 254.5

41. ¿Cuál de las siguientes figuras tiene un área más cercana al área de un círculo con un radio de 5?

   (A) un cuadrado con lados de 9

   (B) un triángulo con una base de 10 y una altura de 15

   (C) un paralelogramo con una base de 10 y una altura de 15

   (D) un rectángulo con lados de 8 y 10

42. Multiplica $(2x - y) \times (2x - y)$.

   (A) $4x^2 - 4xy - y^2$

   (B) $4x - 2y$

   (C) $4x^2 - 4xy + y^2$

   (D) $2x^2 - y^2$

43. Tienes un frasco lleno de monedas de cinco, diez y veinticinco centavos. Las cuentas y encuentras que tienes *a* monedas de cinco centavos, *b* de diez centavos, y *c* de veinticinco centavos. ¿Cuál expresión representa el número de centavos representados por las monedas en tu colección?

(A) $(a + b + c)(5 + 10 + 25)$

(B) $25a + 10b + 5c$

(C) $5a + 10b + 25c$

(D) $(5a)(10b)(25c)$

44. Resta $\dfrac{x}{x-3} - \dfrac{2}{3x}$.

(A) $\dfrac{x-2}{-2x-3}$

(B) $\dfrac{2x}{3x(x-3)}$

(C) $\dfrac{3x^2 - 2x - 6}{3x(x-3)}$

(D) $\dfrac{3x^2 - 2x + 6}{3x(x-3)}$

45. Carolina usa la expresión $10b + 20d$ para representar la cantidad que gana trabajando *b* horas ciudadano niños y *d* horas cuidando perros.

Si la semana pasada hizo 15 horas cuidando niños y 8 horas cuidando perros, ¿cuánto ganó Carolina?

(A) $230

(B) $310

(C) $380

(D) $460

46. La tabla y gráfico presentan un listado de la cantidad de atletas inscritos y medallas ganadas por Estados Unidos en 11 recientes Juegos Olímpicos.

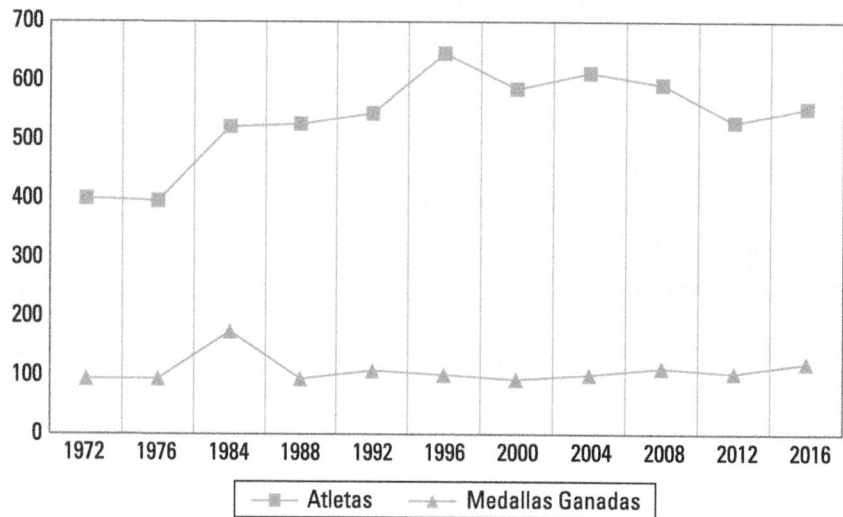

Atletas de EE. UU. y Medallas Ganadas en los Juegos Olímpicos, 1972-2016

**Atletas de EE. UU. y Medallas Ganadas
en los Juegos Olímpicos, 1972-2016**

Año	Atletas EE. UU.	Medallas Ganadas
1972	400	94
1976	396	94
1984	522	174
1988	527	94
1992	545	108
1996	646	101
2000	586	93
2004	613	101
2008	593	112
2012	530	104
2016	554	121

En uno de estos años, los atletas estadounidenses no compitieron contra ninguno de los países del bloque soviético. ¿Cuál año fue?

(A) 1972

(B) 1984

(C) 1996

(D) 2012

47. Calcula la distancia de A a B al décimo más cerca

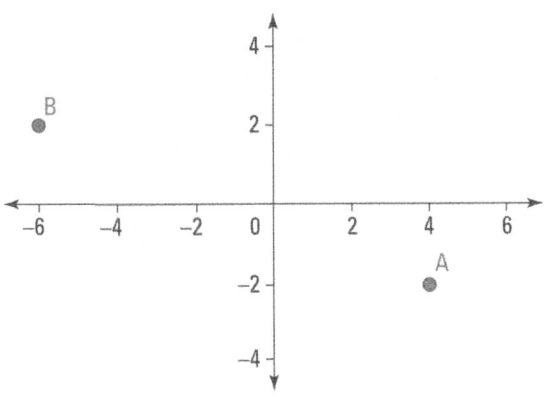

48. Cuando resuelves el siguiente sistema de ecuaciones lineales:

$3x - 4y = 10$

$5x + 6y = 4$

¿Qué valor obtienes para x?

(A) −2

(B) −1

(C) 1

(D) 2

49. Annamaria abre una cuenta bancaria con $1,200 que gana una tasa de interés simple de 4% por año. Después de 5 años, cuanto tendrá en la cuenta en total?

(A) $240

(B) $1,224

(C) $1,440

(D) $4,800

50. La siguiente tabla muestra la duración promedio de un juego en las cuatro principales ligas deportivas.

Liga	Duración Promedio de un Juego
MLB (béisbol)	3 horas, 8 minutos
NBA (baloncesto)	2 horas, 11 minutos
NFL (fútbol)	3 horas, 12 minutos
NHL (hockey)	2 horas, 20 minutos

Tommy graba un juego de cada una de las cuatro ligas. Va a estar en un tren durante 150 minutos. ¿Para cuáles de las siguientes ligas tendrá tiempo de ver el juego completo, suponiendo que ningún juego excede el tiempo promedio?

(A) béisbol o fútbol americano

(B) fútbol americano o hockey

(C) baloncesto o hockey

(D) béisbol o baloncesto

Capítulo 22
Respuestas del Examen de Práctica de Razonamiento Matemático

Este capítulo te proporciona respuestas y explicaciones para el examen de práctica de razonamiento matemático en el Capítulo 21. Las respuestas te indican si respondiste a las preguntas correctamente o incorrectamente, pero las explicaciones son aún más importantes. Ellas explican por qué tus respuestas fueron correctas o incorrectas y te dan algunas pistas sobre las áreas que se evaluaron. Leer las explicaciones y revisar las áreas donde tus respuestas fueron incorrectas te ayudarán a identificar dónde debes dedicar más tiempo a prepararte para el examen.

Respuestas y Explicaciones

1. **8.** Para escribir en notación exponencial, mueve el punto decimal hacia la izquierda hasta que haya solo un número delante de él. Cada movimiento hacia la izquierda representa una potencia de 10. Así que, para 354,000,000, tienes que moverlo 8 lugares a la izquierda hasta que tengas solo 3. delante, o 3.54. Debido a que lo mueves 8 lugares, ese 8 es el valor del exponente, ya que representa 8 potencias de 10.

2. **C. 98.** Para calcular esta respuesta, comienza en el número 8 y luego suma 15 cada vez para encontrar la siguiente persona que recibirá un boleto de lotería. De los números en las opciones, solo el 98 (Opción C) aparece.

   8, 23, 38, 53, 68, 83, **98**, 113

   CONSEJO

   A menos que puedas sumar rápidamente en tu cabeza, usar la calculadora es la forma más rápida y precisa de responder a esta pregunta. Ingresa 8 y sigue sumando 15 hasta que encuentres una de las opciones de respuesta. Otra forma de llegar a la solución es restar 8 de cada opción de respuesta y luego dividir por 15. La primera opción que sea divisible de manera uniforme por 15 es la respuesta.

3. **D. 10.** Para resolver este problema, simplemente sustituye los valores de b y c, y resuelve utilizando el orden correcto de operaciones, prestando atención a los números firmados (positivos y negativos).

   $$(-3)^2 - (3 + 2 \times (-2)) = 9 - (3 - 4) = 9 - (-1) = 9 + 1 = 10$$

   Por lo tanto, la Opción (D) es correcta. La Opción (A) cometió dos errores con los números negativos. El cuadrado de un número negativo siempre es positivo. Además, se restó 1 en lugar de sumarlo. La Opción (B) también olvidó que el cuadrado de un número negativo siempre es positivo. La Opción (C) sumó −1 en lugar de restarlo.

4. **C. 13 frascos de 3 oz. y 36 frascos de 6 oz.** Para responder a esta pregunta, necesitas calcular la cantidad de mermelada que cada combinación de frascos contendrá. La Opción (A) contendrá más de 255 onzas, por lo que es incorrecta: $15 \times 3 + 18 \times 12 = 45 + 216 = 261$ onzas.

   La Opción (B) también contendrá más de 255 onzas: $7 \times 6 + 9 \times 24 = 42 + 216 = 258$.

   La Opción (C) resulta en exactamente 255 onzas, por lo que es correcta:

   $13 \times 3 + 36 \times 6 = 39 + 216 = 255$ onzas.

   Debido a que solo una opción es correcta, puedes simplemente verificar nuevamente tu cálculo para la Opción (C) y omitir la Opción (D), que también contendrá más de 255 onzas: $13 \times 18 + 4 \times 24 = 234 + 96 = 330$.

   CONSEJO

   En una pregunta como esta, es importante prestar atención al orden de las operaciones. Recuerda multiplicar y dividir de izquierda a derecha y luego sumar y restar de izquierda a derecha. Debido a que tienes que calcular el contenido de cada combinación de frascos, esta pregunta tomará mucho tiempo para responder. Por lo tanto, es una pregunta que podrías omitir hasta más tarde en el examen.

   CONSEJO

   Las medidas americanas, como galones y onzas, pueden preocuparte al responder a una pregunta como esta. ¡Cálmate! No necesitas saber cuánto contiene cada una para responder a la pregunta. Sin embargo, es posible que necesites saber que hay 16 onzas en una libra.

5. **$3.57.** 3 docenas de donas costarían 9.49 = $28.47.

36 donas individuales costarían 36 × $0.89 = $32.04.

Por lo tanto, la cantidad que ahorrarías sería $32.04 − 28.47 = $3.57.

CONSEJO

El GED sigue las convenciones americanas para escribir fracciones decimales. Usa un punto decimal, no una coma, para fracciones decimales (como 1.08) o para dólares y centavos (como $3.57).

6. **C. 6%.** Para encontrar la tasa de impuestos, toma la diferencia entre el precio pagado ($21.20) y el precio en la etiqueta ($20). $21.20 − $20.00 = $1.20. Toma ese resultado y divídelo por el precio original ($20). Ese porcentaje es la tasa de impuestos: 1.20 / 20 = 0.06 = 6%. Por lo tanto, la Opción (C) es correcta.

7. **A. 1 hora, 15 minutos.** Si el viaje normal toma media hora a 40 mph, eso significa que el viaje es de 0.5 × 40 = 20 millas. Por lo tanto, 20 millas a 16 mph = 20 ÷ 16 = 1.25 horas, lo que equivale a 1 hora y 15 minutos. (Un cuarto de hora es 15 minutos.) La Opción (B) es incorrecta porque confunde .25 horas con 25 minutos. La Opción (C) no tiene sentido. La Opción (D) olvidó calcular la distancia del viaje de Caleb (20 millas) y usó su velocidad de conducción (40 mph) en su lugar: 40/16= 2.5.

8. **C. −4/5.** La pendiente de una línea es igual al cambio en las coordenadas y dividido por el cambio en las coordenadas x. En este caso, de intercepto a intercepto, las coordenadas y bajaron 4, mientras que las coordenadas x subieron 5, haciendo que la pendiente sea igual a −4/5.

9. **D. una pizza de piña y jamón de 14 pulgadas con una bebida mediana.** Una buena manera de abordar preguntas como esta es buscar opciones que probablemente sean demasiado caras y probar esas primero. Comienza con la opción que tenga la selección de pizza más cara: La pizza rectangular de queso con bebida pequeña (Opción A) cuesta $17.99+2 = $19.99. Anthony puede permitírsela, por lo que la Opción (A) no puede ser la respuesta. El siguiente pedido que probablemente sea demasiado caro es la Opción (D), una pizza de piña y jamón de 14 pulgadas con una bebida mediana. Ese pedido cuesta $15.99 + $2 + $2.50 = $20.49. Eso es más de $20, así que la Opción (D) es la respuesta. Ya que solo una opción es correcta, puedes simplemente verificar nuevamente tu cálculo para la Opción (D) y omitir las opciones restantes.

ADVERTENCIA

Ten cuidado con las preguntas que usan palabras negativas como *no*. A veces puedes leer demasiado rápido y saltarte la palabra negativa en la pregunta. Entonces, es fácil seleccionar la primera opción de respuesta como correcta. Este tipo de preguntas muestran el valor de leer la pregunta cuidadosamente. Este tipo de pregunta no es tan común pero puede aparecer en el examen de vez en cuando. Cuando lo hacen, los creadores del examen generalmente, pero no siempre, ponen la palabra negativa en mayúsculas.

10. **D. $660.** La Opción (D) es correcta porque si trabaja 50 horas en una semana, se le paga $12 por hora por las primeras 40 horas y luego recibe un pago adicional del 50% por las últimas 10 horas.

$12 × 40 = $480

$12 × 10 + $12 × 10 × .5 = $120 + $60 = $180

$480 + $180 = $660

La Opción (A) es el pago que recibirá por las 10 horas extras sobre las 40 horas. La Opción (B) es su pago regular por trabajar 40 horas en una semana. La Opción (C) es su pago por trabajar 50 horas en una semana sin el pago extra por trabajar más de 40 horas.

RECUERDA

Al igual que en la pregunta 4, esta pregunta requiere el orden correcto de operación: multiplicar de izquierda a derecha y luego sumar de izquierda a derecha. Si usas tu calculadora correctamente, automáticamente usará el orden correcto de operación, lo que puede ahorrar mucho tiempo. ¡Solo recuerda ingresar toda la expresión! ¡Pruébalo ahora y verás por ti mismo!

11. **B. 96.** Una forma de encontrar el mínimo común múltiplo de dos números es simplemente comenzar a listar los múltiplos de cada número hasta encontrar uno que sea común a ambos.

    Múltiplos de 24: 24, 48, 72, **96**, 120

    Múltiplos de 32: 32, 64, **96**, 128

    El primer múltiplo que es común a ambos es 96 (Opción B). La Opción (A) es un factor común para ambos, no un múltiplo común. La Opción (C) es un múltiplo de solo 32. La Opción (D) es un múltiplo común de ambos, pero no es el mínimo común múltiplo.

CONSEJO

Puedes eliminar fácilmente la Opción (A) como incorrecta porque es menor que tanto 24 como 32, por lo que no puede ser un múltiplo de los números. Esto puede ayudarte si te quedas sin tiempo y tienes que adivinar. Eliminar incluso una de las opciones mejora tus probabilidades de contestar correctamente.

12. **C. 10.5.** Según el gráfico, las personas en el grupo de edad de 25 a 34 años promedian 3.5 horas de uso diario de Internet. Por lo tanto, durante un fin de semana de 3 días, esperarías que una persona de 30 años promediara $3 \times 3.5 = 10.5$ horas (Opción C).

    La Opción (A) muestra el uso promedio para este grupo de edad durante un fin de semana de dos días. La Opción (B) muestra el uso promedio para un fin de semana de 3 días para una persona de 35 a 44 años. La Opción (D) muestra el uso promedio para una persona de 16 a 24 años durante el mismo período de tiempo.

13. **C. 35–44 y 45–54.** La Opción (C) es correcta porque la diferencia entre los grupos de edad de 35–44 y 45–54 años es de una hora de uso promedio diario de Internet: $3 - 2 = 1$.

    Cada otro emparejamiento de grupos de edad tiene una diferencia de 0.5 horas.

14. **A. 257.5 pulgadas cúbicas.** La respuesta es la Opción (A). Para resolverlo, usa las fórmulas en la hoja de fórmulas para calcular el volumen del prisma y el volumen del cilindro. Luego resta. Ten en cuenta que el radio del círculo (5 pulgadas) significa que cada lado de la base del prisma cuadrado mide 10 pulgadas.

    El volumen de un prisma es $V = l \times w \times h = 10 \times 10 \times 12 = 1{,}200$.

    El volumen de un cilindro es $V = \pi r^2 \times h = 5^2 \times 12 \times \pi = 942.47$, que se redondea a 942.5.

    Entonces, la diferencia entre el prisma y el cilindro es $1{,}200 - 942.5 = 257.5$ (Opción A).

    La Opción (B) es el volumen del cilindro. La Opción (C) es el volumen del prisma. La Opción (D) es la suma de los dos volúmenes, no la diferencia.

CONSEJO

Si no sabes el significado de la palabra *inscrito*, puedes usar el diagrama para ayudarte. Muestra que el cilindro está dentro del prisma cuadrado. Los diagramas a menudo pueden ayudarte a entender el significado de palabras desconocidas.

15. **C. 86.** La media de las seis puntuaciones es $\dfrac{84 + 77 + 98 + 86 + 95 + 76}{6} = \dfrac{516}{6} = 86$

    Por lo tanto, la Opción (C) es correcta.

16. C. .25 taza de cebolla picada. Recuerda, en esta pregunta, estás buscando la opción de respuesta que es incorrecta. Para encontrar la respuesta, multiplica todos los ingredientes por 2. Para ahorrar tiempo, compara cada resultado con su opción de respuesta. Cuando encuentres la opción que es incorrecta, habrás encontrado la respuesta.

$$2 \times \frac{3}{4} = 1.5 \text{ libras de carne molida (Opción A)}$$

$$2 \times 1 = 2 \text{ latas de tomates triturados (Opción B)}$$

$$2 \times \frac{1}{2} = 1 \text{ taza de cebolla picada (Opción C)}$$

La Opción (C) divide incorrectamente por 2 en lugar de multiplicar, por lo que es la respuesta. Puedes dejar de calcular en este punto y pasar la siguiente pregunta. Para referencia, aquí tienes el cálculo para la Opción (D): $2 \times 1\frac{1}{2} = 2 \times \frac{3}{2} = 3$ cucharaditas de albahaca seca.

CONSEJO

¿Seleccionaste la Opción A por error? Entonces tal vez no notaste que necesitabas encontrar la opción *incorrecta*. Por eso, siempre vale la pena leer la pregunta cuidadosamente tomando en cuenta la palabra negativa *incorrecta*. Como has de hacer 3 cálculos para llegar a la respuesta correcta, esa pregunta es otra que puedes dejar para el fin del examen.

17. C. 5 cuadras. Para ayudarte a responder esta pregunta, haz un dibujo del camino que sigue Nelda.

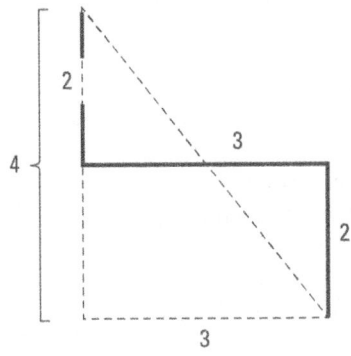

Si Nelda caminara directamente desde el punto de partida hasta el punto de llegada en línea recta, eso sería equivalente a la hipotenusa de un triángulo rectángulo con lados de 3 y 4 (ver diagrama). Usando el Teorema de Pitágoras, que está en la hoja de fórmulas, la longitud de la hipotenusa sería

$$3^2 + 4^2 = x^2$$
$$9 + 16 = x^2$$
$$25 = x^2$$
$$5 = x$$

Por lo tanto, la Opción (C) es correcta. Las Opciones (A) y (B) son la base y la altura del triángulo. La Opción (D) es el número de bloques realmente caminados (2 + 3 + 2 = 7), no la longitud de la hipotenusa.

CONSEJO

Usar la tableta borrable o la pizarra en línea para hacer un diagrama puede ayudarte con preguntas de ese tipo.

18. C. 1:11. La probabilidad de sacar un as de una baraja estándar de cartas es 4:52. Si quitas 8 cartas y ninguna de ellas es un as, entonces la probabilidad ahora se convierte en 4:44 (52 – 8 = 44). Eso se simplifica a 1:11 (Opción C). La Opción (A) es la probabilidad de sacar un as en particular, digamos el as de corazones. La Opción (B) es la probabilidad de sacar uno de los ases antes de que se retiren 8 cartas. La Opción (D) no tiene sentido.

19. **D. 2/3.** De los 9 objetos en la lista, 6 tienen niveles de decibelios superiores a 75, por lo que la fracción de elementos más ruidosos que 75 es 6/9, que se simplifica a 2/3.

20. **A. una ambulancia.** Según la tabla, las cigarras tienen un nivel de decibelios de 80. 50% × 80 = 40. Así que, si las cigarras tuvieran un nivel de decibelios un 50% más alto, su nivel de decibelios sería 80 + 40 = 120, que es el nivel de decibelios de una ambulancia.

21. **D. 27 veces más grande.** Prueba esto con números reales. Primero, tienes que buscar la fórmula para volumen de una esfera en la hoja de fórmulas. Si el radio original es 2, entonces el volumen de la esfera es $V = \frac{4}{3}\pi 2^3 = \frac{4}{3}\pi \times 8 = \frac{32}{3}\pi$.

Ahora triplica el radio de modo que sea igual a 6.

Ahora el volumen de la esfera es $V = \frac{4}{3}\pi 6^3 = \frac{4}{3}\pi \times 216 = \frac{864}{3}\pi$.

Y debido a que 864 ÷ 32 = 27, eso significa que el volumen de la esfera más grande es 27 veces más grande que la esfera pequeña (Opción D).

Si seleccionaste la Opción (A), seleccionaste la diferencia entre los dos radios. Recuerda que siempre es una buena idea probar una fórmula con números reales.

CONSEJO

Nota el ingenioso atajo matemático: No necesitas dividir los valores por 3 ni multiplicar por pi, porque estas operaciones están en ambas ecuaciones. Puedes comparar directamente los números superiores en las fracciones. Eso ayuda a evitar muchos cálculos complicados. (Pruébalo con tu calculadora.)

22. **A. 7.** El total es de 36 niños. Cuatro niños no fueron a ninguna atracción, por lo que 32 niños fueron a atracciones. Sabes que 25 niños fueron al río lento. Diez de esos niños también fueron a los toboganes acuáticos. Con 32 niños yendo a las atracciones, y 25 de ellos haciendo el río lento, eso deja 7 que solo hicieron los toboganes acuáticos (32 – 25 = 7). Aunque 17 de los niños fueron a los toboganes acuáticos, 10 de ellos también fueron al río lento. Así que la respuesta es la Opción (A). La Opción (B) es el número total de niños que fueron a los toboganes acuáticos. La Opción (C) no excluye a los niños que no fueron a ninguna atracción. La Opción (D) es el número total de niños que fueron a atracciones.

CONSEJO

Muchas personas encuentran preguntas como esta difíciles de responder. Si ese eres tú, usa la función de bandera para marcarla para más tarde. O simplemente adivina y pasa a la siguiente pregunta.

23. **C. Alcanzará su objetivo con 3 minutos de sobra.** Para responder a esta pregunta, convierte todos los tiempos a la misma unidad de medida, minutos. Luego compara la suma de los tiempos reales con su objetivo. La parte de natación toma 45 minutos. La parte de correr toma una hora, que son 60 minutos. La parte de ciclismo toma 1.2 horas. Para convertir 1.2 horas a minutos, simplemente multiplica 1.2 por 60, por lo que 1.2 × 60 = 72 minutos. Entonces, la cantidad total de tiempo tomada es 45 + 60 + 72 = 177 minutos. Como ella quiere terminar en 3 horas, y 3 horas equivalen a 180 (3 × 60 = 180) minutos, alcanza su objetivo con 3 minutos de sobra: 180 – 177 = 3. Por lo tanto, la Opción (C) es correcta. La Opción (A) resta incorrectamente el objetivo del tiempo real: 177 – 180 = –3. La Opción (D) usa 20 minutos en lugar de 0.2 horas para convertir 1.2 horas en minutos.

24. **B. 30 pulgadas.** Hay mucha información extra en este problema que debes ignorar para resolver lo que se está preguntando. Solo te interesa la ubicación de los ganchos y la distancia desde la parte superior de la imagen hasta la parte superior de la pared.

Si la parte superior de la imagen está a dos pies del techo, eso significa que la parte superior de la imagen está a 24 pulgadas del techo. Si los ganchos para colgarla están a 6 pulgadas por debajo de la parte superior de la imagen, eso significa que los clavos tendrán que estar a 24 + 6 = 30 pulgadas de la parte superior del techo. Por lo tanto, la Opción (B) es correcta. La Opción (A) no toma en cuenta los ganchos. La Opción (C) toma en cuenta los ganchos dos veces. La Opción (D) no tiene sentido.

CONSEJO

Las preguntas de matemáticas del GED a veces incluyen información extra e innecesaria. Una de tus tareas como examinado es eliminar la información extra. Una buena manera de hacerlo es leer la pregunta antes de leer la información.

CONSEJO

Las preguntas de matemáticas del GED pueden incluir medidas en el sistema métrico y usando pulgadas, pies y yardas. Recuerda, un pie tiene 12 pulgadas y una yarda mide 3 pies. El examen nunca te pedirá que conviertas de un sistema de medida a otro.

25. **B. 30.** Para responder a esta pregunta, determina el área del camino y el área de una sola baldosaa. Luego divide el área del camino por el área de una baldosa. Puedes encontrar la fórmula para el área de un cuadrado o rectángulo en la hoja de fórmulas. El área total del camino es $4 \times 30 = 120$ pies cuadrados. Cada baldosa mide 2×2 pies, asi que cada una tiene un área de $2 \times 2 = 4$ pies cuadrados. Por lo tanto, el número total de baldosas necesarias será $120 \div 4 = 30$, o la Opción (B). La Opción (A) sumó las dimensiones del camino y las baldosas, en lugar de multiplicarlas. La Opción (C) dividió el área del camino por la medida de un lado de una baldosa (2) en lugar del área de baldosa. La Opción (D) no tiene sentido.

26. **C. 7.0%.** Cuando Darnell ingresó a la universidad en 2017, la matrícula era de 28,500. Cuando Darnell dejó la escuela en 2020, era de 30,500. Por lo tanto, la matrícula creció en 2,000 durante ese tiempo, por lo que el aumento porcentual de la matrícula fue $\frac{2,000}{28,500} - .070 = 7.0\%$

Por lo tanto, la Opción (C) es correcta. La Opción (A) no mueve el punto decimal dos lugares para expresar la respuesta como un porcentaje. La Opción (B) es el aumento porcentual de 2017 a 2018. La Opción (D) es el aumento porcentual de 2017 a 2019.

27. **D. 12,193 pasos.** Kelly caminó un total de $8,523 + 11,378 + 7,906 = 27,807$ pasos. Si Kelly quiere promediar 10,000 pasos al día, entonces después de cuatro días, debería haber caminado 40,000 pasos. Así que, en el cuarto día necesita caminar $40,000 - 27,807 = 12,193$ pasos, lo que significa que la respuesta es la Opción (D).

28. **C. Entre 3 y 4 minutos.** Puedes averiguar rápidamente que la Opción (C) es la respuesta probable usando matemáticas mentales. Debido a que la tasa de flujo del grifo es de 11 a 12 galones de agua por minuto, sabes que tomará menos de un minuto para llenar una de las botellas. Por lo tanto, tomará menos de 4 minutos para llenar las cuatro botellas.

Puedes verificar esta respuesta calculando. Sabes que cuatro botellas de 10 galones contienen un total de 40 galones de agua. Si la tasa de flujo está entre 11 y 12 galones por minuto, entonces tomará desde $\frac{40}{12} = 3.33$ minutos hasta $\frac{40}{11} = 3.64$ minutos.

29. **B. La etiqueta de una lata de guisantes.** Un rectángulo es una figura bidimensional. Tanto la lata de guisantes (Opción A) como el cono de helado (Opción C) son figuras tridimensionales, por lo que son incorrectas. El papel que envuelve un cono de helado (Opción D) es bidimensional y forma un semicírculo cuando se desenrolla y se coloca plano. Solo la Opción (D), la etiqueta de un cilindro (como una lata de guisantes), forma un rectángulo cuando se coloca plana.

30. **C. 96.** Puedes averiguar rápidamente que la respuesta es la Opción (C) usando un atajo simple. Si Sam cubrió 288 millas usando $\frac{3}{4}$ del tanque de gasolina, entonces simplemente divide 288 por 3 para averiguar cuántas millas puede cubrir con $\frac{1}{4}$ del tanque de gasolina: $288 \div 3 = 96$.

Puedes verificar este número calculando. Si 288 millas representan $\frac{288}{12} = 24$ de su tanque de 16 galones, entonces eso significa que cubre 288 millas usando $\frac{3}{4} \times 16 = 12$ galones, y así con cada galón, puede viajar $\frac{288}{12} = 24$ millas. Como le quedan 4 galones en su tanque — $(16 - 12) = 4$ — puede viajar $4 \times 24 = 96$ millas adicionales.

Por lo tanto, la Opción (C) es correcta. La Opción (A) es el número de galones que ha usado hasta ahora. La Opción (B) es el número de millas por galón. La Opción (D) es el número de galones que puede obtener con un tanque lleno de gasolina.

31. **B. Gasta más de una cuarta parte de su dinero en cosas que no son la hipoteca y la comida.** Puedes usar el proceso de eliminación para responder a una pregunta como esta. Evalúa cada opción de respuesta una por una, en orden, hasta que encuentres la respuesta. Gasta el 11% de su presupuesto en servicios públicos y solo el 7% en seguros, por lo que la Opción (A) es incorrecta. Debido a que gasta $44 + 28 = 72\%$ en la hipoteca y la comida, eso significa que gasta el 28% en cosas que no son la hipoteca y la comida, por lo que la Opción (B) es correcta.

Puedes detenerte con la Opción (B) ya que sabes que solo hay una respuesta correcta. Como referencia, aquí explica por qué las otras opciones son incorrectas. La Opción (C) es incorrecta porque después de la hipoteca, lo que más gasta es en comida, con un 28%. La Opción (D) es incorrecta porque los gastos misceláneos son el 10%, que es más de un tercio de lo que gasta en comida, con un 28%.

32. **$400.** Con un presupuesto de $3,500, gasta $3,500 \times 0.44 = $1,540 cada mes en la hipoteca, y $3,500 \times 0.11 = $385 en servicios públicos. Por lo tanto, sus gastos totales para esos dos cosas son $1,540 + $385 = $1,925. Si alquila, pagará $1,175 + $350 = $1,525 por esos mismos gastos, por lo que al alquilar, ahorrará $1,925 − $1,525 = $400 cada mes.

33. **B. 6.** La fórmula para el área de un triángulo es $A = \frac{1}{2}bh$. (Puedes encontrar esta fórmula en la Hoja de Fórmulas del GED.) La base en este caso es la distancia desde el punto A hasta el punto B, que es 4. La altura es la distancia desde el punto C hasta el lado que conecta los puntos A y B, que es 3. Por lo tanto, el área es $\frac{1}{2} \times 4 \times 3 = 6$.

Por lo tanto, la Opción (B) es correcta. La Opción (A) suma la base y la altura en lugar de multiplicarlas. La Opción (C) omite multiplicar por $\frac{1}{2}$. La Opción (D) divide por $\frac{1}{2}$ en lugar de multiplicar.

RECUERDA

La calculadora y la pizarra digital (o tableta borrable) pueden ser muy útiles en una pregunta de varios pasos como esta.

El área aparece con frecuencia en el examen de matemáticas del GED. Comprender cómo usar las fórmulas para las áreas de las diversas formas puede ayudarte a obtener una buena puntuación en este examen.

CONSEJO

34. **A. 300 millas.** El tiempo total de viaje de Brianna se puede definir como $\frac{x}{300} + 0.5 + 2 + 1$, donde x es el número de millas del viaje, y 0.5, 2 y 1 representan la cantidad de tiempo (en horas) que le lleva a Brianna llegar al aeropuerto, esperar a que el vuelo salga, y luego llegar del aeropuerto a su destino final.

El tiempo total de viaje de Rachael se puede definir como $\frac{x}{125} + 0.5 + 0.5 + 0.75$, donde x es el número de millas del viaje, y 0.5, 0.5 y 0.75 representan la cantidad de tiempo (en horas) que le lleva a Rachael a llegar a la estación de tren, esperar a que el tren salga, y luego llegar de la estación a su destino final.

Cuando introduces 300 millas para *x*, el tiempo total de viaje de Brianna es

$$\frac{300}{300} + 0.5 + 2 + 1 = 1 + 0.5 + 2 + 1 = 4.5 \text{ horas.}$$

Cuando introduces 300 millas para *x*, el tiempo total de viaje de Rachael es

$$\frac{300}{125} + 0.5 + 0.5 + 0.75 = 2.4 + 0.5 + 0.5 + 0.75 = 4.15$$

horas, lo que significa que Rachael llega primero. Por lo tanto, la Opción (A) es correcta. Para todos los otros valores listados, el tiempo total de viaje de Rachael es mayor que el tiempo total de viaje de Brianna.

35. **D. Comprar materiales tanto para el dormitorio como para la sala de estar por $640.** Puedes abordar esta pregunta por el proceso de eliminación. Como estás tratando de averiguar qué escenario puedes permitirte, deberías empezar con la opción que tiene el mayor presupuesto, que es la Opción (D).

La Opción (D) es correcta porque el costo mínimo para comprar materiales para una habitación de tamaño similar al dormitorio y la sala de estar sería $240 + $290 = $530. Si tienes $640 para este proyecto, entonces deberías tener suficiente.

El dormitorio tiene un área de 11 × 11 = 121, que es mayor que el tamaño de la habitación de 10 × 12 = 120, por lo que el costo mínimo para instalar alfombra será más de $420, haciendo que la Opción (A) sea incorrecta.

La sala de estar tiene un área de 12 × 13 = 156, que es mayor que el tamaño de la habitación de 12 × 12 = 144, por lo que el costo mínimo para instalar alfombra será $500, lo que significa que la Opción (B) es incorrecta.

El costo mínimo para comprar materiales para una habitación del tamaño de la sala de estar es $290, por lo que la Opción (C) es incorrecta.

36. **$140.80.** El área de la cocina es 8 × 11 = 88 pies cuadrados.

Al elegir baldosas de cerámica sobre baldosas de mármol, ahorras $6.20 − $4.60 = $1.60 por pie cuadrado, lo que significa que ahorras 88 × $1.60 = $140.80, en total.

37. **A. −16.** Puedes responder a esta pregunta introduciendo los valores de los dos puntos y el valor de la pendiente en la ecuación para pendiente: $m = \frac{y_2 - y_1}{x_2 - x_1}$. (Puedes encontrar la ecuación para pendiente en la Hoja de Fórmulas del GED.) Hacerlo te da $\frac{5}{2} = \frac{-1 - y_1}{3 - (-3)}$. El denominador se simplifica a $\frac{5}{2} = \frac{-1 - y_1}{6}$. Luego puedes multiplicar cruzado y obtener 30 = $2(-1 - y_1)$.

Luego divides ambos lados por 2 para obtener 15 = −1 − y_1. Suma 1 a ambos lados, 16 = −y_1, y luego asegúrate de dividir ambos lados por −1 para que obtengas −16 = y_1. Esto significa que la Opción (A) es la respuesta. La Opción (B) sumó −1 a ambos lados. La Opción (C) sumó −1 a ambos lados y olvidó dividir por −1. La Opción (D) olvidó dividir por −1.

38. **C. 24.** Debido a que el área de un cuadrado es igual a la longitud de un lado al cuadrado, un cuadrado con un área de 36 tiene lados de longitud 6: $\sqrt{36} = 6$.

El perímetro de un cuadrado es igual a 4 veces la longitud de un lado, por lo que el perímetro es 4 × 6 = 24. Por lo tanto, la respuesta es la Opción (C). La Opción (A) es la longitud de un lado. La Opción (B) es la longitud de dos lados. La Opción (D) es el área del cuadrado.

39. **B. 26.** El área de un trapezoide es $A = \frac{1}{2}h(b_1 + b_2)$. (Puedes encontrar esta fórmula en la Hoja de Fórmulas del GED.) Es importante recordar que la altura de un trapezoide es la longitud que es perpendicular a ambas bases, por lo que en este ejemplo, la altura es 4, lo que significa que el área es $A = \frac{1}{2} \times 4(5+8) = 2 \times 13 = 26$.

Por lo tanto, la respuesta es la Opción (B). Esta es una buena pregunta para usar la calculadora.

Otra forma de ver esta pregunta es tratar el trapezoide como una combinación de un rectángulo y un triángulo rectángulo. Las dimensiones para el triángulo rectángulo serían la misma altura de 4, pero con una base de 3, porque la base completa es 8, y 5 de eso pertenece al rectángulo. Dadas esas medidas, calcularías el área total como el área del cuadrado más el área del triángulo: $4 \times 5 + \frac{1}{2} \times 4 \times 3 = 20 + 6 = 26$.

40. **B. 56.5.** Para calcular la circunferencia, usa la fórmula en la Hoja de Fórmulas del GED: $C = \pi d = 18\pi = 56.5$. Así que la Opción (B) es correcta. La Opción (A) usó el radio, 9, en lugar del diámetro. La Opción (C) usó el diámetro en lugar del radio, y también usó la fórmula $2\pi r$. La Opción (D) es el área del interior del aro.

RECUERDA

Cuando uses tu calculadora, recuerda que pi es una tecla constante en la calculadora. No tienes que ingresar 3.14. Eso puede ahorrar tiempo así como un error al teclear.

41. **D. Un rectángulo con lados de 8 y 10.** Para responder a esta pregunta, necesitas calcular el área del círculo y el área de cada una de las figuras en las opciones y luego compararlas.

Comienza con el área del círculo. Un círculo con un radio de 5 tiene un área de $A = 5^2 \times \pi = 78.5$.

Un cuadrado con lados de 9 tiene un área de $9^2 = 81$ (Opción A).

Un triángulo con una base de 10 y una altura de 15 tiene un área de $A = \frac{1}{2}(10 \times 15) = 75$ (Opción B).

Un paralelogramo con una base de 10 y una altura de 15 tiene un área de $A = 10 \times 15 = 150$ (Opción C).

Un rectángulo con lados de 8 y 10 tiene un área de $A = 8 \times 10 = 80$ (Opción D).

Por lo tanto, el más cercano es el rectángulo, Opción (D): $80 - 78.5 = 1.5$.

CONSEJO

Esta pregunta implica muchos cálculos con varias fórmulas diferentes, por lo que esta es una buena pregunta para marcar para más tarde en el examen.

42. **C. $4x^2 - 4xy + y^2$.** Usa la propiedad distributiva para resolver esta pregunta:

$$(2x - y) \times (2x - y) = 2x \times (2x - y) - y \times (2x - y)$$
$$= 4x^2 - 2xy - 2xy + y^2$$
$$= 4x^2 - 4xy + y^2$$

Por lo tanto, la respuesta es la Opción (C).

CONSEJO

Ten en cuenta que incluso si no puedes hacer todos los cálculos, puedes eliminar algunas de las opciones como incorrectas. Puedes eliminar rápidamente la Opción (B) porque no contiene x^2. También puedes eliminar la Opción (D) porque sabes que $2x \times 2x = 4x^2$. Eso deja solo dos opciones, lo que mejora tus posibilidades si quieres adivinar.

43. **C. 5a + 10b + 25c.** Si tienes *a* monedas de cinco centavos, entonces el número de centavos representados por ellas es 5*a*. Del mismo modo, si tienes *b* monedas de diez centavos, entonces el número de centavos representados por ellas es 10*b*. Y si tienes *c* monedas de veinticinco centavos, entonces el número de centavos representados por ellas es 25*c*.

Por lo tanto, la expresión que representa el valor de todas las monedas en el frasco es $5a + 10b + 25c$, Opción (C).

44. **D.** $\dfrac{3x^2 - 2x + 6}{3x(x-3)}$. Para combinar estas fracciones, tienes que escribirlas ambas con un denominador común, que en este caso es el producto de los dos denominadores individuales, $(x-3) \times 3x$.

Por lo tanto, $\dfrac{x}{x-3} - \dfrac{2}{3x}$ se convierte en

$$= \frac{x(3x)}{(x-3)(3x)} - \frac{2(x-3)}{3x(x-3)}$$

$$= \frac{3x^2}{(x-3)(3x)} - \frac{2x-6}{3x(x-3)}$$

$$= \frac{3x^2 - 2x + 6}{(x-3)(3x)}$$

Por lo tanto, la respuesta es la Opción (D). La Opción (A) no tiene el denominador común correcto. La Opción (B) no cambió el numerador al cambiar el denominador. La Opción (C) restó 6 en lugar de sumarlo.

CONSEJO

Debido a que la pregunta 44 tiene muchos cálculos, es una buena pregunta para marcar para más tarde. Si te quedas sin tiempo y quieres adivinar, puedes mejorar tus posibilidades eliminando algunas opciones. Calcular el denominador común primero te permite eliminar la Opción (A). También puedes eliminar la Opción (B) porque sabes que no cambió el numerador al cambiar el denominador.

45. **B. $310.** Si Carolina cuidó niños durante 15 horas y cuidó perros durante 8 horas la semana pasada, entonces *b* = 15 y *d* = 8, por lo que sus ganancias totales fueron 10 × 15 + 20 × 8 = 150 + 160 = 310.

Por lo tanto, la Opción (B) es correcta. La Opción (A) calcula todas sus horas (8 + 15 = 23) a la tarifa por hora de cuidar niños ($10), por lo que es incorrecta. La Opción (C) mezcla los valores y calcula las horas para cada tarea con la tarifa para la otra tarea: 10 × 8 + 20 × 15 = 80 + 300 = 380. La Opción (D) calcula las 23 horas a la tarifa para cuidar perros: 23 × 20 = 460.

46. **B. 1984.** Puedes responder a esta pregunta ya sea mirando la tabla y comparando las razones para los cuatro años, o examinando el gráfico y buscando qué año tuvo la menor diferencia entre el número de atletas y medallas ganadas. Además, ten en cuenta que aunque hay muchos años de datos en la tabla y el gráfico, solo necesitas centrarte en los 4 años enumerados en las opciones de respuesta. Eso facilita tu trabajo. En términos de razones, las razones para los 4 años son:

1972 = 400/94 = 4.3

1984 = 522/174 = 3.0

1996 = 646/101 = 6.4

2012 = 530/104 = 5.1

La razón más baja es para 1984, que es la Opción (B). Puedes confirmar esto mirando el gráfico.

CONSEJO

Las preguntas sobre razones aparecen a veces en los exámenes de Matemáticas, Ciencia y Estudios Sociales del GED. Comprender cómo funcionan las razones puede ayudarte en varios exámenes.

47. **10.8.** Puedes pensar en la distancia entre dos puntos como la hipotenusa de un triángulo rectángulo. Debido a que este es el caso, puedes usar el Teorema de Pitágoras para responder a la pregunta. El triángulo rectángulo que conecta los puntos tendría lados de 10 y 4. Por lo tanto, la distancia entre los dos puntos es $\sqrt{10^2 + 4^2} = \sqrt{100 + 16} = \sqrt{116} = 10.77$, que se redondea a 10.8.

48. **D. 2.** Para resolver este sistema lineal para x, tienes que eliminar y multiplicando cada ecuación por un número que te permita combinarlas entre sí y terminar solo con x's. Multiplica la primera ecuación por 6 y la segunda ecuación por 4.

$6(3x - 4y = 10) = 18x - 24y = 60$

$4(5x + 6y = 4) = 20x + 24y = 16$

Suma las dos ecuaciones, y obtienes $38x = 76$; $x = 2$.

49. **C. $1,440.** Para calcular la cantidad de interés, utilizas la fórmula $I = prt$, que está en la Hoja de Fórmulas del GED. Por lo tanto, I = $1,200 × .04 × 5 = $240. Esto representa la cantidad de interés ganado durante 5 años. Para saber cuánto tendrá en total en su cuenta, tomas el interés y lo sumas a la cantidad original que usó para abrir la cuenta.

$1,200 + $240 = $1,440

La Opción (A) es solo el interés que ganó. La Opción (B) solo agrega el interés de un año, $48 ($1,200 × .04 = $48). La Opción (D) multiplica su depósito original por 4.

50. **C. baloncesto o hockey.** Sabes que 150 minutos equivalen a 2.5 horas. Los únicos dos deportes cuyos partidos caen dentro de ese tiempo límite son el baloncesto (2 horas y 11 minutos) y el hockey (2 horas y 20 minutos). ¡Si intenta ver los otros dos deportes, se perderá el final del juego!

Clave de Respuestas

1.	8	14.	A	27.	D	40.	B
2.	C	15.	C	28.	C	41.	D
3.	D	16.	C	29.	B	42.	C
4.	C	17.	C	30.	C	43.	C
5.	$3.57	18.	C	31.	B	44.	D
6.	C	19.	D	32.	$400	45.	B
7.	A	20.	A	33.	B	46.	B
8.	C	21.	D	34.	A	47.	10.8
9.	D	22.	A	35.	D	48.	D
10.	D	23.	C	36.	$140.80	49.	C
11.	B	24.	B	37.	A	50.	C
12.	C	25.	B	38.	C		
13.	C	26.	C	39.	B		

7

La Parte de Diez

EN ESTA PARTE . . .

Descubre diez consejos para prepararte para el examen GED en las semanas, días y horas previas al examen.

Aprende estrategia para control el estrés antes y durante el examen.

Capítulo **23**

Diez Maneras Infalibles de Prepararte para el Examen GED

P or supuesto, quieres hacerlo bien en el examen GED; de lo contrario, no estarías leyendo este libro. Pero también sabes que tu tiempo es limitado, por lo que este capítulo te ofrece diez ideas y consejos para prepararte para el examen, desde seleccionar el mejor momento para tomarlo hasta practicar con exámenes de práctica y familiarizarte con el formato de la computadora, para que puedas dar lo mejor de ti el día del examen.

Estos consejos son parte de la preparación para el gran día. Quieres poder llegar al lugar del examen con la menor cantidad de preocupaciones y estrés. Eliminar tantas fuentes de estrés como sea posible antes de ese día hará que todo sea más sencillo.

Estrategias para tu Preparación de Exámenes

Puedes tomar todos los exámenes en un solo día si lo deseas. Si lo haces en un centro de pruebas, solo tendrás 10 minutos entre cada examen, y estarás en el centro de exámenes por más de 7 horas. La mayoría de las personas distribuyen los exámenes en varios días, semanas o incluso meses, y los programan a medida que se sienten listos.

Para empezar bien, te recomiendo que comiences con la materia en la que te sientas más fuerte. Para muchos examinados, ese examen es Ciencia. Ciencia tiene la tasa de aprobación más alta de todos los exámenes. Muchos examinados terminan con Matemáticas o Artes del Lenguaje para tener más tiempo de prepararse para esos exámenes que a veces son intimidantes.

CONSEJO

Usa los gráficos en el Capítulo 4 para elaborar tu plan de ataque. Te ayudarán a determinar tus fortalezas y áreas de mejora, a decidir el mejor orden para tomar los exámenes, y a determinar cuánto tiempo de preparación necesitas para cada examen. La aplicación GED & Me del Servicio de Exámenes GED también tiene una herramienta para ayudarte a planificar tu preparación.

Elegir un Idioma (Español o Inglés, o Ambos)

Las reglas sobre el idioma que puedes usar para tomar el examen varían de un estado a otro, así que es conveniente planificar con anticipación. Puedes encontrar las reglas para tu estado usando la herramienta en esta página: www.ged.com/es/policies/. En la mayoría de los estados, puedes tomar todos los exámenes en español, o tomar algunos en inglés y otros en español. Si tienes algo de educación en inglés y eras fuerte en una materia en particular en inglés, puede ser útil tomar ese examen en inglés. Para ayudarte a prepararte para ese examen, podrías considerar mi libro *GED Test Prep For Dummies 2025/2026* (también publicado por Wiley).

En unos pocos estados, tienes que tomar todos los exámenes en el mismo idioma: inglés o español. Y en al menos un estado, tienes que tomar el examen de Razonamiento en Artes del Lenguaje (RLA) en inglés. Conocer las reglas con anticipación puede ayudarte a planificar mejor.

CONSEJO

Si descubres que las reglas de tu estado no son convenientes para ti, utiliza la herramienta del GED para averiguar si un estado vecino es más adecuado para tus necesidades. La herramienta del GED también te dirá si puedes hacer un examen en un estado vecino como no residente. Muchos estados permiten esta flexibilidad. Unos pocos estados tienen requisitos adicionales. Por ejemplo, en algunos estados, debes tomar un examen de gobierno estatal y cívica. La herramienta te dará esos detalles también.

Decidir Dónde Vas a Hacer el Examen

Una decisión importante que debes tomar es si realizar el examen en casa o en un centro de exámenes. La gran mayoría de los estados, pero no todos, permiten ambos. El GED tiene una tabla que resume la información para cada estado en www.ged.com/state-information-online-testing/. Aunque hacer el examen en casa es conveniente, tu hogar y tu computadora deben cumplir con una serie de requisitos. Puedes consultar los requisitos para el examen en casa en www.ged.com/es/take-the-ged-test-online/. Al mismo tiempo, cuando tomas el examen en casa, debes usar la calculadora y la pizarra digital integradas en la pantalla. Si deseas usar la pizarra borrable y tu propia calculadora TI-30XS MultiView, debes hacer el examen en un centro de exámenes. Muchos examinados encuentran útiles esas herramientas, especialmente para la respuesta extendida (ensayo) y matemáticas.

Recuerda que puedes tomar algunos de los exámenes en casa y otros en un centro de exámenes. Por ejemplo, podrías tomar el examen de Matemáticas en un centro de exámenes para poder llevar tu calculadora manual, y tomar los demás en casa. Los requisitos para hacer el examen en casa varían según el estado. Puedes encontrar información para tu estado en www.ged.com/es/policies/. Unos pocos estados no ofrecen el examen en casa, y las tarifas y otros requisitos varían también. Puedes encontrar información sobre los exámenes en tu estado en www.ged.com/state-information-online-testing/. Para conocer los criterios completos sobre cómo elegir dónde hacer el examen, consulta el Capítulo 1.

RECUERDA

Para tomar el examen GED, necesitas una identificación con foto aceptable. Dado que lo que se considera aceptable puede variar de un estado a otro, verifica con tu centro de exámenes local (o revisa la información que recibes al registrarte). La identificación con foto requerida suele ser una licencia de conducir, tarjeta de identificación estatal, pasaporte u otra identificación emitida por el gobierno (incluso una *matrícula consular* emitida por un consulado mexicano en los Estados Unidos). En cualquier caso, suele ser algo común y fácil de conseguir — ¡si planificas con anticipación! Cualquiera que sea la identificación que decidas usar, verifica la fecha de vencimiento para asegurarte de que sea válida el día que tomes el examen.

Crear una Cuenta en GED.com

Como probablemente hayas deducido de mis frecuentes menciones a ged.com, el sitio web oficial del examen GED, este sitio es un verdadero tesoro de recursos para tomar el examen GED en español. Tener una cuenta te da acceso a aún más información y recursos. Además, debes usar este sitio web para registrarte para el examen, sin importar cuándo o dónde lo tomes. Así que obtén una cuenta lo antes posible.

Si no puedes encontrar la información que buscas en español, intenta con las páginas en inglés y utiliza la herramienta de traducción en tu navegador web. Si aún no puedes encontrar la información que necesitas, puedes usar la información de contacto para obtener respuestas de un experto en GED de carne y hueso.

Establecer un Tiempo y un Lugar para Estudiar

Ya sea que estudies solo, en grupo o con un instructor, encuentra un lugar regular para estudiar y establece un horario de estudio. Si es posible, prepara un área en un escritorio o mesa en tu casa y guarda todos tus materiales de estudio allí. De esa manera, no tendrás que buscarlos cada vez que quieras estudiar. Si no puedes hacer eso, mantén todos tus materiales de estudio juntos en una caja o bolsa. Si decides estudiar en la biblioteca pública, podrías invertir un poco de dinero en una mochila económica para guardar y llevar tus materiales.

A continuación, prepara un horario de estudio. Ten en cuenta tu horario de trabajo, las necesidades de tu familia, y tus otras responsabilidades. El mejor momento para estudiar puede ser temprano en la mañana o por la noche después de que todo le mundo se acueste. Sea lo que sea, sigue tu horario de estudio como si tu calificación dependiera de ello.

Familiarizarte con la Computadora, la Calculadora y la Hoja de Fórmulas

En el examen real del GED, estarás escribiendo en un teclado, usando un ratón para seleccionar o arrastrar elementos, y leyendo e interpretando información en la pantalla. También estarás usando una calculadora científica, ya sea en pantalla o física. El día del examen no es el momento para familiarizarte con estas herramientas. Asegúrate de conocerlas bien antes del examen. Puedes comenzar leyendo la información en el Apéndice. Si no tienes una computadora, la mayoría de las bibliotecas públicas ofrecen acceso a computadoras. También considera una clase básica de mecanografía en una biblioteca local, centro de educación para adultos o centro comunitario. Estas clases suelen ser gratuitas y son útiles si eres nuevo en esto.

Asegúrate de estar familiarizado con el diseño de las pantallas del examen. Afortunadamente, el diseño de la pantalla es el mismo tanto si haces el examen en casa como en un centro de exámenes, y tanto si lo haces en español como en inglés. (Consulta el Capítulo 2 para obtener información sobre el diseño de pantalla de cada examen). Luego, utiliza la prueba gratuita de un cuarto de duración en www.ged.com/es/study/test_previews/. Finalmente, el examen de práctica GED Ready te permitirá saber con certeza si tienes las habilidades informáticas necesarias para tener éxito.

Familiarízate también con la calculadora TI-30XS MultiView, ya sea la versión de mano o la de pantalla, dependiendo de cuál vayas a usar. Es una calculadora científica con muchas funciones, no todas las cuales usarás en el examen. El sitio web del Servicio de Exámenes GED, ged.com, tiene varios recursos sobre la calculadora, incluyendo una hoja de referencia que te muestra todas las funciones que necesitas conocer, un tutorial que te guía en el uso de la calculadora, y un emulador de calculadora en pantalla con el que puedes practicar. Si realizas el examen en un centro de exámenes, puedes usar la versión en pantalla o llevar tu propia calculadora TI-30XS MultiView. Si lo haces en casa, puedes usar únicamente la versión en pantalla. Prepárate con la calculadora que realmente usarás —ya sea la de pantalla o la real—. No querrás estar titubeando el día del examen.

La sección de Matemáticas tiene una hoja de fórmulas que puede ayudarte mucho. Puedes ver la hoja de fórmulas en el Capítulo 21. A medida que te familiarices con la computadora, averigua dónde se encuentra la hoja de fórmulas. Puedes consultar la hoja de fórmulas en cualquier momento durante el examen, lo que puede ayudarte a evitar depender de tu memoria el día del examen. No obstante, quizá quieras memorizar algunas fórmulas fáciles y de uso común, como el área de un rectángulo.

Realizar Exámenes de Práctica

Realizar exámenes de práctica antes de tomar el examen real te ayudará a familiarizarte con el formato del examen, los tipos de preguntas que habrán y las áreas temáticas en las que podrías necesitar trabajar. Haz tantas pruebas de práctica como puedas antes del día del examen, comenzando con el examen de práctica que viene incluido con este libro. Hazlas bajo las mismas condiciones que el examen real (¡y asegúrate de practicar también con los límites de tiempo!).

Puedes encontrar un examen de práctica completo para cada sección del GED en este libro (echa un vistazo a la Parte 6). ¿Quieres más práctica? El Servicio de Pruebas del GED también ofrece algunas pruebas de práctica gratuitas, de un cuarto de duración, en www.ged.com/es/study/test_previews/ y una gran cantidad de materiales de preparación económicos en español.

RECUERDA

Antes de programar tu examen, definitivamente deberías tomar el GED Ready en https://www.ged.com/es/study/ged_ready/. Esta prueba es opcional si vas a examinarte en un centro de exámenes. Sin embargo, vale la pena tomarla. Te dirá si estás listo para examinarte o si necesitas más preparación. Te proporcionará una puntuación estimada y una calificación de rojo (poco probable que apruebes), amarillo (muy ajustado) y verde (probable que apruebes), junto con comentarios detallados sobre las habilidades que debes revisar o mejorar. GED Ready es obligatoria si vas a examinarte en casa.

Estudiar Materiales Sobre Temas Específicos

Si has realizado el examen de práctica en este libro y revisado las explicaciones de las respuestas, es posible que hayas identificado áreas clave para mejorar. Aunque esos exámenes de práctica no pueden predecir tu puntuación en el examen real del GED, pueden ayudarte a prepararte para el examen real y darte una idea general de tus fortalezas y áreas de mejora. Si no obtuviste al menos un 70 por ciento de respuestas correctas en alguno de los exámenes de práctica de este libro, entonces necesitas trabajar en tus habilidades para tomar exámenes y en la materia en cuestión.

Busca en tu biblioteca pública local o centro de educación para adultos recursos de aprendizaje en español. También puedes buscar en línea contenido en español o usar la herramienta de traducción de tu navegador web para ver contenido en inglés en español.

CONSEJO

De muchas maneras, el GED es principalmente un examen de lectura. Tener habilidades de lectura sólidas te ayudarán a aumentar tu puntuación, así que considera mejorar tu lectura. Lee tanto como puedas, ya sea en línea o en papel. En tus momentos libres, intenta leer en tu teléfono. Es posible que tu biblioteca pública local ofrezca libros, revistas y periódicos en español en una aplicación gratuita para móviles. Incluso el *New York Times* ofrece algunos artículos gratuitos en español en su sitio web. Escoge contenido que disfrutes y que esté relacionado con el examen. Intenta leer algunos cuentos cortos o incluso una novela que te interese. Lee la mayor cantidad posible de artículos de no ficción en revistas, periódicos o en línea. Trata de variar el contenido de tus lecturas. Elige artículos sobre eventos actuales, historia, política y ciencia.

Inscribirte en una Clase de Preparación para el GED

Si te gusta interactuar con otras personas y prefieres que un profesor te guíe en tu preparación, considera tomar una *clase de preparación para el examen GED* — una clase diseñada para prepararte para tomar y aprobar el examen GED. Muchas de estas clases se ofrecen de forma gratuita. Evalúa si aprendes mejor por tu cuenta o en grupo, y si tienes tiempo para asistir a una clase, y toma tu decisión en consecuencia.

CONSEJO

Para encontrar una clase conveniente, visita `https://www.ged.com/es/study/ged_classes/` y busca por tu ciudad. Si no aparece tu ciudad, intenta con una ciudad más grande cercana. Te ayudará a encontrar programas de educación para adultos en tu área donde puedes prepararte de forma gratuita, y también tiene información sobre las clases en línea económicas del GED Testing Service en español. También puedes preguntar a tu alrededor. Habla con personas que conozcas que hayan tomado el examen GED o con personas en tu centro local de exámenes GED. También podrías tomar cursos en línea (donde haces tus tareas por tu cuenta y te comunicas con tu instructor a través de internet), lo cual puede ser una buena opción para ti.

Puede que descubras que algunas áreas temáticas, como matemáticas, requieren más ayuda. Muchas personas toman una clase para matemáticas y escritura y se preparan para los otros exámenes por su cuenta.

Después de decidirte por algunas clases potenciales, visita la clase o al instructor si es posible. Asegúrate de que su estilo de enseñanza se ajuste a tu estilo de aprendizaje. La clase de preparación será una gran inversión de tu tiempo, así que elige sabiamente.

Después de encontrar una clase de preparación, considera unirte o formar un grupo de estudio con otros que también tomarán el examen GED. Pueden ayudarse mutuamente a estudiar y hacerse preguntas sobre diferentes aspectos del examen. Sin embargo, ten cuidado antes de comprometerte con un grupo: si la idea de estudio de los otros miembros del grupo es de fiesta durante tres horas y para prepararse cinco minutos, y tú prefieres estudiar durante tres horas y luego dedicar cinco minutos a socializar, no estarás contento. Habla con los otros miembros del grupo de estudio y averigua cuáles son los objetivos del grupo. Si encuentras un grupo adecuado, únete y disfruta de tus nuevos amigos.

Prepararte Mentalmente para el Examen

Para sentirte menos ansioso sobre el examen GED, visualízate en el día del examen. En tu mente, imagina que entras en la sala, te sientas frente a la computadora y alcanzas el teclado. Pasa por esta rutina en tu mente hasta que comience a sentirse familiar. Luego, imagina que inicias el examen y lees las preguntas (preguntas que probablemente te resulten familiares porque has realizado muchos exámenes de práctica). Visualízate identificando las preguntas fáciles y comenzando a responderlas. Al repetir esta secuencia visual una y otra vez en tu mente, ayudas a que se vuelva familiar, y lo que es familiar no es tan estresante como lo desconocido. (Este proceso, por cierto, se llama *visualización* y realmente ayuda para tranquilizar tu mente para el examen). Y si estás tomando el examen en casa, ¡puedes preparar tu área de examen y practicar esta rutina de verdad!

Capítulo **24**

Diez Consejos para Sobrevivir el Día del Examen

Además de todas esas horas de estudio, para triunfar en el examen GED, también necesitas saber qué hacer el día del examen y cómo mantenerte enfocado en cada sección del examen. En este capítulo, te doy diez estrategias rápidas y fáciles para ayudarte a sobrevivir el examen GED.

Descansa Bien la Semana Antes del Examen

Como parte de tu plan de preparación, incluye algo de tiempo social, tiempo en familia, tiempo para hacer deporte, tiempo de relajación y mucho tiempo de descanso, porque todos rinden mejor cuando están bien descansados. De hecho, tu memoria y tu capacidad para resolver problemas mejoran notablemente cuando estás bien descansado.

RECUERDA

Hagas lo que hagas, no entres en pánico por tu examen próximo ni te quedes despierto toda la noche (o cada noche durante una semana) justo antes del examen. Estudiar a última hora rara vez da resultados buenos. En su lugar, planifica tu última semana antes del examen para que duermas lo suficiente y estés mental y físicamente preparado para el examen.

Usa Ropa Cómoda

Considera la siguiente situación. Estás a punto de sentarte frente a una pantalla de computadora durante al menos 70 minutos (tanto el examen de Razonamiento Matemático como el de Razonamiento a través de Artes del Lenguaje son más largas). Estarás sentado en lo que probablemente será una silla incómoda. La habitación puede estar demasiado caliente o demasiado fría.Eligiendo entre las siguientes respuestas, ¿cuál es la vestimenta adecuada para el examen GED?

(A) ropa formal porque es una ocasión importante

(B) un abrigo de invierno sobre un traje de baño porque el clima es impredecible

(C) algo muy cómodo para que puedas concentrarte en el examen

(D) tu mejor ropa porque necesitas impresionar a los demás

Si elegiste la Opción (C), tienes la idea correcta. Viste cómodamente y en capas. Toda tu concentración debe estar en el examen, no en tu ropa, no en las personas a tu alrededor, y no en las condiciones de la sala.

CONSEJO

Vale la pena tener todo organizado la noche anterior: tu identificación, tu ropa, las direcciones al centro de exámenes, tu calculadora TI-30XS MultiView, un bocadillo nutritivo para comer antes del examen o durante un descanso, tus gafas (si las usas), y así sucesivamente. Si haces el examen en casa, también puedes preparar la habitación. Sigue las instrucciones en `https://www.ged.com/es/take-the-ged-test-online/`. No querrás estar apresurado el día del examen.

Llega al Sitio del Examen Temprano

Considera a los siguientes dos personajes, Paula Preparada y Peter Procrastinador. Ambos se han preparado para tomar el examen, pero tienen sus propias personalidades y peculiaridades individuales. El día del examen:

» Peter llega al centro de pruebas 5 minutos antes del examen y solo siente pánico. No encuentra estacionamiento legal y entra al centro de pruebas justo a tiempo para comenzar el examen. Está tan distraído que le toma 15 minutos calmarse.

» Paula llega 40 minutos antes. Tiene tiempo para tomar un vaso de agua, usar el baño y relajarse antes del examen. Sentada tranquilamente frente a la computadora, Paula se acomoda, ajusta el teclado y el ratón, y comienza el examen de manera relajada.

¿A quién preferirías ser?

Aquí hay algo más que considerar: Si llegas tarde al sitio del examen, es posible que no te permitan entrar, probablemente tendrás que reprogramar el examen para otro momento, y probablemente tendrás que pagar nuevamente por el examen. ¿Quién necesita todo este disgusto? Todo lo que tienes que hacer para evitar esta tragedia es llegar temprano al examen, lo cual, contrariamente a la creencia popular, no es tan difícil como puede parecer. Puedes planificar con anticipación consultando algunos mapas de ruta hacia el sitio de examen en internet. Si decides conducir tú mismo, verifica la disponibilidad de estacionamiento e incluso practica tu ruta al sitio de prueba. Haz tu investigación, deja tiempo extra para situaciones imprevistas y llega temprano y listo para el examen.

Vale la pena llegar temprano si también haces el examen en casa. Puedes registrarte hasta 30 minutos antes de la hora de tu examen. Después de registrarte, te unirás a una cola para el primer supervisor disponible.

RECUERDA

Si tomas el GED en casa, necesitas trabajar en una habitación privada sin interrupciones. Si tienes compañeros de cuarto, haz los arreglos necesarios mucho antes del día del examen. Si tienes hijos, pide a otra persona que los cuide durante el examen para que no tengas interrupciones.

CONSEJO

No importa dónde realices el examen, ya sea en casa o en un centro de exámenes, organiza tu área de trabajo. Asegúrate de que tu silla esté a una altura cómoda, acomoda el teclado y el ratón, y ajusta la altura y el ángulo de la pantalla. Si eres zurdo, es posible que necesites mover el ratón a la izquierda del teclado. ¡Asegúrate de dejar tiempo para hacer esto antes de que comience tu examen! Si haces el examen en casa, la única bebida que se te permite tener es agua en un recipiente transparente, así que prepárala si crees que tendrás sed. Guarda tus copas de colores elegantes para la celebración de la victoria después de aprobar el examen.

Si vas a un centro de exámenes para tomar el examen, asegúrate de estar preparado. Asegúrate de planificar una ruta al centro de exámenes desde tu casa, trabajo o desde donde sea que te estés trasladando. Mapea y practica cómo llegar al centro de exámenes. Prepara todo lo que necesitarás, incluyendo tu identificación, tu calculadora TI-30XS MultiView, y tus gafas si las necesitas para el examen. Si vas a conducir al centro de exámenes, asegúrate de saber dónde estacionar. Llega lo suficientemente temprano para asegurarte de encontrar un lugar. Recuerda, ¡no puedes dejar tu auto en medio de la calle si también esperas llevarlo a casa!

CONSEJO

Hay un ajuste que no puedes hacer hasta que comience el examen: aumentar el tamaño de la fuente. ¡Eso puede ayudar mucho a algunas personas! Si quieres usar una fuente más grande, cambia el tamaño de la fuente tan pronto como comiences el examen.

Mantén las Conversaciones Ligeras y Breves

Un poco de estrés es normal cuando te enfrentas a un examen. Así que lo último que quieres es aumentar tu nivel de estrés al entrar en una conversación y perder la concentración.

Aunque pueda parecer antisocial, mantén las conversaciones al mínimo justo antes del examen. Si alguien quiere intercambiar comentarios sobre el clima, adelante. Si quieren planear ir a tomar un café después del examen, adelante. Pero si quieren iniciar una conversación seria sobre lo difícil que es el examen, aléjate lo más rápido que puedas. No dejes que nadie en el centro de exámenes te estrese. Finge que solo hablas una lengua extraterrestre, ve al baño o empieza a toser. Nadie quiere conversar con una persona que habla una lengua extraterrestre, contagiosa y con la vejiga débil. O puedes intentar con algunas excusas más plausibles, pero hagas lo que hagas, ¡escapa!

Relájate y Respira

Sentir un poco de estrés antes de tomar el examen GED es normal. Los psicólogos incluso dicen que un poco de estrés puede ayudarte a funcionar mejor. Pero es un acto de equilibrio; no quieres estar tan estresado que no puedas pensar.

Aquí tienes algunas técnicas que pueden ayudarte a relajarte antes de tomar el examen GED, o en cualquier momento en que te sientas un poco estresado:

>> **Piensa positivamente.** En lugar de enumerar todas las cosas negativas que pueden suceder, piensa en las cosas positivas que pueden surgir de esta situación. *Puedes* aprobar el examen

GED. *Puedes* ir a la universidad. *Puedes* conseguir un gran trabajo. *Puedes* recibir una herencia sorpresa — bueno, quizás eso sea exagerar. No seas codicioso. ¡Solo sé positivo!

» **Respira profundamente.** Lo primero que debes recordar durante una situación estresante es respirar. Lo segundo es respirar profundamente. Sigue estos pasos:

  - **Encuentra tu diafragma.**

    No, no un *diagrama* — aunque podrías usar un diagrama para encontrar tu diafragma. Tu *diafragma* es ese músculo plano bajo tu caja torácica que llena tus pulmones de aire. Está por encima de tu ombligo.

  - **Inhala y haz que tu diafragma se eleve tanto como puedas.**

  - **Exhala lentamente.**

  - **Repite, haciendo que tu diafragma se eleve más alto cada vez.**

  Después de ver cómo este proceso te relaja, pruébalo justo antes de cada sección del examen.

» **Cuenta hacia atrás desde diez (en tu cabeza).** Puedes hacer esto antes de cualquier examen, no solo el de matemáticas. Comienza a contar hacia atrás desde diez sin tener pensamientos en tu mente. Si un pensamiento, incluso uno pequeñito, entra en tu mente, tienes que empezar de nuevo. Ve cuántas veces te toma contar de diez a uno sin que un solo pensamiento entre en tu mente.

  No hagas esto *durante* el examen, solo *antes* para ayudarte a relajarte. Este ejercicio podría consumir tiempo valioso si lo intentas durante uno de los exámenes.

» **Aprieta y suelta tus puños.** Esta simple técnica de relajación involucra tus manos y te recuerda relajarte:

  - **Siéntate con las manos frente a ti.**

  - **Inhala profundamente mientras aprietas lentamente tus puños.**

  - **Después de apretar los puños, exhala lentamente mientras los sueltas.**

  Puede que tengas que repetir este proceso varias veces antes de comenzar a sentirte relajado.

» **Imagina una escena relajante.** Mira una pared en blanco e imagina tu escena relajante favorita. Intenta ver un punto más allá del horizonte. Mientras lo haces, siente cómo tus ojos se relajan. Deja que tus ojos se relajen hasta que la sensación se extienda a cada parte de tu cuerpo. Disfruta de la sensación el tiempo suficiente para liberar todo el estrés acumulado. Cuando estés tranquilo y lleno de energía, vuelve al examen.

Mantente Enfocado en la Tarea

Un arquero que quiere dar en el blanco mantiene todas sus facultades mentales concentradas en el objetivo. Nadie ha dado en el centro de la diana soñando despierto con su próxima reunión social. Por esta razón, pon tu mente bajo control; no la dejes divagar durante el examen. Quieres que tu mente esté aguda, atenta y concentrada antes y durante el examen, así que concéntrate en la tarea — hacer tu mejor esfuerzo y aprobar el examen GED.

Mira Solo tu Examen

Si hubiera un Premio al Mayor Error para quienes toman exámenes, se lo llevaría alguien que mira la pantalla de su vecino durante el examen. Esta acción se llama hacer trampa y es un asunto muy serio. No solo se te pedirá que abandones el centro de exámenes, sino que podrías tener que esperar varios meses o hasta un año antes de que se te permita programar otro examen. Así que mantén tus ojos en tu propio examen. Lo más probable es que tu vecino tenga un examen diferente de todos modos.

Si haces el examen en casa, sigue todas las instrucciones cuidadosamente. En particular, asegúrate de que los materiales de preparación estén guardados y que los pequeños dispositivos electrónicos estén fuera de tu alcance.

Empieza con las Preguntas Fáciles

Mientras trabajas en las preguntas, responde primero las más fáciles. Así estarás listo para enfrentar las otras preguntas con una actitud relajada y segura. Marca las respuestas sobre las que no estés seguro y salta las preguntas que sean difíciles o que tomen mucho tiempo. Luego, utiliza la pantalla de revisión para volver a estas preguntas cuando estés listo para abordarlas.

Escribe de Forma Clara y Cuidadosa

Seguir algunos consejos puede ayudarte a escribir un ensayo que apruebe. Primero, reúne ideas usando la pizarra digital o la tableta borrable proporcionada en el centro de exámenes. Tus respuestas serán evaluadas por su claridad, así que organiza tus ideas antes de escribir. Mientras escribes, usa oraciones completas, pero no te preocupes demasiado por los errores pequeños. Revisa tu ortografía y gramática después de terminar de escribir. Y, finalmente, mantente en el tema; cualquier otra cosa contará en tu contra.

Haz tu Mejor Esfuerzo, Pase lo que Pase

No todo el mundo aprueba el examen GED a la primera. Si ya has tomado el examen antes, no pienses automáticamente que eres un fracaso; en su lugar, ve la situación como una experiencia de aprendizaje. Usa tu último examen como motivación para identificar áreas de mejora. Ya sea que estés tomando el examen por primera vez o por tercera vez, concéntrate en dar lo mejor de ti en esta prueba. ¡Sigue recordándote a ti mismo que te has preparado y estás listo!

CONSEJO

Después del examen, date una pequeña recompensa. Ya sea un helado, una carrera en el parque o una cena con un ser querido, haz algo agradable por ti mismo. ¡Te lo mereces! También recuerda agradecer a todas las personas que te apoyaron en el camino.

Apéndice

Habilidades Básicas de Computación para el Examen GED

Ya sea que tomes el examen GED en casa o en un centro de exámenes, lo harás en una computadora. Usarás el ratón para seleccionar la respuesta correcta, el teclado para escribir tu ensayo de Respuesta Extendida, y la calculadora y la hoja de fórmulas incorporada en pantalla para las preguntas de matemáticas y algunas de ciencia y estudios sociales.

No te preocupes: incluso si no estás familiarizado con el uso de una computadora, el examen no requiere que seas un experto en mecanografía o en el uso de computadoras. El Servicio de Exámenes GED asegura que incluso los usuarios principiantes de computadoras no estarán en desventaja a la hora de tomar el examen. Sin embargo, es recomendable que mejores tus habilidades de computación antes del día del examen para que tu falta de familiaridad con el teclado o el ratón no te retrase o te estrese.

En este apéndice, te guiaré a través de las habilidades básicas de computación que necesitas saber para realizar el examen GED en computadora. Esto incluye usar el ratón para hacer clic en la opción de respuesta adecuada, arrastrar y colocar elementos, o manipular texto; familiarizarte con la disposición del teclado y algunas teclas especiales que puedes necesitar para escribir en el procesador de texto básico incluido en el examen; y aprender a usar la calculadora, el menú de fórmulas y el menú de símbolos en pantalla en las secciones de Razonamiento Matemático y Ciencia.

Si no estás seguro de cómo realizar alguna de estas habilidades, mi consejo, aparte de leer esta sección, es practicar, practicar, practicar. Trabajar con cualquier procesador de texto te permitirá practicar estas habilidades. Si no tienes una computadora, consulta en tu biblioteca local, colegio comunitario, centro de educación para adultos o centro comunitario. Estos lugares a menudo tienen computadoras disponibles para uso público, sin costo. Incluso pueden ofrecer instrucción básica. Y si encuentras que necesitas más práctica con el teclado, instala uno de los tutores de mecanografía gratuitos o económicos en tu computadora.

CONSEJO

El Servicio de Exámenes GED ofrece una prueba gratuita de un cuarto de longitud, que no se califica, en `https://www.ged.com/es/study/test_previews/`. Cuando te sientas listo para el examen real del GED, puedes tomar la prueba GED Ready a costo muy bajo. Es obligatoria si deseas hacer el examen en línea desde casa y se recomienda para todos los demás. Te permite practicar haciendo una prueba en línea bajo condiciones similares a las que experimentarás al realizar el examen real. Vale la pena solo para familiarizarte con el formato de la computadora y el examen.

Usar un Ratón

Las habilidades con el ratón que necesitas conocer al tomar el examen GED en una computadora son bastante básicas, y no, ¡no incluyen descubrir cómo sacar un pequeño trozo de queso en una ratonera sin quedar atrapado tú mismo! Cubro los conceptos básicos de usar un ratón de *computadora* en las siguientes secciones.

Hacer selecciones

La habilidad más básica para usar un ratón de computadora es simplemente saber cómo seleccionar la respuesta correcta. En el examen GED, puedes hacerlo de dos maneras: apuntar y hacer clic o arrastrar y colocar.

Apuntar y hacer clic

En la Figura A-1, tienes una pregunta de opción múltiple tradicional con cuatro posibles respuestas. Para seleccionar una respuesta en esta situación, simplemente necesitas hacer clic en la opción correcta. Eso significa que debes mover el cursor del ratón (el puntero) sobre el lugar de la respuesta correcta y luego hacer clic con el botón izquierdo del ratón. Si cambias de opinión, simplemente haz clic en otra opción de respuesta para anular tu primera selección. Puedes hacer clic en las diferentes opciones de respuesta tantas veces como quieras; solo asegúrate de que la que deseas esté seleccionada antes de pasar a la siguiente pregunta.

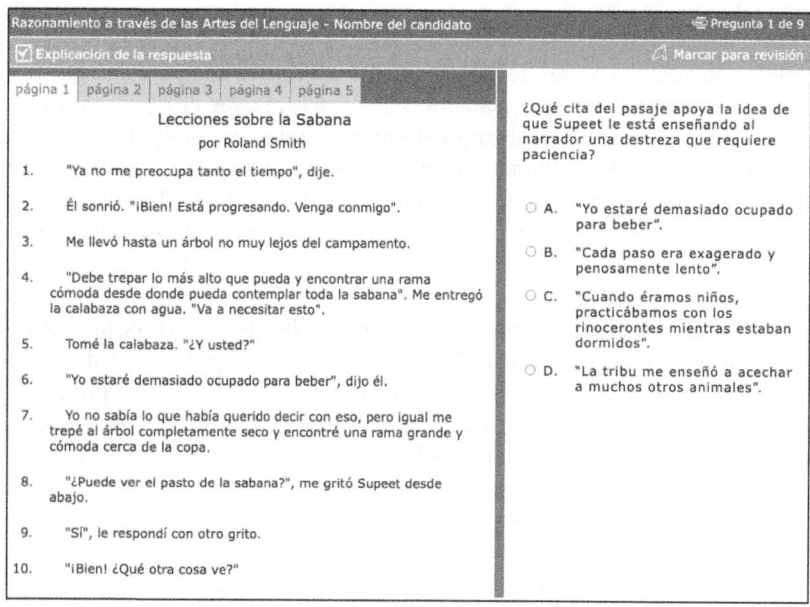

FIGURA A-1: Una pregunta de opción múltiple tradicional.

© 2014 GED Testing Service LLC

Las preguntas de puntos calientes en matemáticas y ciencia también requieren que uses tu ratón para seleccionar una respuesta. En estas preguntas, indicas tu respuesta usando el ratón para hacer clic en material visual, generalmente una tabla, diagrama o plano de coordenadas, en la pantalla de tu computadora. Cuando haces clic en uno de estos puntos calientes con el ratón, aparece un punto azul. En el ejemplo de pregunta de punto caliente en la Figura A-2, simplemente marcas en el gráfico las mediciones del árbol 2 en los años 3 y 11. En otras preguntas de puntos calientes, puede haber puntos numerados para que selecciones. En estas preguntas, las instrucciones te dirán cuántos de los puntos numerados has de seleccionar. Preguntas de puntos calientes no son muy frecuentes, así que no te preocupes demasiado por estas preguntas.

Arrastrar y colocar

Cuando te encuentres con una pregunta que te dice "arrastrar y colocar", simplemente debes seleccionar un objeto con tu ratón (haciendo clic en el objeto y manteniendo presionado el botón izquierdo del ratón), arrastrarlo hasta donde quieras y luego soltarlo (liberar el botón del ratón) en esa nueva ubicación. Consulta la Figura A-3 para ver la función de arrastrar y soltar que emplea el examen GED.

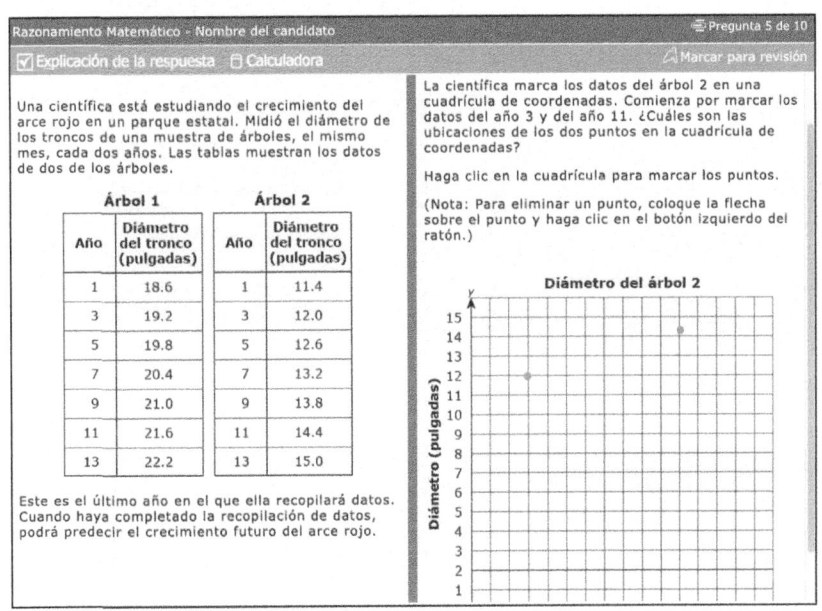

FIGURA A-2:
Pregunta
de punto
caliente.

© 2014 GED Testing Service LLC

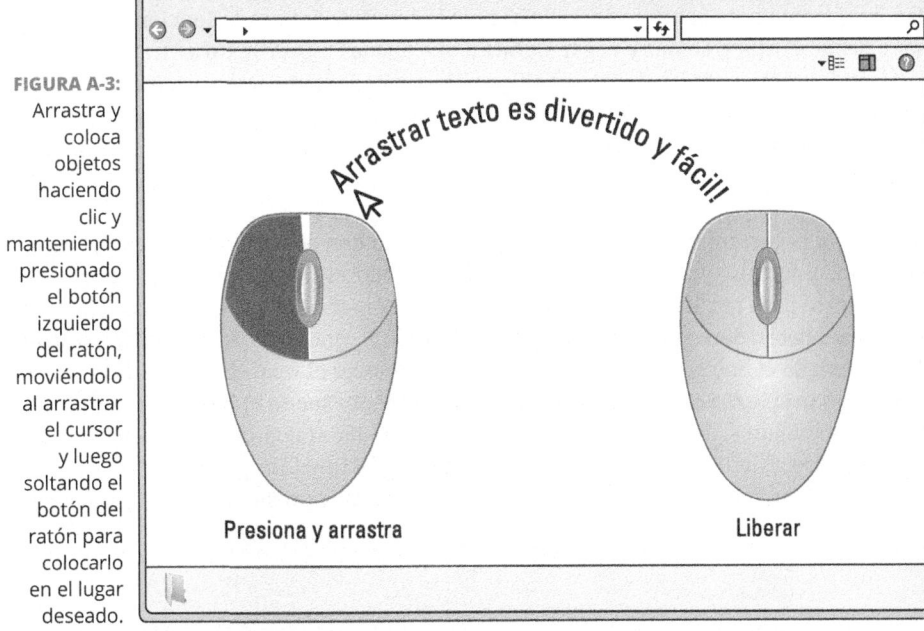

FIGURA A-3:
Arrastra y
coloca
objetos
haciendo
clic y
manteniendo
presionado
el botón
izquierdo
del ratón,
moviéndolo
al arrastrar
el cursor
y luego
soltando el
botón del
ratón para
colocarlo
en el lugar
deseado.

© John Wiley & Sons, Inc.

Moverse por la página

La pantalla de muestra en la Figura A-4 incluye varias pestañas en la parte superior del lado de texto de la pantalla. Estas pestañas indican que el texto que se espera que leas abarca más de una página de pantalla. Reconocer estas pestañas y lo que representan es importante porque necesitas leer todo el material antes de responder a la pregunta.

En algunas preguntas, habrá una barra de desplazamiento en el borde derecho. Es la barra que sube y baja por el lado derecho. Esa barra te indica que necesitas desplazarte hacia arriba o hacia abajo para ver más texto.

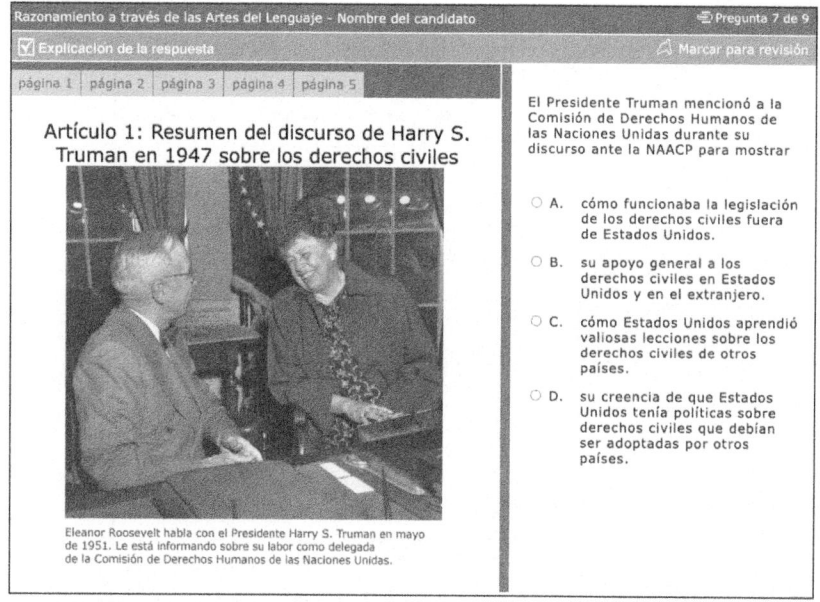

FIGURA A-4: Las pestañas en la parte superior izquierda de la pantalla te indican que hay más texto para leer.

© 2014 GED Testing Service LLC

Editar tu texto

Otra habilidad importante para sentirse cómodo al usar la computadora es la función de cortar y pegar o copiar y pegar. Cortar o copiar y pegar significa que puedes mover texto a otra posición en tu página destacándolo con el ratón. *Cortar* significa eliminarlo de la posición original, mientras que *copiar* significa exactamente eso: Dejas el texto en su ubicación original y también insertas una copia en una nueva ubicación. Esto puede ser muy útil cuando estás escribiendo una Respuesta Extendida en el examen GED.

Para cortar o copiar y pegar, mueve el cursor al inicio del texto que deseas, haz clic con el botón izquierdo del ratón, y luego continúa manteniendo presionado el botón mientras arrastras el ratón a través del texto para resaltar toda la parte que deseas copiar o cortar. Luego, haz clic en el texto resaltado con el botón derecho del ratón y selecciona *cortar,* que significa eliminar, o *copiar.* Manteniendo presionado el botón derecho del ratón, puedes mover el texto en su totalidad a una nueva posición. Cuando el texto esté donde lo deseas, simplemente suelta el botón del ratón. Para los expertos en procesadores de texto, también puedes usar los atajos de teclado habituales. Resalta el texto que deseas y luego usa el teclado para activar la función: presiona Ctrl + C para copiar, Ctrl + X para cortar, o mueve el cursor a una nueva ubicación y presiona Ctrl + V para pegar.

También necesitas estar familiarizado con el concepto de *rehacer* y *deshacer* mientras escribes y editas texto. Si has usado un procesador de textos antes, sabes que esas dos pequeñas flechas curvas en la parte superior de la pantalla te permiten revertir una acción. Esas flechas son los botones de Rehacer y Deshacer. Tienes la opción de usar estos botones en las secciones de Respuesta Extendida en el examen.

Escribir caracteres en español

Escribir caracteres en español es muy fácil y es igual que en todas las computadoras con Windows. Para á, é, í, ó y ú, escribe CTRL + ', la letra. Para ñ, escribe CTRL + SHIFT + ~, la letra n. Es posible que necesites usar estos caracteres en español en los ejercicios de rellenar espacios y en la Respuesta Extendida.

Usar la calculadora

Cuando necesites una calculadora para responder a preguntas en los exámenes de Razonamiento Matemático, Ciencia y Estudios Sociales, aparece una imagen digital de una calculadora en la pantalla (ver Figura A-5), o puedes llevar una calculadora científica de mano TI-30XS MultiView si realizas el examen en un centro de exámenes. Cuando la calculadora en pantalla está disponible, verás un botón de calculadora en la esquina superior izquierda de tu pantalla. Interactúas con la calculadora en pantalla de la misma manera que lo harías con una en tu mano. La única diferencia es que presionas los botones con el ratón moviendo el cursor sobre los botones adecuados y luego haciendo clic. Si no estás seguro de cómo usar esa calculadora, el examen ofrece una hoja de instrucciones. Sin embargo, para ahorrar tiempo valioso durante el examen, practica un poco de antemano; el examen utiliza una calculadora Texas Instrument TI-30XS. Puedes probar la calculadora en pantalla iniciando sesión en tu cuenta en ged.com. Si puedes permitirtelo, puedes comprar la calculadora real por menos de $20.

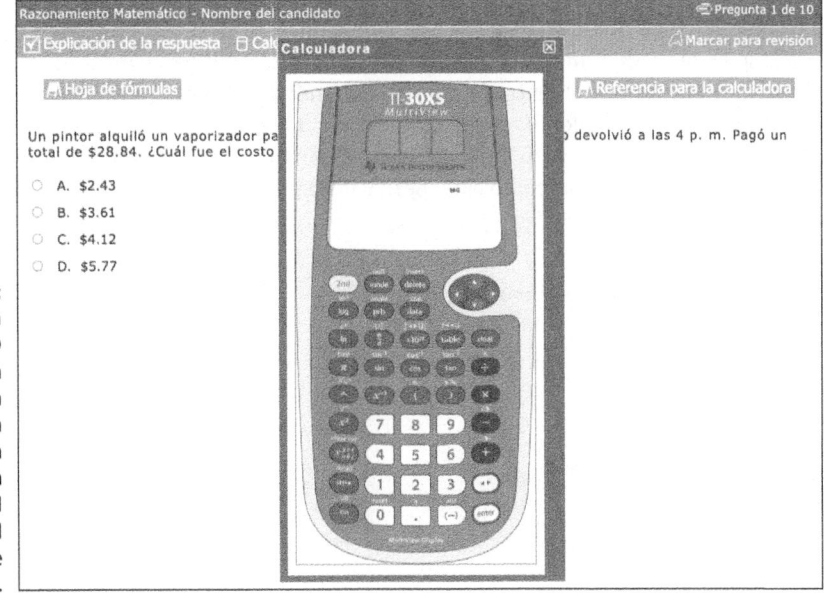

FIGURA A-5:
El examen GED proporciona una calculadora en pantalla para la mayoría del trabajo en el examen de Matemáticas.

© 2014 GED Testing Service LLC

Encontrar fórmulas y símbolos matemáticos

En el examen de Razonamiento Matemático y de vez en cuando en los exámenes de Ciencia y Estudios Sociales usarás fórmulas, y en unas pocas preguntas del examen de matemáticas necesitas escribir símbolos o signos especiales en tus respuestas. No te preocupes, no necesitas memorizar páginas de fórmulas; el examen GED te proporciona todas las fórmulas necesarias en una ventana práctica y fácil de acceder (ver Figura A-6). Para acceder a ellas, haz clic en el botón de Hoja de Fórmulas en la esquina superior izquierda de tu pantalla.

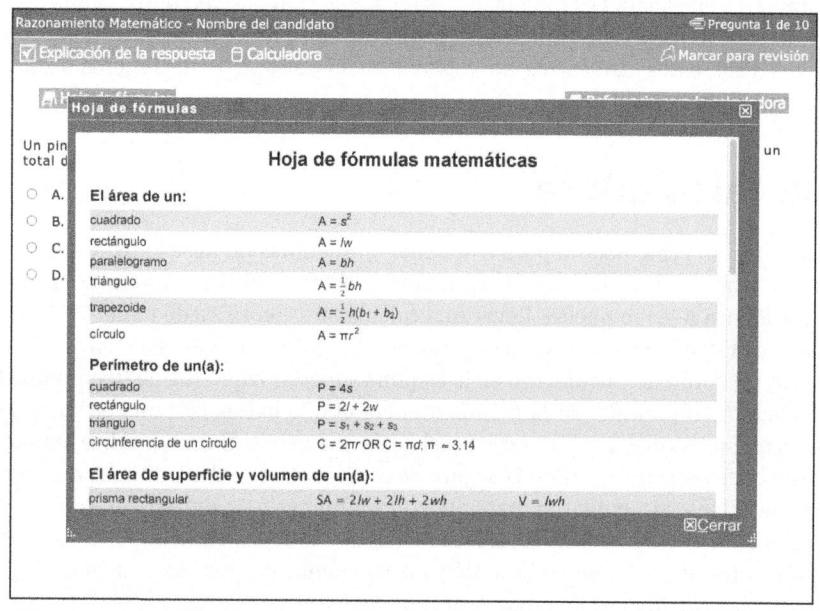

FIGURA A-6: Al hacer clic en el botón de Hoja de Fórmulas, estas aparecen.

A veces, el examen de matemáticas te pedirá que llenes una respuesta en un cuadro de texto. Por lo general, la respuesta es un número, pero a veces necesitas escribir una expresión con uno o más símbolos especiales que no se encuentran en un teclado normal. En ese caso, aparecerá un botón de Símbolos, Æ, en la pantalla del examen. Al hacer clic en este botón, se muestra el menú de símbolos, como se ve en la Figura A-7. Haz clic en el símbolo que quieres y luego haz clic en Insertar. No hay muchas preguntas como esta, pero vale la pena estar preparado por si te encuentras con una.

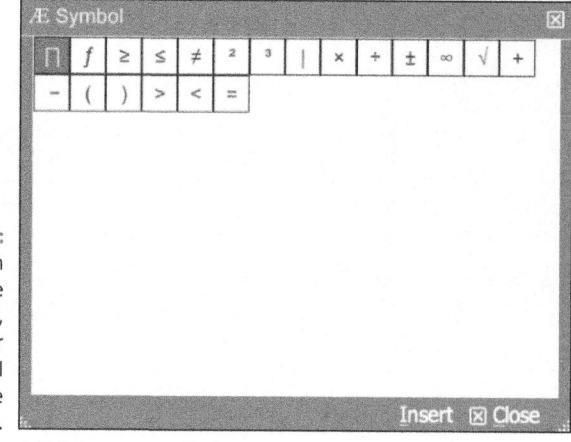

FIGURA A-7: Haz clic en botón de Símbolos, Æ, para hacer aparecer el menú de símbolos.

Practicar tu Escritura en un Teclado

Si estás más acostumbrado a una tableta o un teléfono móvil o todavía recuerdas (o usas) tu antigua máquina de escribir con cariño, querrás sentarte frente a una computadora y practicar la escritura en un teclado antes de tomar el examen GED. No necesitas convertirte en un maestro de la mecanografía; mientras puedas escribir con una velocidad razonable, estarás bien. La única vez que necesitas hacer más que simplemente hacer clic con el ratón es en las preguntas de Respuesta Extendida y de llenar espacios en blanco, cuando debes escribir ya sea un ensayo corto o algunas palabras o números.

No poder teclear puede retrasarte, así que deberías al menos familiarizarte con la ubicación de las letras, la puntuación y los números en el teclado. Para ver un ejemplo de un teclado estándar de computadora, consulta la Figura A-8. (*Nota:* Los teclados estándar norteamericanos no son estándar en todas partes. Si aprendiste a usar un teclado en otro idioma, practica con esta forma de teclado antes de hacer el examen. Hacerlo te ayudará a evitar errores y a no perder tiempo buscando letras, símbolos y puntuación que pueden no estar en las ubicaciones habituales.) Dos teclas que también necesitas conocer son la tecla Enter y la tecla Shift. La tecla Enter, identificada con la palabra *Enter* o una flecha enganchada, comienza un nuevo párrafo o línea de texto. La tecla Shift se identifica con la palabra *Shift* o a veces solo con una flecha hacia arriba. La mantienes presionada cuando quieres insertar una letra mayúscula y la usas para acceder a los símbolos que se encuentran con los números en el teclado. Así que, por ejemplo, presionar Shift + 5 produce el signo de porcentaje. La tecla Shift también accede a varios signos de puntuación, el signo de más y el signo de dólar. (El signo de multiplicación está en la ventana de Símbolos.)

FIGURA A-8:
Teclado estándar norteamericano, como el que verás en el examen GED computarizado.

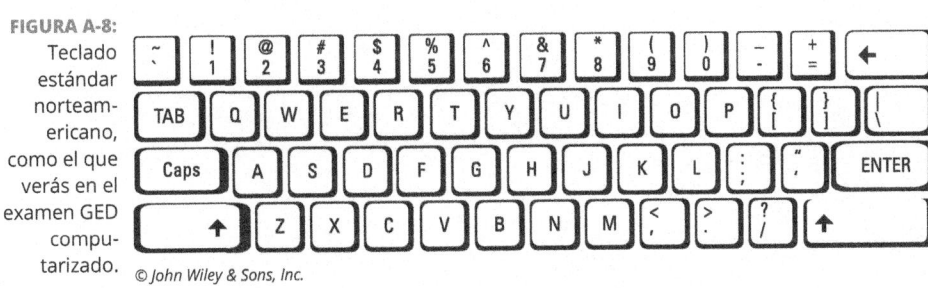

© *John Wiley & Sons, Inc.*

Leer y escribir en una pantalla de computadora es muy diferente de leer y escribir en papel. Los estudios han demostrado que las personas tienden a leer menos profundamente cuando leen desde una pantalla y no pueden organizar sus pensamientos tan fácilmente al escribir en pantalla. Sin embargo, tendrás una tableta borrable y/o una pizarra digital para anotar y organizar ideas para tu ensayo. Practica leer y escribir en pantalla antes de tomar el examen GED, especialmente si no estás acostumbrado a trabajar de esa manera. Eso también es una habilidad que mejora con la práctica.

Índice

Sobre el autor

Durante más de 30 años, Tim Collins, PhD, se ha especializado en el desarrollo de materiales para el GED, y sus libros y publicaciones han ayudado a innumerables estudiantes a aprobar este examen que cambia vidas.

En total, ha trabajado en el campo de la educación por más de 40 años, enseñando a estudiantes de todas las edades y orígenes, desde la infancia hasta la adultez. Comenzó su carrera como profesor de secundaria en Marruecos, donde, como parte de un programa de mejora escolar, ayudó a su escuela a reducir el número de abandonos mientras ayudaba a los que dejaban la escuela a aprobar el examen de graduación requerido. Como resultado de este esfuerzo comunitario, la tasa de graduación aumentó de ser una de las más bajas del país a una de las más altas. Desde entonces, ha enseñado a niños pequeños en España; a estudiantes universitarios en China, España y Estados Unidos; y a adultos en Estados Unidos. Durante 15 años, Tim trabajó como profesor de preparación profesional para maestros de educación bilingüe en las escuelas públicas de EE. UU. A partir de 1987, comenzó a especializarse en el desarrollo de materiales y trabajó para varios grandes editores educativos.

Tim conoce los desafíos de seguir estudiando como adulto. Mientras trabajaba a tiempo completo, completó su doctorado en la Universidad de Texas en Austin. También tiene una maestría en lingüística española de la Universidad de Illinois en Urbana-Champaign. Actualmente, Tim se especializa en desarrollar materiales que brindan a los estudiantes adultos las habilidades que necesitan para tener éxito.

Dedicatoria

Este libro está dedicado a los estudiantes adultos en todas partes. ¡Sí, se puede!

Agradecimientos del autor

Muchas personas desempeñaron roles clave en el desarrollo de esta nueva edición, que ha sido completamente actualizada para reflejar los últimos cambios en el examen GED y las necesidades especiales de los estudiantes que toman el examen en español. Estoy en deuda con varias personas en Wiley, incluyendo a Chrissy Guthrie y Kristie Pyles, las editoras de esta edición para el examen en español, así como a Victoria Anllo, Tim Gallan, Marylouise Wiack, y Elizabeth Stilwell. También me gustaría agradecer a mi agente, Grace Freedson, por su apoyo constante. Este libro está inspirado en la vida y obra de Malcolm Knowles y en la educadora de adultos por excelencia, Julia Child. Finalmente, ningún reconocimiento estaría completo sin agradecer a Mary Jane Maples, quien me inició en la publicación educativa hace tantos años.

Agradecimientos del editor

Editora de adquisiciones: Elizabeth Stilwell
Editora de desarrollo: Christina Guthrie
Editora senior de gestión: Kristie Pyles
Copyeditor: Caroline Valia

Editor de producción: Tamilmani Varadharaj
Imagen de portada: © Patricio Nahuelhual/Getty Images